谢柏梁 主编

中国京昆艺术家传记丛书

四海一人　伶界大王
谭鑫培传

周传家　著

上海古籍出版社

《中国京昆艺术家传记》丛书
指导支持单位与编纂委员会名单

丛书指导单位

中华人民共和国文化部

中国人民政治协商会议全国委员会京昆室

中国文学艺术界联合会

中国戏剧家协会

丛书财政支持与直接领导单位

北京市教育委员会

北京市财政局

中国戏曲学院

丛书顾问委员会

曾永义　龚和德　洪惟助　薛若琳　齐森华　廖　奔

季国平　赵景发　舒　晓　周　龙　巴　图　吕育中

丛书主编

谢柏梁

谭鑫培

同光十三绝（清沈容圃绘，局部），谭鑫培饰《恶虎村》之黄天霸（中）
朱莲芬饰《玉簪记·琴挑》之陈妙常（左），杨月楼饰《四郎探母》之杨延辉（右）

《定军山》，谭鑫培饰黄忠

《阳平关》，谭鑫培饰黄忠，杨小楼饰赵云

《盗宗卷》，谭鑫培饰张苍

《四郎探母》，谭鑫培饰杨延辉（右），祝砚溪饰杨延昭

《汾河湾》
谭鑫培饰薛平贵
王瑶卿饰柳迎春

《南天门》
谭鑫培饰曹福
王瑶卿饰曹玉莲

总　序

一

在宇宙的浩瀚星空中，我们人类所居住的地球，无疑是最有灵性的星球之一。

人类作为地球的主人，其源远流长的创造与发展变化的历史，主要由各行各业的杰出人物所代表，由各色各样的奋斗历程所体现。

在美丽地球的东方世界，在古老而又年轻的中国，历朝历代的历史大家们，一向以对各式各类人物事迹的记述与描摹作为己任。我国的人物传记体裁丰富多样，大致可以分为纪传(皇家大事记)、文传(文学化传记)、史传(历史家所写人物传记)、志传(各地方志中所记载的本地人物传记)这四大类别。四类传记彼此发明，互为补充，构成了中国传记文化的多元谱系。

从左史记言、右史记事的专业化分工，到《左传》、《国语》、《战国策》式的整体氛围感的描述，最后由司马迁振臂一呼，以人物传记体为中心的《史记》横空出世。《史记》记载了地球东方的上自传说中的黄帝时代、下至汉武帝元狩元年(前122)共3 000多年的华夏历史。概述历代帝王本末的十二本纪，记录诸侯国和汉代诸侯兴废的三十世家，描摹重要历史人物的七十列传，使之成为号称"史家之绝唱，无韵之离骚"的中国历史上第一部纪传体通史。

在《史记·孔子世家》所记载的夹谷会盟中，孔夫子面对"优倡侏儒为戏而前"

的表演场面,在非常严肃而力图放松的外交场合下,做出了特别粗暴野蛮的极端化处理。这也成为历代梨园界对孔子不够恭敬的源头。此后历代史书方志,都不同程度地涉及优伶们的言行事迹。

魏晋以降,文史两家由混成到分野,自一体而两适。文者重藻饰心曲,史家倡材料事实,各臻其至,泾渭分明。隋唐而后,碑铭行传,五花八门,高手操觚,佳作如云。韩愈《祭十二郎文》情深委婉,柳宗元为慧能所作碑文机趣横生。

北宋乐史作《太平寰宇记》,分地区而织入姓氏人物,因人物又详及诗词、官职,"后来方志必列人物艺文者,其体皆始于史"(《四库全书总目提要》)。

太平世界,因人物而繁盛;梨园天地,赖优伶而生存。

美妙绝伦的中华戏曲艺术从唐代的梨园开始,至少存在了漫长的10个世纪。千百年以来,戏曲艺术一直在蓬勃兴旺地发展,成为中国人民雅俗共赏的朵朵奇葩、民族文化中不可忽视的重要部类、戏剧天地内中华文化的闪亮名片、国际社会审美天地中的东方奇观。

较早对优伶进行分类撰述的史书,是宋代大文学家欧阳修的《新五代史》。该书包含了分类列传四十五卷,这种分类传的体例较有特色,其中就包括了《伶官传》。一向被人们所津津乐道,甚至还被收入到中学教科书的《新五代史·伶官传序》云:"《书》曰:'满招损,谦受益。'忧劳可以兴国,逸豫可以亡身,自然之理也。故方其盛也,举天下之豪杰,莫能与之争;及其衰也,数十伶人困之,而身死国灭,为天下笑。夫祸患常积于忽微,而智勇多困于所溺,岂独伶人也哉!"尽管欧阳修的本意是说祸患之起乃多方面的原因所累积爆发而成,但还是对表演艺术家们带来了较大的负面影响。

与东土中国的情形完全不同,西方世界对于戏剧艺术家的看法与评价完全不一样。对于以三大悲剧家和一大喜剧家作为代表的古希腊戏剧家,对于以莎士比亚、歌德、席勒等的西方戏剧界的灿烂星座,西方人给予了无限崇敬和由衷热爱。

晚清以来最早睁开眼睛看世界的中国人,是那些在西方世界出使、考察或者读书的官员士子。当他们瞻仰西洋剧院的建筑艺术之华美绝伦、内部装饰之金碧辉煌后,不由地发出由衷的赞美,感叹西洋剧院其"规模壮阔逾于王宫",特别是舞台上的机关布景之生动逼真,变幻无穷,"令观者若身历其境,疑非人间";至于西方的戏剧艺术家地位之高贵,更是令国人叹为观止:所谓"英俗演剧者为艺士,非如中国优伶之贱","优伶声价之重,直与王公争衡"!

人类的艺术天地原本皆是可以共同分享的,何以东西方对于戏剧艺术家的认同度与景仰度,相差之大犹若天壤之别呢?泱泱中华,文明古国,难道就没有有识之士站出来振臂一呼,为戏剧艺术家们说几句公道话吗?

二

江山代有才人出,是非终有识者论。

我国历史上,首度给予戏曲艺术家们全方位高度评价的文人,是元代的钟嗣成(约1279—约1360)。这位祖籍大梁(今河南开封)的人士,长期生活在素有天堂之称的杭州城。他先在杭州官学读书,师从于邓文原、曹鉴、刘濩等名家宿儒,又与对戏曲有着共同爱好的赵良弼、屈恭之、刘宣子、李齐贤等人同窗攻书,其乐融融。有记载说,钟嗣成曾一度在江浙行省任掾史。他自己写过《寄情韩翊章台柳》、《讥货赂鲁褒钱神论》、《宴瑶池王母蟠桃会》、《孝谏郑庄公》、《韩信泒水斩陈余》、《汉高祖诈游云梦》、《冯驩烧券》等7种杂剧,但不知为何皆已散佚。

真正使得钟嗣成开宗立派、名传青史的著作,还是其为中华民族有史以来第一代剧作家描容写心、传神存照、树碑立传的《录鬼簿》。

《录鬼簿》上卷分"前辈已死名公有乐府行于世者"、"方今名公"、"前辈已死名公才人有所编传奇行于世者"三类,这三类名公才人之情形,乃其友陆仲良从"克斋吴公"处辗转所得,故"未尽其详"。下卷分为"方今已亡名公才人余相知者为之作传,以[凌波曲]吊之"、"已死才人不相知者"、"方今才人相知者,纪其姓名行实并所编"、"方今才人闻名而不相知者"四类。这上下两卷书大体依据时代之先后加以排列,一共记述了152位元杂剧及散曲作家的基本情况,同时也记录了400余种剧目。

我很欣赏钟嗣成的"不死之鬼"说。在他看来,天地开辟,亘古及今,自有不死之鬼在。何则?圣贤之君臣,忠孝之士子,小善大功,著在方册者,日月炳焕,山川流峙,及乎千万劫无穷已,是则虽鬼而不鬼者也。

不死之鬼,是为不朽之神或曰永恒之圣。在钟氏的神圣谱系中,那些门第卑微、职位不振的剧作家,那些高才博识、俱有可录的梨园才人,都值得传其本末,叙其姓名,述其所作,吊以乐章,使之名传青史,彪炳千秋,泽及后世。

因此,写作《录鬼簿》更为重要而直接的意义,还在于对于后学的直接指导和充分激励。"冀乎初学之士,刻意词章,使冰寒于水,青胜于蓝,则亦幸矣。名之曰录鬼簿。"惟其如此，则杂剧戏文创作之道，才可能被一代代年轻的才人们所自觉自愿地衣钵相传，推陈出新，生生不已，得到更加健康的发展。

元杂剧作为中国戏剧史上第一个黄金时代，需要有人进行认真的归纳和总结。从此意义上言，钟嗣成在中国的地位，因为其成书于至顺元年(1330)的《录鬼簿》之横空出世，甚至可以与西方的大学问家亚里士多德的《诗学》等书相提并论。

有明一代，在贾仲明所增补的天一阁蓝格钞本《录鬼簿》之后，又附有约成书于洪熙、宣德(1425—1435)年间的《录鬼簿续编》一卷。该书直接受到《录鬼簿》的影响，以相同的体例记述了元、明之间一些戏曲家、散曲家的大致事迹，接续前贤，踵事增华，令人欣慰。

自兹之后，从总体上对于当代戏曲作家进行专门记载和研究的著作，从明清两代至中华民国，皆未得见。中华人民共和国建国以来，安葵的《当代戏曲作家论》和本人的《中国当代戏曲文学史》等相应的专著，都属于《录鬼簿》的悠远传统在新时代的传承、师范和发展。

三

与《录鬼簿》蔚为双璧的元代重要戏曲典籍，是生于元延祐年间、卒于明初的华亭(今上海松江)人夏庭芝所撰的《青楼集》。前书论作家，后者集演员，正好勾勒出元代戏曲艺术家中两个最为重要部类的旖旎景观和绰约风采。

《青楼集》成书于元至正乙未十五年(1355)，该书记述了从元大都到山东，从湖广武昌到金陵、维扬以及江浙其他地方的歌妓、艺人共110余人的简约事迹。这些女演员们各自身怀绝技，有的在杂剧、院本、诸宫调方面负有盛名，有的在嘌唱、乐器和舞蹈等项目上造诣颇深。有的演员如珠帘秀的弟子赛帘秀在双目失明之后，依然能在舞台上正常表演，"出门入户，步线行针，不差毫发"；脚步地位，规范犹在，这是多么高深的艺术造诣！

也正是因为她们的色艺双绝，声名鹊起，所以才引起了社会各界的热切关注和诸多应酬往还。书中除了记载与她们有过合作关系的20多位男伶之外，还记录了她们与诸多戏曲散曲作家等文人士子的交情。甚至有50多位达官贵人、名公士大夫，都与这些女演员们有着或多或少、或深或浅的广泛交往。一部《青楼集》，作为第一部比较简练而系统的表演艺术家史传，对研究元代演剧、表演艺术、演员行迹与时代风尚等多方面的话题,都具备非常重要的史料价值和文化意义。

明清以来,与关于戏曲剧作家的记录相对寂寥的研究局面不一样,类似明代潘之恒《鸾啸小品》之类关于演员与表演艺术的文献相对较多。表演艺术家们的优美声容及其较大的社会影响力,使他们得到了较多的关注和充盈的记载。

清代,戏曲艺术进入另一个鼎盛时期,演员记录极为丰富。《清代梨园燕都史料》中所收录的《燕兰小谱》、《日下看花记》等几十种书,都对演员予以了主体性的关注。如小铁笛道人在《日下看花记》自序中论及其作传缘起云:

> 唐有雅乐部。宋时院本始标花旦之名,南北部恒参用之。每部多不过四、三人而已。有明肇始昆腔,洋洋盈耳。而弋阳、梆子、琴、柳各腔,南北繁会,笙磬同音,歌咏升平,伶工荟萃,莫盛于京华。往者,六大班旗鼓相当,名优云集,一时称盛。嗣自川派擅场,蹁跹竞胜,坠髻争妍,如火如荼,目不暇给,风气一新。迨来徽部迭兴,踵事增华,人浮于剧,联络五方之音,合为一致,舞衣歌扇,风调又非卅年前矣。……录成一稿,名之曰《日下看花记》。梨园月旦,花国董狐,盖其慎哉。余别有《杨柳春词》一册,备载芳名,以志网罗,无俾遗珠之叹。凡不登斯录者,毋怼予为寡情也。

这段序言,既有史识在,又有人情浓,令人为之莞尔首肯。

民国以来,由于出版业的发达与报刊传媒业的勃兴,又使得关于演员的记载、评选和评论蔚为大观。民国二十七年(1938)由徐慕云编著的《中国戏剧史》(上海世界书局出版)卷一专列《古今优伶戏曲史》,以编年体形式,研究家的眼光,纵述自先秦以来直到民国戏曲演员的大的历史线索与知名演员,颇具史家眼光。

近些年来,北京学者孙崇涛、徐宏图等人合著的《戏曲优伶史》(文化艺术出版社 1990 年)和上海学者谭帆的《优伶史》(上海文艺出版社 1995 年)先后问世,这都是关于中国历代演员事迹的研究著作。

四

中华人民共和国成立以来,戏剧艺术家的位置得到了前所未有的大提高。在全国政协委员和全国人大代表的席位中,戏剧家特别是戏曲表演艺术家都占有一定的比例。

与此同时,关于戏曲表演艺术家的各种传记资料愈来愈繁盛起来。最负盛名的自传性著作,是梅兰芳的《舞台生活四十年》。盖叫天的《粉墨春秋》,也曾激励过业内外的诸多读者。

20世纪末叶到21世纪初叶以来,戏曲艺术家的传记纷纷面世。诸如河北教育出版社、中国戏剧出版社、中国青年出版社、文化艺术出版社等多家单位,都出版过不少戏曲家传记。

有鉴于目前出版的一些戏曲家传记,还存在着收录偏少、体例不全的遗憾,随着新资料的发现、新人物的涌现,社会各界迫切需要一套相对系统、完整些的戏曲人物传记资料。这既是对钟嗣成、夏庭芝等人开拓的曲家与伶人传记之风的现代传承,也是在国学与民族艺术学越来越受到全民重视的前提之下,从戏曲艺术家传记方面所做出的积极呼应。

在中国已经崛起为世界上第二大经济体的今天,在中国商品出口多、文化输出少的不对称情形下,在国际社会与世界戏剧界关于中国民族戏剧的热切关注下,一部系统的中国戏曲家传记丛书呼之欲出。

作为中国戏曲人才培养与学术研究的专业化最高学府,中国戏曲学院理所当然地应该担当起编纂中国戏曲艺术家传记丛书的重任。而且今天的戏曲艺术家丛书,既包括了演员与编剧在内,也同样不会遗漏著名的戏曲音乐家和舞美设计家等不同专业的代表人物。

中国戏曲学院的表、导、音、舞、美等不同系科,都对本专业的佼佼者了如指掌。在教师、研究生和本科生三结合的编纂模式下,在文献资料收集、当事人采访调查、专辑文本写作修改等较为漫长的过程中,学院都有着较为雄厚的人才基础。有道是铁打的校园水流的学生,也只有中国戏曲学院才能一直具备较为丰富而新鲜的专业化人力资源。

在北京市教育委员会的慧眼关照下,在上海文化基金会的支持下,在中国戏曲学院领导与师生的有效指导与大力参与下,在社会各界贤达众人相帮、共襄盛举的积极姿态下,《中国京昆艺术家传记丛书》终于正式立项。从2010年到2011年两年间,上海古籍出版社已经出版了12种京昆人物传记。从2012年开始,这套丛书将以月出一本的节奏,稳步运行,逐步推进。

2011年12月30日,《中国京昆艺术家传记丛书》新书发布会及学术研讨会在京隆重召开。此次盛会由全国政协京昆室、文化部艺术局支持,北京市教委、上海文化基金会、中国戏曲学院、上海世纪出版集团联合主办。中国戏曲学院戏文系和上海古籍出版社具体承办。

国务院艺术学科评议组召集人仲呈祥、全国政协京昆室负责人赵景发、王春祥、文化部外联局舒晓书记、中国戏曲学会会长薛若琳、副会长龚和德、王安奎、北京戏剧家协会名誉主席郭启宏、中国艺术研究院话剧所前所长田本相等40余名院内外领导与专家出席了会议并发表了讲话。《中国戏剧》主编晓赓、《中国演员》主编陈牧,《中国京剧》、《戏曲研究》、《光明日报》、《新民晚报》等多家报刊的相关编辑参与了盛会。中国戏曲学院李世英副书记、上海古籍出版社田松青主任分别致欢迎词。张永和、翁思再、和宝堂、陈珂、陈培仲、田志平等院内外传记作者代表分别就自己的撰写情形作了交流。大家共同期待这套丛书能够成为中国戏曲学院的诸多学术与专业品牌之一,为弘扬京昆传统、继承国粹艺术、深化联合国教科文组织人类口头与非物质文化遗产代表作的研究与推广,发挥其应有的作用。

我们打算用五年时间,首先推出京昆艺术家当中的重要人物传记。五年之后,评传工程将向着越剧、黄梅戏、豫剧和粤剧等地方戏的各大剧种之领军人物转移,持续推进。积之以时日,继之以心力,伴随着梨园界各方贤达和社会各界有识之士的支持,中国戏曲艺术家的系列传记就一定能够在太平盛世当中积少成多,聚沙成塔,共同托举出中华文化中戏曲艺术家的辉煌群像。

五

本套丛书首批推出的系列传记,都属于中国京昆艺术家的可观序列。

昆曲,既是京剧之前最具备代表意义的"前国剧",又是戏曲剧本文学性较强、表演艺术趋于典范精美的大剧种,还是2002年起首批被联合国教科文组织列入"人类口头与非物质文化遗产"名录、具备较大国际影响的古典剧种。

从1917年开始,吴梅先生在北大开辟了戏曲教学的先例。在他的指导、启发和参与下,由上海的实业家穆藕初赞助,昆剧传习所在苏州正式开班,培养了承前启后的"传"字辈演员。设非如此,兰苑遗音,古典仙音,险些儿作广陵散,斯人去矣,芳踪难寻。至于北昆的韩世昌、白云生等人,也都是正式拜过吴梅先生的嫡传徒弟。这些人,这些事,不可不写,不可不传。

京剧,至今被公认为中国戏曲最具代表性的剧种,海内外的不少人索性将其称为"国剧",也被列入人类非物质文化遗产代表作,得到社会大众的认同。京剧表演艺术家,流派纷呈,各称其盛,具备非常广泛的群众基础,也在世界各国都具备较高的知名度。这些角儿,这些流派,不可不述,不可不歌。

因此,昆曲类传记中,首先推出的是近代戏曲学术大师吴梅、昆剧表演艺术大师俞振飞和素负盛名的昆剧"传"字辈老艺人;京剧类传记中,"四大须生"与"四大名旦"等名宿传记也规划较早。

细心的读者很快将会发现,在本套丛书中,大多数都是众所公认的戏曲界大师,但也还有部分正处在发展过程的中年名家。或许有人要问:既然曰传,树碑立传,盖棺才能论定,中年才俊尚还处于发展过程之中,缘何仓促为之写传?

此问有理,但又不全正确。须知任何一时代较有影响的人物,首先是被同时代的人们所热爱。举例说来,于魁智、李胜素和张火丁等人都还处在发展前进的艺术路上,可是他们也确实拥有大量的观众群。那些忠实的粉丝们,迫切需要知道他们心中偶像的更多情形。那么,为同时代的人们的戏曲界偶像树碑立传,实属必要。再比方今天我们的诸多梅兰芳传记,实际上更多的是具备历史文献的意义,因为现存的大部分观众再也无缘得睹梅大师演出的现场风采了。

更有甚者,我们与《中国京剧》的朋友们总是计划某月某日去采访某一位德高望重的艺术家。可是每当我们如期去实地采访时,常常会发现老人家年事已高,对于昔日的风采与精彩的艺术,已经很难清楚地加以表述了。英雄暮年,情何以堪?

至于有时候看到讣告上的名家,原本已经列入我们要拜访的日程表上,但是拜访者尚未成行,受访者却已经远行,远行到另外一个遥远而不可及的世界中去也!天壤永隔,沟通万难,那就更属于永远的遗憾了。

有鉴于此,我们提倡两次写传法或曰多次写传法。此次先写名家的壮年时期,未来再补足传主的晚年事迹,这样的传记,也许更加齐备可靠一些。若必要年老而可写,若必等盖棺而论定,却使后人对前辈艺术家知之甚少,叙之渺渺,称之信史,恐也非理想之传记。

传记的生命力在于讲述一个个真实的故事,演出一幕幕人生的大戏。但是如何讲好故事,怎样使得故事讲得精彩动人,令人读后余香满口,味道袭人,实属不易。《史通》说:"夫史之称美者,以叙事为先,至若书功过,记善恶,文而不丽,质而非野,使人味其滋旨,怀其德音,三复忘疲,百遍无斁。"

戏曲艺术家们在舞台上创造了富于美感的各色人物形象,但在生活中却还是一位凡人,或者说往往是一位烦恼更多的凡人。如何使得生活中的凡人和舞台上各色才子佳人、贤士高官和其他或正或邪的人物形象有机地对接起来,更是亟需在传记写作过程中不断探索的难关。

传记包括家族身世、教育承传、艺术人生和舞台创造等部分,也酌选精彩而有历史价值的照片,以期图文并茂,赏心悦目。传记强调文献记载、口述历史与适度评述相结合。附录包括大事年表、源流谱系、研究资料索引等。每位传主的评传大约15万字,俱以单行本方式印行出版。

二百年来,风云变幻,梨园天地,名家辈出。区区一套丛书,尽管编者力图使之相对完整系统一些,但挂一漏万、沧海遗珠的现象,还是不能避免。即便收入本丛书中的名家大师,由于多侧面历史的诸多误会以及材料的相对匮乏,由于诸多热情有余、经验不足的年轻人的参与,错讹之处,在所难免。尚求方家不吝指正,遂使学问一道,有所长进;梨园群星,光芒璀璨。这也正好呼应了马克思的人物传记理想,那就是写人物应当从感情气势上具备"强烈色彩"、"栩栩如生",力求达到恩格斯关于人物形象应当"光芒夺目"的审美理想。

尽管为梨园界的艺术家们作传,从理论上看厥功甚伟,但实际工作却常常举步维艰。甚至梨园界的一些同仁乃至某些传主的家属学生,也都会存在着一些不一致的想法。尽管前路漫漫,云雾遮蔽,甚至常常山重水复,坎坷难行,但是坚定的追求者和行路人还是会历经千辛万苦,抹去一路风尘,汇聚锦绣文章,迎来晨曦微明。

彼时彼刻,仰望戏曲艺术的长空,那一颗颗晶莹的晨星正在深情地闪烁着动人的光华。晨钟响起,无限芳馨远播,那正是全体传记写作人和得以分享传记的读书人,以及关心本套丛书的戏迷和社会各界朋友们的无量福音。

谢柏梁

2012 年元旦

(本丛书主编为中国戏曲学院戏文系主任,北京市特聘教授与教学名师,国务院政府特殊津贴专家,中国戏剧文学学会副会长)

目　录

总　　序(谢柏梁) 1

第一章　南雁北飞 1
　一、故土难离 1
　二、落户津门 7

第二章　初涉人生 13
　一、学徒生涯 13
　二、婚事风波 19

第三章　坎坷江湖 23
　一、初闯京师 23
　二、京东粥班 27
　三、镖行护院 32

第四章　艺梦难圆 38
　一、搭入三庆 38
　二、转益多师 43
　三、醉心老生 49

第五章　百折不回　*55*
　　一、暂别三庆　*55*
　　二、初试锋芒　*63*
　　三、站稳脚跟　*73*
　　四、三足鼎立　*82*

第六章　志在必得　*90*
　　一、入宫承应　*90*
　　二、三庆情结　*96*
　　三、精益求精　*99*

第七章　多事之秋　*111*
　　一、宫廷内外　*111*
　　二、清歌漏船　*121*

第八章　千锤百炼　*130*
　　一、独占鳌头　*130*
　　二、佛缘有加　*135*
　　三、炉火纯青　*140*

第九章　迈向巅峰　*153*
　　一、大红大紫　*153*
　　二、伶界大王　*162*

第十章　抱恨以终　*171*
　　一、得罪权贵　*171*
　　二、面对挑战　*178*
　　三、巨星陨落　*189*

附录一　谭鑫培艺术年表（宋学琦）　*200*
附录二　谭门七代嫡传世系表　*226*
附录三　谭派老生世系谱　*231*
附录四　谭鑫培研究资料索引　*233*

后　记（周传家）　*239*

第一章　南雁北飞

一、故土难离

羊年春天的脚步显得格外匆忙,刚进农历三月,太阳就有点灼人,风里也挟带着一股热气。汉水和长江的桃花汛早已涨起来了,水面变得特别宽阔,在阳光下闪烁着万点鳞光。龟山和蛇山的绿意一天浓似一天。

坐落在汉水和长江交汇的三角地带的武昌府,沐浴在一片春光里。作为武汉三镇之一,她的地理位置优越,交通十分方便,乃是九省通衢的交通枢纽。建于黄鹄山巅的黄鹤楼[1],控龟蛇,扼江汉,揽三镇风光,俯视着人世间的众生万相,被誉为"天下第一楼"。

武昌府江夏县内,房舍栉比,人口稠密,街面上似乎呈现出初夏的景象。来来往往的行人大多换上了单衣,有些推车挑担的年轻后生甚至打起了赤膊。

宾阳门(今大东门)外的田家湾今天显出几分热闹。谭家门口聚集着一群人,有男有女,有老人也有孩子,他们正冲着一位中年汉子道喜:"叫天子!恭喜你了!""喜添贵子,谭门有指望了!"

常言道:人逢喜事精神爽。那中年汉子脸放红光,连连拱手答谢道:"多谢众

---

[1] 现在的黄鹤楼系 1986 年重建,坐落于蛇山之上。

位街坊,同喜同喜!"

"叫天子!"一位街坊提议道,"快四十岁了,得了个胖儿子,大喜啊! 还不快给大伙来一段'哦呵腔'(即打锣腔、花鼓戏)!"

"对! 挑喜庆的来一段儿!"

"你总在外面跑,好久没听你的打锣腔了!"

那位名唤"叫天子"的汉子连连点头说:"好! 好! 好!"随即清了清嗓子,做了个戏里的身段,张口来了几句打锣腔名段《绣荷包》。他那嗓子又尖又脆,婉转动听,活像一只叫天子(云雀)鸟儿鸣啭着飞向嫩蓝的晴空。

"好! 好!"顿时响起一片喝彩声。

"志道!"忽然,院子里有人叫起来。那中年汉子连忙打住,朝众街坊拱拱手说:"俺还得赶紧给婆娘去煮红糖鸡蛋呢! 改日再唱! 改日再唱!"说着,大步流星地奔回院里。

读者诸君! 上面这一幕可并非完全是笔者的虚构,而是实有其人,确有其事,就发生在距今165年清道光二十七年(1847)三月初九武昌府江夏县大东门外的田家湾。那位人称"叫天子"的中年汉子不是别人,乃是日后成为京剧"后三鼎甲"之一、名动全国、风靡一时的"伶界大王"谭鑫培的父亲谭志道。不用说您也能猜着,那个刚刚降生人间的小娃娃就是谭鑫培了。

谭家祖籍湖北江夏县,连谭志道也说不清楚他们家究竟是哪朝哪代迁到田家湾的。这田家湾乃是城乡交界地带,土著的老主户不多,大多是从四方八面流落至此的。有的人到城里混事,有的凭小手艺谋生,有的做些小买卖。谭家起先开着一爿小小的米粮店,生意虽不兴隆,倒也能养家糊口。可是到了谭志道的父亲谭成奎顶门立户的时候,由于连年灾荒,米价上涨,加上他不善经营,米粮店蚀本倒闭了。幸亏他平日里常练拳脚,有些功夫,便托人求情,到江夏县县衙里当了一名捕快。白天黑夜四处办案,缉捕捉拿小偷、歹人。在江夏县一带,谭成奎也算是一个小有名气的传奇人物了。只因他性情刚直、暴烈,又好酒贪杯,得罪了当地的权豪势要,捕快没干多久,饭碗就被砸了。谭成奎又气又恼,一病不起,撒手归天。那年,谭志道才刚刚十几岁。

家里倒了擎天柱,断了跨海梁,如何度过艰辛的时光? 谭志道小小年纪便只好靠自己的嫩肩膀挑起家庭生活重担。当时,打锣腔风靡湖北一带,人们又把它称为"哦呵腔"、"花鼓调"。名儿是一个,但各地唱得不完全一样,于是就有了东路花鼓、黄孝花鼓(即西路花鼓)、天沔花鼓、襄阳花鼓、远安花鼓……就像烂漫的山花开遍长江两岸。清廷对民间小戏禁得很厉害,朝廷和地方的禁令接二连三,骂花鼓戏诲淫诲盗、伤风败俗,开少年子弟之情窦,动无知女子之春思。但是,清廷越禁,老百姓越爱看、越爱听,禁得越烈,演得越盛。花鼓戏中有大戏也有小戏,有所谓"三十六大本"、"七十二小本"的说法。前文中谭志道唱的《绣荷包》就是一出很有名的小戏。清代中叶以后,各路花鼓戏不仅在各地流播,而且向通都大邑集中,不少花鼓戏艺人纷纷到武汉三镇谋生,田家湾一带就住着不少民间艺人。

谭志道生得五短身材,眉清目秀,心眼儿灵,记性儿强,嗓子又高又亮,像云里钻的叫天鸟儿,真是块学戏的好料儿。既然家里田无一垅,钱无分文,何不去学唱戏呢? 于是,谭志道拜师学艺,于道光二十六年(1846)春正式下海,成了一名花鼓艺人,行当是汉调十门角色中的九夫,也就是后来京剧中的老旦。他唱戏肯卖力,人缘又好,很快就唱红了,人们送他个"谭叫天儿"的艺名。

有言道:王八戏子吹鼓手。卖艺人是被人瞧不起的下九流。谭志道二十多岁了还是光棍一条。快三十岁了,才在一次卖艺的时候遇上倾心爱他、理解他、支持他的熊氏姑娘巧云,结为百年之好。谭志道穿着戏装拜了花烛,完婚之后,就盼着生下一男半女,接续谭家烟火,"不孝有三,无后为大"嘛! 可是,由于日子艰难,先后生下的两个女娃,一个早产而死,一个满月夭亡,之后就再也没有开过怀。时间一长,夫妻二人就绝了生儿育女的念想。谭家几辈子都是单丝独线,看来到他这一代就要断线绝根了。哪承想,三十九岁了竟然喜得贵子,他怎能不喜出望外呢?!

谭志道特地从黄鹤楼请来一位据说是两榜进士出身的半仙,为儿子算生辰八字。那先生仙风道骨,神神乎乎,口中念念有词:"此子虽非上朝入殿,但却笏袍加身;财由口中生,福自王侯赏啊![1]只是此子生辰八字中缺金,我看就起名金福,以鑫培为号,三个金字摞在一起还会缺金吗?"说到这里,又瞥了一眼谭志道夫妇,露出神秘的坏笑,咕哝道,"小字就叫望仲吧!"他看谭志道夫妇一脸迷惑,突然大声说,"也就是盼生老二,多子多福。"说得夫妻俩顿时满脸飞红。

谭志道尝到了壮年得子的欢乐和喜悦,也品味到添人进口、维持生计的艰难。为了抚养心爱的儿子,他不得不成年累月地随着草台戏班在襄阳、远安、孝感一带转悠,赶庙会,唱堂会,办红白喜事。有时,从江南的汉阳、武昌,坐船到江北的汉

---

[1] 见崔伟《粉墨王侯谭鑫培》,人民音乐出版社 2002 年。

口,滔滔江水映照着他那风尘仆仆的身影,江水里洒过他多少汗水血泪! 开始妻子熊氏巧云留在家中照料儿子,收拾家务。等鑫培稍稍大了些,便陪伴着丈夫一起四处卖艺。

花鼓戏在湖北十分流行,深受欢迎。但若论实力,当地最有影响的还首推汉调皮黄。早在清代道光年间,汉调就已是班社林立,人才济济,名伶世代相传,绵延不绝;玩菊的名票如雨后春笋,争荣竞秀。单在汉口一地,专业汉班就有十几个,分成荆河、襄河、府河、汉河四大流派。因为有长江这条大动脉,汉口成为九省通衢的水陆码头。三镇之上,会馆争辉夺煌,酒楼歌馆鳞次栉比,商船拥塞江岸,歌舞通宵达旦。对于武汉三镇戏曲繁荣兴旺的局面,叶调元《汉口竹枝词》、范锴《汉口丛谭》都有极其生动的描绘。

毫无疑问,湖北是皮黄戏的戏窝子,汉调是皮黄的重要支脉。湖北与安徽接壤,浩荡的江流将两地紧密相连。从武汉三镇沿江而下,经过安徽的戏窝子安庆,便可到达清代除北京之外的第二个戏剧中心——扬州。同属于皮黄系统的安徽的徽班和湖北汉调的汉班有着非常亲密的血缘和地缘关系,经常互相来往,搭班演出。武汉三镇曾缭绕过徽班艺人的歌声,安庆、扬州也留下过汉调艺人的足迹。至于判定谁先谁后、谁强谁弱,那是戏剧史家的事情。反正在皮黄腔系中,徽、汉两家早已是你中有我、我中有你,息息相通了。就是花鼓戏,也不能不和皮黄发生一定的联系和交融。

谭志道学的是楚调花鼓,唱的是老旦。但在频繁的卖艺活动中,他也曾结识不少汉调、徽调艺人,甚至同台献艺。他不仅擅唱楚调花鼓,也能演唱皮黄。不仅工于老旦,也能演老生及其他行当。这就为后来他北上津京打下了雄厚的基础。

谭鑫培出生的年代,大清帝国正走在急遽衰败的下坡路,前世的"康乾盛世"已成为飘渺的云烟,表面繁荣下潜藏着的各种社会矛盾逐渐积累、激化。政治黑暗,军备废弛,国库空虚,闭关自守,大清帝国"外面的架子虽未甚倒,内囊却也尽上来了"! 无须多久,就会"忽喇喇似大厦倾,昏惨惨似灯将灭"[1]!

大清帝国江河日下,西方列强却迅速崛起,并窥伺中国。

1840年6月,列强挑起了第一次鸦片战争,迫使清政府于1842年(道光二十二年)签订了中国近代史上第一个不平等条约——《南京条约》。次年又签订了

---

[1] 语出曹雪芹《红楼梦》第五回"聪明累"曲。

《中英虎门条约》、《中美望厦条约》、《中法黄埔条约》，使中国一步一步沦为半殖民地半封建社会。

福无双至，祸不单行。清廷卖国，老天爷肆虐，从道光二十六年到道光三十年（1846—1850）的五年间，黄河、长江流域分别有六个省、五六百个州县受灾，多少人妻离子散，家破人亡，触目都是饿莩相枕、田野荒芜的悲惨现象。

官逼民反，民不得不反。第一次鸦片战争后的十年时间里，全国各地规模比较大的起义就有一百多起。此起彼伏，连绵不绝，一浪高过一浪。结果在咸丰皇帝刚刚登基那年（1851）的一月十一日，广西桂平县金田村爆发了中国近代史上规模最大的金田起义。洪秀全登基，自封天王，建号太平天国，颁布《天历》，制定《太平条规》，分封诸王，然后进军湖南，连克益阳、岳阳，进入湖北境内。太平军在从广西向湖北进军途中，不断传檄天下，申述斩邪留正的革命方针，严惩贪官污吏，招揽四方英雄豪杰，策动清廷官员弃暗投明，安抚百姓，教化人心，深得百姓拥护，不少穷苦百姓纷纷加入太平军。

咸丰二年（1852）十二月二十二日，太平军攻克汉阳和汉口。汉口与武昌隔江相望，江面辽阔。起义军中的能工巧匠设计了一座从汉阳晴川阁到武昌汉阳门之间的横跨长江的浮桥，以巨缆横缚大木，覆以板障，再系上大铁锚，任凭风吹浪打也不摇动。

大兵压境，湖北巡抚以坚壁清野，不使贼匪藏身为借口，对武昌市民百姓的房屋财产肆无忌惮地劫掠焚烧，武昌城郊化为一片焦土。火光四起，烟焰升腾，照红了江面，映红了天空。喊声聒耳，哭声震天，不少人投江而死……

残民以逞的清廷官军，吃饱喝足捞够了，龟缩城内，自以为是固若金汤。然而不到一个月的时间，咸丰三年（1853）一月十二日，太平军就用地雷炸毁武昌文昌门城墙。八位勇士扬旗呐喊，先锋部队从四面乘云梯攻入，占领了武昌。太平军在武昌城内修整了一个多月，扩充了兵马，从二月九日起便放弃武昌，舳舻千里，沿江而下，直逼南京。

太平军占领武昌这一年，谭鑫培刚刚五岁。他们一家三口，风餐露宿，四处奔波，多少也攒了几个钱，打算回到田家湾好好过个春节，等春暖花开后再外出卖艺。哪想到腊月初一他们刚刚回到家，就听说太平天国的军队已经逼近武昌城下，街上贴出湖北巡抚常大淳签署的告示："……城外民房，非离江岸不远，即距城根较近，兵法以清野为先，若不早为毁除，非特有碍炮路，且广西、湖南等省，皆因民房毁除未尽,致贼藏身,潜掘地道,前车可鉴,是以奏明毁除……"

熊氏听到这个消息,忧心忡忡地问谭志道:"官府真的要把咱们的房舍给毁了?"

"布告都贴出来了,还能有假?"谭志道没好气地说,"官匪一家,什么缺德的事情干不出来?"

熊氏深深地叹口气,目光里透出无限的忧愁,接着问道:"怎么办呢?"

谭志道两眼放射出仇恨的光芒,半天才说道:"难怪洪秀全要造反,老百姓实在活不下去了!"

熊氏忙上前捂住丈夫的嘴,小声叮嘱道:"隔墙有耳,小心着点!"

"怕什么?"谭志道推开妻子,他的声音反而更大了,"大不了一个逃,一个死!"

"死?!"熊氏吃惊地望着丈夫因为愤怒而扭曲的面庞,哽咽道,"你就不想想咱们五岁的小鑫培!"

正在这时,在外面玩耍的小鑫培跑进来。他面目姣好,声音清脆,进门就喊:"阿爸! 阿娘! 那边着火了!"说着,用小手指了指外边。

"啊!"谭志道惊叫一声,腾地跳起来就往外跑。只见远处浓烟滚滚,火光冲天,接着传来毕毕剥剥的爆炸声,一片惊叫和呼喊:"官府放火了!""快逃啊!"

熊氏一把搂住谭鑫培,声嘶力竭地哭喊道:"志道! 快! 快收拾收拾逃命吧!"

谭志道从外面跑回来,不说话,也不动手,冲着老屋、院子愣神儿。

这祖祖辈辈留下来的老屋、小院,记载着他的多少欢乐,多少苦恼! 多少温馨,多少辛酸! 唯一的一点家产,眼看就要付之一炬,他是多么留恋,多么心疼! 他已经是四十多岁的人了,过了大半辈子,如果毁了这老屋和院子,那就真是一无所有,无处安身了。

想到这里,他感到一阵眩晕,连忙扶住院子里的那棵大树。这棵树还是他的父亲谭成奎在他出生那天栽下的,经历了四十多个春秋,如今已是绿荫如盖,快有合抱粗了,是他半生的见证。谭志道轻轻抚摩着粗糙的树皮,抬头看了看茂密的树冠,不禁落下几行清泪……

熊氏能理解丈夫的心,独自收拾好随身穿戴的衣服和日常用品,装进竹篓里,轻声催促道:"志道,快走吧!"

谭志道抹了把泪水,走过去提起那一副陪伴着他走遍四方的竹担儿。竹担儿两头是两个大竹篓,一边装着全部的破烂家当,那边则要放置五岁的小儿子。

谭鑫培挣脱阿娘的手,跑过来抱住谭志道的腿,仰起小脸看着阿爸的脸,说:"阿爸,你哭了!"

谭志道抹了抹脸上的泪水,弯腰抱起小鑫培,亲了亲那张因为缺乏营养而带有菜色的小脸蛋。

"阿爸!咱家在哪儿过年?"

谭志道把他放进竹篓,围上破旧的棉被,说道:"孩子,咱们要到好远好远的地方去!"其实,仓促之中,他一时也不知道要到哪里去才好。此刻,可真是有国难投,有家难住哇!

就这样,在熊熊大火焚烧之前,他们一家三口一步三回首地离开田家湾,怀着惊恐和悲伤,带着渺茫的希望,走上了吉凶未卜的逃亡之路……

二、落户津门

谭志道一家三口离开田家湾之后,逃到长江岸边一个叫葛店的村镇里,在朋友家暂住。打算熬过冬天,天气转暖再作计议。

咸丰三年(1853)一月十二日,太平军从汉口渡江,攻占了武昌,传令"官兵不留,百姓勿伤",释放了监狱里的囚犯。太平军在武昌城外半里左右东、南、北三方城外垒筑城墙,沿墙建构更棚,安排精锐士兵固守。夜间更番击鼓,军官巡走。又在黄鹄山脊盖起数丈高的望楼,用来瞭望侦察敌情。太平军还开展了"讲道理活动",将城内居民分别设馆,用《幼学诗》《三字经》《平诏书》《颁行诏书》向男女老少进行宣传教育,组织动员大家加入"拜上帝会",参加太平军队伍。凡参加太平军者,财产一律交入圣库,衣食均由太平军供给。

听说太平军纪律严明,秋毫无犯,凡参加太平军者不愁吃穿,谭志道和妻子熊氏商量道:"总住在朋友家里也不是长久之计,不如回武昌入太平军算了。"

妻子不无担心地说:"成天行军打仗,担惊受怕的。"

谭志道说:"四处卖艺,走南闯北,又过得几天安宁日子?"

熊氏是个贤妻良母,向来总是听丈夫的,小声说道:"你若是愿意回去,依你就是了!"

于是,夫妻俩辞别了朋友,带着小鑫培返回武昌。

走到半路,遇到一位曾在一起卖艺的朋友。

"叫天子,你们这是到哪里去呀?"朋友问。

"回武昌!"

"回武昌做什么?"

"入太平军呀!"谭志道高兴地说,"听说太平军不烧不杀,不抢不掠,还管吃管穿!"

"你想得倒美!"那位朋友说,"人家太平军要你干啥子?"

"嗨!咱们不能行军打仗,还不能给他们唱曲演戏吗?"

那朋友听罢连连摇头说:"如果真有这等好事,我还会出来吗?"

原来,太平天国首领洪秀全进入武昌后发布了一道檄书,申明太平军信仰拜上帝教,以上帝耶和华为真神,奉《新旧约全书》为经典,将神仙佛道、诸子百家一概视为"邪教"异端,把唱戏与"邪教"、奸、佛、神、道一律斥之为"生妖",严令取缔,并把戏台上的帝王将相、才子佳人与清廷朝臣、权豪、少爷小姐类比。这样一来,艺人们避之犹恐不及,谁还敢去投靠呢?所以,不少戏班星散,艺人纷纷逃离。

这消息使谭志道大失所望,没想到太平军竟不让唱戏。唱戏不仅是他的兴趣和爱好,也是他的谋生养家手段,他已经和唱戏结下了不解之缘。太平军已经占领了武汉三镇,说不定将来要坐天下。如果一直不让唱戏,这将如何是好?太平军什么都好,为什么就不能容忍艺人呢?……

谭志道遥望着黑糊糊的武昌城,双眉紧蹙,深深地叹了口气,像是对朋友说,又像是自言自语:"难道就没有唱戏人的活路了吗?"

那位朋友见谭志道如此惆怅,安慰道:"天无绝人之路。中国地面这么大,哪儿的人不爱听戏?南方乱哄哄的,不好混事由。徽地那边的安庆、东海边的扬州,唱戏的人可多着呢!听说有位湖北老乡米喜子在京城唱得红火着呢!"

一番话说得谭志道开了窍。他也曾听人说过那位米喜子,另外还有两位名叫王洪贵、李六的湖北艺人也都闯过京师。他心里不禁一动,暗自思忖道:"家乡待不住,南方去不了,何不到北方京城一带闯一闯呢?"

他马上把这想法跟那位朋友说了说,那朋友高兴得一拍大腿,说道:"英雄所见略同!咱们唱戏的就是四海为家,就像那大雁一样,哪儿暖和就飞到哪儿去。"

就这样,谭志道和那位朋友结伴而行,一边卖艺,一边赶路。

当时,虽说已经有了直通北京的官马南路,可以穿河南、走山西经河北到达北京;但很多人还是愿意走水路,顺江而下到镇江,然后再转运河北上。

谭志道和朋友决定走水路北上[1]。他们来到江边渡口,船家听说他们是跑帘外的花鼓戏艺人,很是热情,招呼他们上船。

"俺可没有钱付您啊!"谭志道老实地说。

船家豪爽地笑起来,说道:"给俺唱一出花鼓戏,全有了。"

真是巧得很,船家要到安庆接人,答应把他们送到安庆,不收分文。

小船顺江而下,像一只水鸟贴着水面飞掠,他们在船上有说有笑,暂时忘记了离乡背井的苦楚。

安庆连同附近的石牌、池州一带是有名的戏窝子,徽调的发祥地,徽班的摇篮,包括吹腔(石牌腔)、拨子、二簧在内的安庆梆子"石牌腔"即因此而得名。这一带艺人辈出,流布四方,故有"无石不成班"之说。

徽调是以石牌为中心,隶属于安庆的怀宁、桐城、潜山、太湖等地艺人唱出来的。徽班也是以安庆、石牌艺人为骨干而形成的。徽调艺人早在康熙、乾隆年间便名噪扬州,并从扬州陆续北上到达京师,所以人们说:"徽班昳丽,始自石牌。"(包世臣《都剧赋》)

谭志道一家和那位朋友在安庆逗留了一个多月,结交了不少徽班艺人,眼界大开。接着,他们继续顺江而下,经过芜湖、当涂、马鞍山,来到南京城下。

南京,这座六朝古都,北临滚滚长江,东、南、西三面环绕着钟山、牛首山、清凉山,果然是"钟山龙盘,石城虎踞"。

南京历来是南北要冲,兵家必争之地,这里滚过多少战火,腾起多少硝烟。谭志道刚到南京,就听说太平军从武昌东下,马上就要攻占南京了。石头城内外一片惊慌,谭志道未敢多作停留,经镇江来到扬州。他们到达扬州的第三天,便听说太平军长驱直入,已经把南京攻占了。太平军把南京改名为天京,据说可能要在那里建都。

扬州是个好地方,称得上是南方的戏窝子。城内城外到处都能看到唱戏艺人的踪影。大明寺、天宁寺的庙台上,文峰塔下,文昌阁内,四望亭中,瘦西湖畔,平山堂里,到处都能听到悠扬的胡琴和婉转的歌韵。当年乾隆南巡时搭建的戏台也还留有遗迹,似乎在诉说着昔日的繁荣。

---

[1] 关于谭志道进京路线,一说经河南、山西、河北入天津;一说走水路,顺江东下而北折,进入天津。本书采用后说。

然而,谭志道无心久恋,天气一天天转暖,大河开冻,便继续乘船北上。古老的京杭大运河北起京师通州,经直隶、山东、江苏,到达浙江杭州府,全长一千八百公里,自从隋代以来就成为南北交通大动脉。悠悠的河面上,舟楫穿梭。桨声灯影里,阅尽了世运兴衰、人间沧桑。

谭志道和那位朋友溯流而上,走走停停,一边挣点盘缠,一边留连沿途风光。从江南鱼米之乡,穿过苏北平原、山东半岛,来到华北平原,经过了江都、高邮、淮安、清江、宿迁、济宁、聊城、临清、清州、东光、沧州、青县,终于在咸丰三年(1853)的春天来到天津。

他们本来不打算在天津久住,想尽快赶到京师顺天府。但来到天津之后,在街头遇到不少湖北口音的兵士。原来,当时镇守天津的是李鸿章的淮军,兵营主要设在塘沽。湖北与安徽搭界,淮军官兵以安徽人为主,此外还有不少湖北人。

俗话说:"老乡见老乡,两眼泪汪汪。"谭志道能在这里遇到老乡,倍感亲切,他唱的楚调也有了更多知音。因此,他想留在天津府过一段时间,碰一碰运气。京津相距咫尺,日后只要有好机会,随时都可以进京。于是,他们一家在津郊住了下来。

19世纪中期的咸丰、同治年间,天津卫可是个异常繁华的地方。它是南北交汇、水陆兼营的通衢,又临近京畿重地,加上芦台的盐政、塘沽的海关,人口已接近五十万,成为北方第一大商埠。商贾云集,铺面毗连,聚集着三教九流,五行八作,爱听戏的人很多。

天津的戏班很多,艺人主要来自三个方面:一是来自山陕,二是来自京师,三是来自天津及周边乡镇。天津是个商都,经营贸易钱庄的多是山西籍绅商富贵,他们喜听乡音,喜看家乡戏,不少山陕梆子艺人应邀来津。天津在"天子"脚下,清廷不断地禁毁词曲,许多有成就的艺人难以在京师立足,遂转道进入天津。鸦片战争后,繁重的捐税和地租,以及外国资本主义势力的侵入,导致农村破产,农民外流,不少人流进天津,靠唱戏谋生。有的人农闲时进城组台行艺,农忙时回乡务农。演戏活动随着季节变化时有起伏,而有的人因演技高超遂弃农从艺,成为专业艺人。

天津的剧种也很多,徽调、汉调、梆子腔、乱弹、弦索……诸腔杂陈。往往一台戏演几个剧种,既有皮黄、梆子,也有昆曲、吹腔、罗罗腔、柳枝腔、锯缸调、鲜花调和其他民间小调。文场上的演奏者大都会好几种乐器,皮黄使用京胡,梆子腔使用板胡,昆曲和吹腔用曲笛,武戏多用唢呐和海笛(即小唢呐)。剧种变了,演奏者不变,只须换一换乐器。至于武场,则不分彼此,只是锣鼓谱(经)有所不同而已。各路艺人聚到一起,同台演出,互相捧场,倒也热闹。

谭志道主要是搭皮黄班,有时也搭那种几合班,即杂班。在城内演出倒不算多,主要是跑码头、跑帘外。天津周围数百里,南到大城、青县,北至香河、宝坻,东达塘沽、大沽,西抵廊坊、固安、霸州,他哪儿没有去过?有时,他到淮军兵营里为老乡唱家乡的楚调花鼓,有时走街串巷唱汉调二黄,有时搭京剧班,有时搭梆子班。他有条又亮又脆的好嗓子,又善于模仿,唱什么像什么,不论唱什么,都让人爱听。

熊氏操持家务,管理后台、衣箱。小鑫培一天天长大了,开始练功、学戏。虽说是离乡背井,漂泊无定,受了不少风霜之苦,但一家人能够团聚,除了糊口之外已略有些积蓄,日子也还过得下去。

转眼间,来天津已有四年,谭鑫培快满十岁了。天下父母没有不望子成龙的,谭志道夫妇多想送儿子去念书识字,以图日后改换门庭啊!他们当然不敢奢望儿子出人头地,只要不受别人欺侮也就心满意足了。不过由于家贫,四处流浪,鑫培从小没念过一天书,连斗大的字也不识半升,习文的路显然是走不通的。

文的走不通,武的也可以。习武练功,强身自卫,如再能考个武秀才、武举人之类,为国干城,当个军官,不也很好吗?但是,就是去考武秀才、武举人,也要通文墨、知兵书,一般教书先生只会传授子曰诗云、唐诗宋词和八股文的起承转合。若要知兵习武,非请专馆传习不可,那可不是一般的家庭所能承受得了的。所以,民间有"穷习文,阔练武"的口头禅。看来,习文练武对于谭鑫培来说都是不切实际的想法。他的父亲是个穷艺人,他这辈子也只能走卖艺的路,这难道就是命运的安排吗?

常言道:"家有三斗粮,不进梨园行。"唱戏这碗饭吃起来并不容易。天下有多少穷孩子选上这条道儿,仅天津一带就有大量卖艺的人。所以,如果艺不精,技不绝,玩艺儿不地道,糊口都难。

谭志道虽说花鼓、汉调、皮黄都能唱,但他毕竟是南方艺人,没进过科班,没经过严格训练。鑫培从几岁就跟他学戏,九岁就开始登台,他管教也很严,但凭着这点经历就想在京津一带混出个名堂来实在太难。为了儿子的前程,谭志道决定把口挪肚攒的一点积蓄拿出来,让儿子入北方的科班学上几年。

科班是旧时培养戏曲艺人的教育机构,几乎全是民办。谭志道听说京东有个"金奎班",名师多,班规严,学费不算很贵,就和妻子熊氏商量,想把金福送去学戏。

熊氏心里有点舍不得,说道:"孩子太小! 吃得了那份苦吗?"

志道忙说:"要说学戏,他也不算小了。再大,恐怕就学不出来了。入科班如投胎,苦是少吃不了;可不进科班艺难成啊! 成天跟着咱们跑龙套成不了角儿!"

这时,鑫培不知从哪里跑过来,摇着熊氏的双臂央求起来:"阿娘,我不怕吃苦,让我去吧!"

熊氏慈爱地抚摩着鑫培的头,看着志道说:"敢情你们父子俩早商量好了?"

谭志道和儿子交换了一下眼色,忍不住笑了起来。

第二章　初涉人生

一、学徒生涯

中国戏曲源远流长,从先秦就开始孕育,汉代出现了百戏,唐代有了参军戏,宋金兴起杂剧和院本,元代的北曲杂剧着实红火了一阵子,涌现出关汉卿、王实甫那样的戏剧大家,《窦娥冤》《西厢记》那样的巨著。由明至清,杂剧衰落,传奇兴盛,文人们写的戏文真是浩如烟海,汤显祖的《牡丹亭》、李玉的"一人永占"[1]、洪昇的《长生殿》、孔尚任的《桃花扇》都是传世之作。它们大多是用昆曲和弋阳腔演唱的,所以这两种声腔流布最广,成了清代前期宫廷演出主要的剧种声腔。可是到了乾隆年间,除了昆、弋之外,各地民间又出现了不少新的腔调,它们不仅在当地流传,而且纷纷进京献艺,如陕西、山西的秦腔和梆子,湖北的楚调和汉调,安徽的徽调等。

兴起于安徽而兴旺于扬州的徽调,在高宗乾隆八十寿辰之际大规模地进入京师,主要包括三庆、四喜、春台、和春几个徽班。他们以唱徽调为主,但兼容楚调、秦腔、京腔、罗罗,联络五方之音,以新声夺人,震惊朝野,轰动四方,把其他声腔剧种比得黯然失色。渐渐地,徽班在京师站稳了脚跟,占领了舞台。

---

[1] 即《一捧雪》、《人兽关》、《永团圆》、《占花魁》。

金奎科班是个皮黄小科班,在京东一带颇有名气,班主是位富有的票友,与京师、天津的京剧戏班关系至密。班主花重金聘请了生、旦、净、丑各个行当的名师,制定了严格的班规,一板一眼,极有章法。

咸丰七年(1857)重阳节那天,谭志道带着十一岁的谭鑫培来到金奎班。谭鑫培穿着母亲为他新做的一身白底蓝条粗布裤褂,足登千层软底新布鞋,显得十分精神。

金奎班坐落在一幢四合院内,正房住着班主、老师,房檐下放着刀枪把子,东西两厢房是学徒住的地方,一溜儿大火炕。冲着正房是大门,两旁耳房作为放杂物的仓库和厨房。院子里垒着土台,还长着棵合抱粗的大槐树。谭鑫培父子进来的时候,有的学徒在吊嗓,有的学徒在练功。吊嗓的胡琴声清脆悦耳,练功的跌扑翻打,龙腾虎跃,煞是热闹。

谭鑫培被带进正房,班主和几位老师端详半天,问这问那,然后对谭志道说:"这孩子精瘦利落,是个唱武丑的料!"那意思很清楚,他们想让谭鑫培学武丑。而谭志道则想让儿子学老生,一来他平生最喜欢老生行当,自己没学成,便把希望寄托在儿子身上;二来当时皮黄界地位最高、名气最红的也是老生,如京师的程长庚、张二奎、余三胜都是大名鼎鼎。

"让他学老生怎么样?"谭志道一边小声地求情,一边看班主和老师的脸色。

班主和老师们交换了一下眼色,说道:"人尽其才嘛,我们不会委屈了他!"

谭志道见班主主意已定,只好说:"那好吧!我把孩子交给你们诸位了!"

"放心吧!"班主说,"是什么料,就成什么才!"当下递过"关书"(即文书),让谭志道签字画押。

关书是用粗糙的红纸褶写就的,封面写着"关书大发"几个字。翻开来,内文是:

今将亲生所养谭鑫培志愿投于金奎班为徒,习学梨园生计,言明五年为期。凡于期限内所得银两,俱归师傅享用。严守班规师训,若有违犯,打死勿论。自寻短见,概与师傅无关。倘有车轧马踩,天灾病疾,各由天命。学徒期间不准赎身,无故禁止回家,亦不准中途退学。如遇私逃,两家寻捕。年满谢师,但凭天良。空口无凭,立字为证。

立关书人谭志道画押,咸丰七年九月九日

谭志道听班主念完,在关书上画了押,一式两份,一份留在科班,一份装进衣袋。

谭鑫培给师傅磕了头。师傅说道:"徒儿,我看你这瘦小的身子骨儿,以后可得多吃些苦了。但又有啥法子呢?自在不成人,成人不自在嘛!无论三伏天、三九天,都不准偷懒耍滑,若是偷懒,为师的鞭子可不答应!"说着,摇了摇手里那根黑漆布缠成的鞭子。

谭鑫培连忙懂事地答道:"一切听从师傅。"

从此,紧张而艰苦的学徒生涯开始了。

一年四季,无论冬夏,每天鸡叫三遍就得起炕。冬天夜长,起床时天色还黑乎乎的,摸着黑来到伙房烧开了水,给师傅沏好茶,然后用棉被包好,免得凉了。师傅不醒不敢叫,等师傅醒了,先把茶水端上,然后给师傅倒了尿盆,叠完被子,点上早烟,这才开始教你练功。

不论你是学什么行当,都要有开蒙功。武行的开蒙功大都是从扳腿、下腰、劈叉、拿顶、翻筋斗、拧旋子、走吊毛、摔抢背等动作开始,科班里管这些叫毯子功。但当时哪里有毯子,就只好在黄土地上练。除了毯子功外,还有桌子功、椅子功、下高、过高、上高、台漫(下高翻腾动作)、台提、台蹑子、云里前扑、云里翻等。

谭鑫培从小跟着父亲,对练功不生疏。但谭志道是以唱老旦为主的,武功底子不是很强,谭鑫培没能从父亲那里学到多少武功,所以还得从头儿练起。

首先是耗腿和压腿,训练腿内肌肉力量,使得韧带柔韧,关节灵活。使腿部筋骨能向前、向后、向旁打开,具有迅速踢起、跨蹦等伸缩能力,产生高度弹力,以完成空间跳跃性技巧。腿部有了柔韧性能,便可以加速、加强动作技巧中摆腿的速度、力度和幅度,形成矫健的姿态和优美的造型。

为了练腿功,除了下压,有时还上吊。用一条麻绳搭到院子里那棵老槐树树杈上,一头拴一个套圈,套在单腿独立的谭鑫培的另一只脚上,另一头由师傅抓在手里。师傅一点一点地往下拉麻绳,谭鑫培的脚随之一点一点地往上提。等到脚与头顶拉平了,便把绳子拴到树干上,固定住,然后点起一根香。什么时候香烧完了才肯往下放。

开始练的那阵子,实在难以忍受。谭鑫培直觉得那只脚被生生地撕裂下来,疼得他龇牙咧嘴,涕泗横流。他恨不得有把快刀,一刀把绳砍断逃出院子,哪怕今后逃荒要饭,也不受这份罪了。

但是,每当他闪出这种念头的时候,师傅就像看出他心事似的,便拿眼盯住他。一天,又练吊腿,功夫不大,师傅来到谭鑫培的跟前,拍拍他的肩膀,摇摇他直立的那条腿,严厉而亲切地问道:"累不累?"

"不……不累!"谭鑫培不由自主地扭脸看了看那根香,才刚刚烧了一小截,泛白的灰柱都还没有掉呢。他知道,此刻说累也是白说,师傅绝不会开恩让他停下来。

"有种!"师傅脸上露出笑容,"练小不练老,这样练上三年五载,你会身轻如燕!"

师傅的话不错,果然越练越觉得轻松了。不到半年,谭鑫培吊腿熬两根香已不在话下,腿脚越发显得灵活有劲。

腿功之外,还有腰功,主要是练下腰。晴天在院子里练,赶上阴雨天,就到附近一座破庙里练。地下铺上一层柴禾或麦穰、谷秸、高粱叶、干草什么的,上面如果再有苇席,就算是毯子了。

把功师傅站在学徒对面,双手掐住学徒前腰部两侧,让学徒缓缓向后弯腰。初学午练时,谭鑫培感到非常难受,腰脊骨被压得嘎巴嘎巴直响,仿佛要断了似的。肚子上的肉皮则被拉扯得如同崩开了一样。他咬紧牙关,憋足一口气,想硬挺过去。

"不要憋气!"传来师傅严厉的声音。

果然,松了口气,感觉就好一点。

可是,为了减少下腰的难度,谭鑫培不由自主地抬起脚跟,两只手摆来摆去,好像在做辅助动作。

"把脚跟放下去!"随着严厉的声音,师傅两只大手如同铁钳一般,把他两只摆来摆去的手按了下来。

刚开始练功的那阵子,谭鑫培的脑袋只能下到屁股下面,起腰的时候站立不稳,还需要师傅扶持着腰部,才能慢慢向上挑起,站起来后两眼发黑,一阵晕眩。半年之后,谭鑫培的脑袋就可以挨到脚后跟了。起腰时不用人扶持,站立起来后,眼前再也不起黑雾冒金星了。

还有一项常练的功叫拿大顶,是武功中的倒立功夫,分靠墙顶(塌腰顶)、三角顶、蹿顶、压顶、挫顶、推顶、爬顶、旱水等多种。不论是哪种顶,都要头朝下,脚朝上地倒立,用头或双肩来支撑全身重量,而且要求两臂直立,不许打弯。两腿合拢,双腿朝天成一条直线，还要抬头、挺胸、挑腰。

练这种顶功，两臂酸软、头晕眼花不说，还会恶心想吐，五脏六腑似乎都挪了位置。一天，谭鑫培有点感冒，刚练上不到一袋烟的工夫就有点顶不住了，手抖个不停，觉得浑身血液都往头上流，压得太阳穴突突乱跳，耳朵乱响，冷汗浃背。他真想停下来，但偷眼看师傅，正慢条斯理地坐在旁边抽大旱烟，他哪敢动弹？像这样带病坚持练功是家常便饭，学徒的人哪能那么娇嫩呀！

有一次，刚下了顶，谭鑫培问师傅："唱戏都是站着，老练顶功有什么用呢？"

师傅也不正面回答，反问道："你过去翻筋斗头晕不晕？"

进金奎班之前，谭鑫培就练过翻筋斗，他想了想说："好像有点头晕。"

"如今呢？"

"如今一点也不头晕了。"

"这不结了！不耗顶，你翻筋斗能不头晕吗？"

"这是什么道理呢！"谭鑫培打破砂锅问到底。

师傅一时被问住，没词了，把眼一瞪，说："这……老辈就是这么说的。你问我，我问谁？"说着，朝谭鑫培屁股上拍了一巴掌，笑道，"就你话多！没人把你当哑巴卖了。"

一年过后，谭鑫培开始练四面筋斗。所谓四面筋斗就是出场、前扑、蛮子、捏子四种翻的功夫。接着练"手上的"，即各种拳法、空手对打，这其中有许多套数，如揣头子、拉拳、拿法、拳头子、头趟擦拳、二趟擦拳、三趟擦拳、上八掌、下八掌、五折、铁叉凤、金刚头子等。练完了"手上的"，再练"把子"，也就是"枪刀剑戟、斧钺钩叉、镗棍槊棒、鞭锏锤抓、拐子流星"等十八般武器的打法，每一种武器都有五套打法。

这一切都练会了，才开始学戏。谭鑫培的开蒙戏是《探庄》、《夜奔》、《蜈蚣岭》、《打虎》等，一字一句，一招一式地学，一点也不能含糊。

科班里学戏，不光要学自己那一行当的戏，生、旦、净、丑什么行当的戏都得学，都得懂。谭鑫培是学武行的，但老生的文戏也得学。从《三娘教子》中的倚哥，到《宝莲灯》中的刘彦昌，《击鼓骂曹》中的祢衡，《四郎探母》中的六郎、四郎，他都学过，都会唱，基本上做到了文通武达。

学戏的时候，嘴里念着、唱着，手上打着板眼，脸上、身上做着表情，脚下还得练着功，浑身上下齐配合，精力高度集中，沉浸于戏情，化身为人物，就如同登台演出一样。

金奎班招收了几十名童伶,在武行之中,谭鑫培年龄最小,拜师最晚,但却最得师傅喜爱。师兄们大都经常挨师傅的打骂、罚跪、罚站、画黑眼圈,有个师兄实在忍受不了,偷偷地逃跑了。谭鑫培很少挨师傅的打骂,主要因为儿时在家中受过父亲的熏陶:学戏专心,练功不偷懒,不怕苦,不怕累,并且肯琢磨,有灵气儿,能触类旁通地举一反三。师傅一遍示范,他就能记住个大概齐,明着暗着非得练会不可。您想,这样的学徒,师傅怎会不喜欢呢?

按照班规,学戏期间不许回家。谭志道夫妻四处卖艺,谭鑫培其实也无家可回。但有一年冬天,父亲摔断了腿,捎信让他回去,谭鑫培破例地被允许探父。

那几天谭鑫培白天黑夜地守护在父亲身边,端饭送水,煎汤熬药。夜里,等父亲睡熟或早晨父亲尚未醒来的时候,谭鑫培就跑到附近的松树林里去练功。寒风刺骨,呵气成凌,他赤着膊,只穿一条小单裤,耗腿、压腿、扳朝天蹬、踢紫金冠、双飞燕、串飞脚、翻筋斗、拧旋子、过抢背、走吊毛……直练得满头大汗,浑身直冒热气。躺在炕上的谭志道看到练功回来的谭鑫培,脸上露出欣慰的笑容。

返回科班后,谭鑫培练功更加勤奋刻苦,白天黑夜,从不间断,技艺突飞猛进,常常受到师傅夸奖。下腰,他能一连下几个时辰;耗大顶,能耗几炷香工夫;筋斗旋子,又轻又飘,从不砸台,几乎没有响声,而且姿态优美;他的劈叉飞脚、单提、蹲提也令人叫绝。单小翻则手掼脚、脚掼手,可以连续翻转数十个,速度快得令人眼花缭乱……

由于谭鑫培学得出色,所以四年头上就出师了。同治元年(1862)春天,谭鑫培跨出金奎班大门,这年他刚满十五岁,个头儿长高了,身子骨也比过去结实了。瘦削的脸上,一对眼睛炯炯有神,透出机警和伶俐。

出师那天,谭志道赶来接儿子,请了一桌酒席答谢班主、师傅的培育之恩。酒席虽不甚丰盛,但心意到了。

席间,谭志道举杯向班主、师傅道谢:"犬子有幸,多蒙诸位苦心培育,请干了这杯酒!"说罢,一杯酒仰脖而尽。

班主和师傅也一齐干了,并连连向谭志道夸奖谭鑫培:"令郎有灵气,又肯用功,日后必能成为一个角儿。

"多谢师傅栽培!"谭鑫培十分懂事地分别向班主和师傅叩头、敬酒。

谭志道脸上泛出幸福的笑容。

二、婚事风波

谭鑫培出师后，本来可以到京师戏班搭班，只因为婚事在即，便回到天津，仍和父母一起卖艺。

常言道：男大当婚，女大当嫁。那个年代，结婚年龄比现在小，男孩子十五六岁就开始定亲，女孩子年及二八便是成年。谭家几辈子单丝独线，人丁不旺，如今流落在外，人地生疏，更感到势孤力单。因此，谭志道夫妇一心想为儿子早结丝萝，早得孙子，了却一桩心事。

谭鑫培还在金奎班时，父母就为他定下侯家的女儿侯玉儿。侯玉儿的哥哥侯廉（一说侯幼云）是唱刀马旦的，和谭志道很熟，也见过谭鑫培。他很喜欢谭鑫培，料定他日后必有出息，就把自己的妹妹介绍给谭家，父母也都表示同意。谭志道派人到侯家相亲，感到家法门风比较对等，也就欣然应允。当即送了定聘之礼，说定等鑫培出师后即完成花烛。

从金奎班回来的第二天，谭志道便向儿子提起婚姻之事，鑫培表示等等再说。谭志道怕鑫培年龄大了，心猿意马。一旦搭班，远离父母，四处游荡，就顾不上婚事了。所以，他想趁鑫培尚未外出搭班之前，就为他完婚，安了家再去闯荡，也有个牵制和归宿。于是，就张罗着和侯家联系。

侯家先是支应，后来索性躲着不见。原来侯家的态度发生了变化。侯玉儿的爹爹和哥哥想为玉儿在天津城里找个有钱有势的人家。

消息传来，谭志道十分气愤。他怕儿子知道，伤了自尊心，开始瞒着不肯说。

谭鑫培也不傻，见爹爹在那里生闷气，吧哒吧哒地抽旱烟，就问道："阿爸，是不是侯家有变？"

谭志道见瞒不住了，说道："侯家要悔婚！"

别看谭鑫培年纪小，但有心眼，有志气，他想：身为男子汉，怎能低三下四去求人？于是安慰父亲说："强扭的瓜儿不甜，要成要悔，随人家的便吧！"

"什么？说得倒轻巧！婚姻大事是闹着玩的儿戏吗？当初，不是咱求他，是他先找咱，两家当面锣对面鼓说定的，互相纳了彩，说好了等你期满出师就办婚事。怎么着，转眼之间就变卦了？这不是耍弄咱们吗？传出去叫人笑话。婚事成不成另说，这口气我实在咽不下去。"谭志道越说越气，脸涨得通红，脖子上青筋暴露。

父亲说的这些情形,谭鑫培过去还真不太清楚,如今听父亲一说,不由得怒从胆边生,心想:"侯家欺人太甚,事情因我而起,我应该替阿爸分担忧愁。"

当晚,趁父母不注意的时候,谭鑫培一个人偷偷上路了。临行前,他向朋友借了几两银子,随身藏起练功的单刀。他要只身到天津侯家,当面质问侯廉父子,以便讨个说法。他还打算亲自见一见侯玉儿,和她讲一讲道理。

从谭鑫培家到天津足有百余里,他日夜兼程,于第二天赶到天津,找到侯家,递上名帖,请求接见。

侯家想把他拒之门外,谭鑫培拔出单刀,一直闯进内室,吓得侯廉父子连忙赔礼:"请坐!请坐!有事好商量,何必如此?"

谭鑫培说:"别误会!我不是响马,也不是强盗,只想问个明白,求个了断:当初是你家主动登门提亲,我家送的聘礼,你家也已经收下,那么今日为何悔婚?"

"这个……这个……"侯廉支支吾吾,"当初是有这回事,可是舍妹她……"

侯廉的父亲在一旁帮腔道:"女儿本人并不愿意这桩婚事。"

恰在这时,侯玉儿走进来。只见她红着脸,面带羞怒地说:"父亲,哥哥!这件婚事明明是你们亲口对我讲的,媒人牵线,父母订亲,我也点了头的。若是不合礼数,当初为什么收下人家的聘礼?我不管你们怎么想,反正我的主意已定。好马不配二鞍,好女不嫁二男,我生为谭家媳妇,死为谭家的鬼!"

"你!你这个不要脸的丫头!"父亲气得直跺脚,示意侯廉把玉儿拉走。

侯廉过去扯玉儿的衣襟,被玉儿推开。她走到谭鑫培面前,大大方方地说:"谭大哥,你是条好汉。玉儿既已与你有婚约,就不会做遭人指、被人笑的负义之人。我愿意今天就跟着你走!"

"你走!你走!我没有你这样的闺女,从此一刀两断!"玉儿的父亲叫道。

侯廉忙扶父亲进了里间,然后回来对玉儿说:"你怎么这样不害臊呢!青天白日的,黄花闺女竟敢跟着汉子跑?"

玉儿一点也不示弱,反击道:"这也是你们逼的!我跟他走名正言顺,父母之命,媒妁之言。"

这时,侯母也来了,见兄妹俩吵起来,又急又气地嚷道:"行啦!我的姑奶奶,你气死我吧!"

谭鑫培连忙表明态度:"你们不用吵,也不用怕!我不是来抢人的,我也不会把大姐带走。婚事成不成另说,但必须把道理讲清楚!好!告辞!"说罢,扭头迈出侯家大门。

再说谭志道和熊氏以为儿子一气之下离家出走了,急得四处寻找,彻夜不眠。正当夫妻俩心急如焚、泪眼相对时,谭鑫培兴冲冲地跨进家中。

熊氏又惊又喜地问道:"儿子,你到哪里去了?"

等鑫培把事情经过一说,谭志道紧锁的双眉舒展开来,但又心疼地埋怨道:"你去侯家,怎么也不说一声呢!"

谭鑫培说:"我若是说出来,你们还会让我去吗?"

真是好事多磨,没想到的是,几天后,侯家来人了,通知谭家择日迎娶。原来侯家也是精明人,知道自己悔婚理亏,女儿又铁了心地愿意嫁给谭家,拦是拦不住的。再看那谭鑫培,虽说人长得瘦小些,但举止得体,说话在理,蛮有精气神儿,说不定日后会有出息。谭志道夫妻这才解了烦恼放宽了心,连忙找星相先生选择良辰吉日,然后告知侯家。

谭志道为了赌口气,争个面子,借了些银子,准备把儿子的婚礼办得热热闹闹,排排场场。定下鼓乐、花轿,还准备了几桌宴席,喜果、红蛋一应俱齐。侯家见谭家大操大办,也置办了些陪嫁的礼物,如被子、衣服、箱子、盒子。

没料到,星相先生选定的良辰吉日,正好赶上咸丰皇帝"升天",朝廷下诏"朝野上下一切喜宴全都停办,不许动用响器、花轿"。谭家只好退了鼓乐、花轿,租赁了一顶很简陋的蓝布轿子,静悄悄地把新娘子抬了回来。喜酒棚没有搭,鞭炮没有放,更不敢披红挂彩贴红囍字儿。

二人拜完花烛,引入洞房,洞房很简陋,炕上铺着新席,上面放着两床整齐的被褥。桌子上放着红蛋,插着两支红烛。开始饮合卺交杯酒,用红绳拴连着两个带脚的酒杯,斟满两杯酒,新郎新娘先各饮半杯,然后交换,一齐饮干,将杯抛于炕下,只见两只酒杯一仰一合。众乡亲齐声叫好,因为酒杯一仰一合,寓示着新人同甘共苦,有福同享,白头到老。

说话间,熊氏端来一大盘热气腾腾的饺子,让新娘吃第一个。因为侯家是北方人,所以熊氏采用北方的习惯。玉儿夹起一个饺子,放到桌边,咬了个角儿,露出馅儿。

熊氏故意问:"是生是熟?"

玉儿是北方长大的姑娘,当然懂得这些规矩。饺子其实是熟的,但她故意答道:"生!"

熊氏脸上像绽开了的菊花,因为"生"意味着得子,她多么盼望新过门的儿媳妇早日生下白胖胖的大孙子啊!

天色很快暗了下来,晚霞在天边渐渐熄灭,洞房里点起红烛,柔和的光照着端坐于炕沿上的新郎和新娘幸福而羞涩的笑脸。乡邻亲朋将洞房围得满满当当,开始"闹房"。所谓"闹房",实际上是一种祝贺的方式。有句俗语说:"闹喜闹喜,越闹越喜。"这样可以让新娘熟悉乡亲,免得太寂寞、太紧张,所以和她开开玩笑,逗逗乐子。

而今天,乡亲们闹喜的主要对象则由新娘变成新郎,因为谭鑫培是个外乡人,又是个唱戏的。乡亲们给他出了不少令人难为情的题目,让他唱了不少戏段子,算是对他们静悄悄、冷清清的婚礼的补偿。

谭鑫培成为有室有家的人了,从此,他的生活揭开了新的一页。

第三章　坎坷江湖

一、初闯京师

进入 19 世纪中叶,古老的大清帝国逢上了多事之秋,失去了昔日的平静。兵连祸结,一桩接一桩,一件连一件:第二次鸦片战争,火烧圆明园,咸丰驾崩,同治即位,慈禧太后垂帘听政……

封建统治者对权力有着不知疲倦、永无满足的追求。但在政争的同时,也不忘却声色之娱。声色之娱有时是政争的调剂,有时则成为政争的手段。得意时可以尽兴,失意中能够排忧。早在乾隆初年,宫中就设置了南府,以负责培训习艺太监及从事内廷承应事宜。南府中的演员和乐师称为"内学",掌管戏文、道具者称为"钱粮处",统称为"内府戏班"。乾隆十六年(1751),高宗下谕选征苏州伶工入宫承应,并招收北京一带旗籍、民籍子弟进宫学戏,称为"外学",将他们安置于景山内垣西北角观德殿后百余间群房内,俗称"苏州巷",与南府统一管理。当时,南府与景山内、外学总计达一千四五百人之多,可见演戏规模之盛。特别是庆贺乾隆八十寿辰,除宫中排演大戏外,还有不少外地戏班进京献艺,如昆曲集秀班,徽班的三庆、四喜、春台、和春,西部的秦腔戏班等。

到了道光年间,南府、景山合并,称为升平署,又增设档案房,承办文牍、会计事务。降至咸丰十年(1860),升平署为准备"万寿戏",感到人手不足,开始从京师及外地的民间戏班挑选人员补充。

当时,被统称为"雅部"的昆、弋腔逐渐走下坡路,被称为"花部"或"乱弹"的皮黄风靡一时。所以,挑选入宫的伶工中不少人都是艺兼花雅,昆乱皆擅,内廷演戏也是花雅并举、昆乱皆有了。皮黄戏初入宫廷,使帝后嫔妃、王公大臣们感到耳目一新,倍加赞赏,从而奠定了皮黄戏在宫廷中的地位。

同治年间,太平天国运动失败,南方战事基本结束,同治帝一心励精图治,以简约节俭自命,认为升平署规模过大,人员过多,于是将"外学"裁退。被裁退的"外学"艺人回到民间,将宫中的艺术四处传播,反倒加快了皮黄京化的步伐,促进了京剧的成熟。京师成为诸腔杂陈、百花齐放的艺术荟萃之地。争名者趋朝,争利者趋市,帝王都会所在,三教九流的人都想到天子脚下混碗饭吃。伶人也不例外,他们像候补的官儿、赶考的举子一样,抱着一展才华、脱颖而出的强烈愿望涌向京师……

同治中兴之际,京师戏班猛增,如雨后春笋,层出不穷,多达数十个。除了戏班,还有不少票房,似初夏鲜蘑,一个接一个,把京师舞台装点得热闹而红火。京师戏剧舞台对全国各地的艺人都具有极大的诱惑力,近在咫尺的天津的艺人随时都能感受到京师舞台的气息。

正值青春年少的谭鑫培,期满出师,浑身技艺正待施展。并且已经成家立业,没有多少后顾之忧,更希望能到京师舞台一展身手。这天散戏后,谭鑫培一边卸妆,一边对父亲说:"阿爸!总是跑帘外,不如到京城去。"

其实,谭志道何尝不想到京师闯一闯?只是,一来这几年兵荒马乱,京城里也不安宁;二来谭鑫培刚刚成家,总想让小两口多团聚些日子;三来谭鑫培出师不久,想让他在草台班多摔打几年再进城,所以没有说出口。最近,不断传来京师戏班的情况,他也觉察到谭鑫培那种躁动不安的心境,如今又听他这样说,便道:"打从老家出来就是想奔京城的,可在京城唱戏也不易呀!"

年轻气盛的谭鑫培听爹爹这样说,不禁顶撞道:"人家能唱,咱们怎么就不能唱?"

谭志道看出儿子急于成功的心情,劝道:"要进京城,总得先找个落脚的地方吧!"

谭鑫培接着他的话茬说:"京城的戏班多得是,搭哪个班不成啊!落脚有什么难!凭的是本事。"

对于儿子的话,谭志道既欣赏又不以为然,他摇摇头,以一种饱经沧桑的口吻说:"孩子,你还小,哪里知道唱戏这碗饭不好吃。"

作为志道的独生子,鑫培身上保留着父亲的许多遗传基因,如能吃苦,办事踏实,心地善良,遇到困难不肯服软认输,有一股子犟劲和韧性。只是坎坷的经历、落拓的处境磨损了父亲的豪情,看人看事更实际一些。鑫培还不十分了解父亲,误以为他不肯进京,不由得赌了口气说:"您若不肯去,我就自己去闯一闯!"说着就朝外面走去。

"你给我回来!"谭志道仿佛被儿子激怒了,见儿子站住了,才又按住心头火气,好言相劝道:"你这孩子的脾气也忒急了,即便去,也得坐下来商量商量吧!"

父子二人开始四处打听进京的门路。有位刚从京城回来的老乡对谭志道说:"京城里的昆腔班不少,但多不卖座。京腔班的张二奎前两年刚刚去世,群龙无首。徽班最火,程长庚的三庆徽名气最大,班主正派、厚道。"

对于程长庚,谭志道早有耳闻。能搭三庆班,当然最好不过。但转念一想,人家程长庚名气那么大,咱与人家素昧平生,能收咱吗?于是对那位老乡说:"程长庚的三庆班好是好,但怎么能搭进去呀?"

"可也是呀!"老乡点点头,转念道,"这样吧!先搭其他班唱着,碰机会再转三庆。"

"俺和其他戏班也不熟哇!"谭志道摊开两手说。

"这好办!"老乡说,"先搭广和成吧!班主姓周,叫周凤梧,和我有些交情,这事儿就包在我身上了。"

"那敢情好!"谭志道十分感激地说,连忙安排酒菜答谢。按照北方传统礼节,父子不宜同席,但今天谭志道破例让儿子和他一起陪那位老乡。

"在家靠父母,出门靠朋友,犬子的前程全靠您了!"谭志道向老乡敬酒。

老乡也举起酒杯答道:"京城地面最出息人,令郎出头之日到了!"

三个人同举酒杯,一饮而尽。

经过老乡热心帮忙,周凤梧又亲眼看了谭志道父子的玩艺儿,觉得挺地道,答应收他们父子入班。双方签订了契约。

这一年是同治三年(1864),谭鑫培刚满十七岁。

谭鑫培父子搭广和成的时候,皇宫里还在陆续不断地辞退"外学"民籍艺人。外地也不断有艺人进京搭班,各班人满为患,周凤梧的广和成班也来了几个不错的角儿。这样一来,谭志道父子因刚来京师,声名不响,只能屈居后面。谭志道唱老旦,鑫培只能演个院子、马童、过道等零碎的小角色。

谭鑫培感到憋气,满怀希望闯京师,没想到这么窝囊。早知今日,何必当初!

更为可恼的事情是戏班管事的殷某,为人势利而刻薄,故意欺负外地人。自打谭鑫培搭班以来,就没有给过好脸,总是冷吹慢打,话中带刺。开始,谭鑫培忍着,但殷某得寸进尺,变本加厉,不仅讽刺挖苦,还明里暗里给谭鑫培小鞋穿。

一次出演前,谭鑫培刚扮好戏,坐在后台默戏,殷某走过来喝斥道:"走开!这不是你待的地方!"

谭鑫培忍无可忍,和他吵起来,说:"你不要欺人太甚!"

殷某撇着京腔,阴阳怪气地说:"您这么大的角儿,俺伺候还来不及呢,哪敢欺负?嫌这座庙小,盛不下了,另请高就!"

明明是殷某借机排挤,他反倒打一耙。谭鑫培气不打一处来,声音颤抖地说:"有话请明说,别这么拐弯抹角的。"

"响鼓不用重敲,你自己掂量去吧!"殷某乜斜着眼,冷笑道。

一种羞辱感蓦地袭上心头,谭鑫培朗声说道:"别以为我想赖在这里,此处不留爷,自有留爷处,我立马就走!"

谭鑫培不顾父亲、班主的劝阻,很快离开了广和成班。

初闯京师,使他开始认识到世态之炎凉,人生之艰辛,自立于社会是多么不易!唯一使他感到幸运的是,来京师后他结识了著名的汉调老生余三胜。余三胜是湖北罗田县人,出身于湖北汉调戏班,唱须生。道光中期继王洪贵、李六之后进京。道光二十五年(1845)《都门纪略》[1]"都门杂咏黄腔"诗云:"时尚黄腔喊似雷,当年昆弋话无媒。而今特重余三胜,年少争传张二奎。"据此可知,在张二奎还年少,程长庚尚未成名之时,余三胜就被时人"特重"而享名了,并在程长庚成为三庆班主之前,一度成为春台班的掌班。既是老乡,感情自然亲近。当时谭鑫培才十七八岁,余三胜却年过六旬。余三胜并没有因为年纪大、资格老而轻视谭鑫培,对他这个"小老乡"十分亲切。只是接触时间太短,还未来得及深交,谭鑫培就离开了京师。

---

[1]《都门纪略》,清杨静亭编写,道光二十五年(1845)刊印。

二、京东粥班

京师戏班人才辈出,名角荟萃,一个年轻的伶人很难脱颖而出。与其在这里苦熬苦等,不如先到外面闯荡,或许能闯出一片天地。胸怀大志而又脚踏实地的谭鑫培决定离开京师,回到京东去。

京东和天津一带可以说是谭鑫培的第二故乡。他六七岁踏上那片土地,在那里随父卖艺,在那里拜师学艺,在那里成家立业。他知道,那里有很多"粥班"。一些财主、大户每年拿出钱钞和粮米做本钱,招收一班流浪的落魄艺人,置办一些戏箱,派一个掌班人带着戏班子到乡村集镇的野台子上去唱戏,或者赶庙会,参加迎神赛社、红白喜事、求雨禳灾等活动。这种"粥班"的艺人没有固定待遇,一律是"活份儿",收入少得可怜,戏唱得红时吃窝头,唱得不好时喝稀粥。往往农闲活动农忙停,但要比耍龙灯、玩狮子、唱花鼓、扎故事的艺人要好一些。谭鑫培决定到京东去搭粥班。他年轻,有的是精力,虽说学的是武丑、武生,其实小生、老生也能唱,挣钱养家不成问题。

一天,谭鑫培把自己的想法告诉了父亲。

谭志道深知跑粥班到野台子唱戏的辛苦,他不忍心让儿子去受那份罪,说道:"不!孩子!我们进京不容易,不能这样回去!京城不好混,粥班就好混吗?"

谭鑫培嘟囔道:"再难也比在京城受气强!"

是啊!受气的滋味他不是没尝过。自己大半辈子受了多少窝囊气,如今快老了,棱角都磨平了。儿子跟自己年轻时一样,有股子犟脾气,哪能忍受得了殷某的欺负?想到这里,谭志道深深地叹口气说:"你若实在不肯留在京城,就去跑帘外吧!"

十九岁那年,谭鑫培暂且告别了父母和妻子,随何桂山、柏如意离开京城。何桂山是老旦何喜福的第九个儿子,人称"何九"。他相貌雄壮,嗓音宏亮,有"铁嗓钢喉"之誉,其炸音有如晴天滚雷,声震屋瓦,是三庆班难得的花面人才。柏如意曾在双奎班给余三胜、张二奎充随手,六路通透,文武昆乱不挡,还做过三庆班的"箱官"。能跟随这样的名角跑粥班,谭鑫培心中十分高兴。

他们来到京东马兰峪,搭入吴四阎王的粥班。马兰峪坐落在遵化县境内,离北京二百五十华里左右。这里属于燕山山脉,四面群山环绕,正南留有天然山口,中间一片坦荡开阔的原野。山高而不穷,峰青岭翠;水阔而不恶,澄碧见底。明末,这里曾是驻守蓟州的镇远将军戚继光的戍边之地,崇祯来此巡视时为山川所动,认为昌平已无"佳穴",应将陵址迁移此处,但未来得及动工,李自成率领的起义军就打进紫禁城,仓惶出逃的崇祯缢死于煤山。

不料,几年后,顺治帝纵马扬鞭,搭弓佩剑,登上了马兰峪昌瑞山的凤台岭。向南望,平川似毯,尽收眼底。朝北看,重峦如涌,万绿无际。日照阔野,紫雾飘渺。风吹海树,碧影赤叠,真是山川壮美,景物天成。顺治帝瞭前望后,环顾左右,赞不绝口。他滚鞍下马,在凤台岭上选了块向阳之地,十分虔诚地向着苍天祷告,随后相度了一块风水相宜的地势,将右手大拇指上佩戴的白玉扳指轻轻取下,小心翼翼地扔下山坡。静默片刻,庄重地向身旁屏气敛声的群臣宣示:"此山葱郁,乃万年吉地,可为朕寿宫。"须臾又说道:"鞭落处定为穴。"群臣遵旨,顺着那扳指滚跳下去的方向寻觅,终于在草丛中找到了,于是打桩作记,建立第一座陵寝,即顺治帝的陵寝。到了清末,这里已相继建起规模庞大、气势磅礴的帝后陵寝群——东陵。远远望去,红墙逶迤,碑亭林立,飞阁流丹,金碧辉煌。每逢清明、中元、冬至、岁暮、忌辰,东陵都要举行大祭,每月朔(初一)、望(十五)举行小祭。仪式相当隆重,演戏十分频繁。清廷委派众多的文武官员守卫、管理陵寝事务,他们大多居住在马兰镇。连同从陵区迁来的百姓,使得马兰镇十分热闹。吴四阎王的粥班就设在马兰镇上。

因为离北京较近,不断有京师名伶走穴加入粥班。除了何桂山、柏如意外,和谭鑫培一起跑粥班的还有刘景然、李顺亭、李三(李顺亭之兄)、钱宝峰等人,个个身手不凡,真是藏龙卧虎。

谭鑫培年纪小,名声还不大,为了演红叫响,从不惜力。不论是在大集镇,还是小村庄;也不论是庙会,还是红白喜事,他全都不马虎。演武戏时,背上生疮,照样摔壳(锞)子。脓血粘住了衣衫,疼得他剜心扯肺。同伴们说:"谭鑫培,你不要命了?"他苦笑道:"不摔还叫唱武戏吗?"

要说粥班的苦,那真是一言难尽。练功苦,演戏苦,赶场更苦。

粥班是有季节性的,一入冬天,地净场光,秋收冬藏,农田里没有活计了,听书看戏的高潮到了,戏班这时也格外繁忙。常常是四天一个台口,一天要三开厢,唱三工戏:上午为"早工",中午饭后为"午工",掌灯后是"晚工",直唱到深夜三更时分。

三开厢有时在一地,有时不在一地。在一地还好,不在一地就更紧张了。常常是一个台口刚唱完,下一个台口就已经等着了。甚至这边还在唱着,那边已经开锣。两个台口近点还好,远了就麻烦了。有时,两个台口距离十几里地甚至几十里地,这边散了戏,脸没洗,饭来不及吃,接班的大车就来了,匆匆忙忙收拾衣箱就得上车赶路。

车少人多,还得装衣箱、刀枪把子,大家只好挤在一起,蜷曲着身子,压得连气都喘不过来。唱了半天戏,连热水也没喝上一口,肚子里咕噜咕噜直叫。

赶台口常常是在夜间,又困又乏,只能在车上睡一觉。夜色如墨,牛车东摇西晃,缓缓行进在乡间泥泞的土路上,只有赶车的偶尔甩个鞭花催促拉车的牲口,打破四周的寂静。

如果遇上风雪天气,那就更惨了。朔风裹着雪花,直往人衣领里钻。浑身冻成冰棍,双脚失去知觉。呼啸的风声里,还不时传来几声令人毛骨悚然的狼嗥。为了抄近路,有时要走山路,过冰河,稍不留心就会翻车,掉进冰窟窿里面。

有一年初冬,粥班和甲村、乙村都签了约,两个台口紧接着唱,但两村相距几十里。夜戏散得晚,又没有车接,大家只好饿着肚子,穿着行头赶场。走到半路,又饿又渴,又困又乏,累得实在走不动了,简直是一点一点地往前蹭。若是这样走,准误了次日的早场。

读者诸君可能会说:"误了就误了,何必赶得这么紧呢?"这可就是站着说话不腰疼了。须知班主为了多挣钱,签约总是越多越好。只要有人接,总是想法子去唱。艺人入了人家的班,就得听人家管。再说,为了养家糊口,不赶场多唱戏,怎能多挣钱? 误了场,不仅挣不到钱,还要挨罚呢!

谭鑫培训练有素,精神头很足,走在最前面。他一再催促,大伙还是慢腾腾的,急得他心里直冒火。猛抬头,月光下显出一处黑乎乎的村落。谭鑫培眉头一皱,计上心来,对大伙说:"我记起来了,前面这村里有个小旅店,何不到里面打个尖,明天一早起来赶路。"

真是渴了给壶茶,睏了给个枕头,大家一听,甭提有多高兴了。马上打起精神,加快步伐,赶向前面的村子。

村落很小,并不见有什么旅店,大家不免有些失望,正在疑惑地四处张望,谭鑫培指着一户人家说:"这不是旅店吗? 老板娘又年轻又漂亮,我早和她认识,今夜咱们就住在她家。"

大家听罢,眼睛里放出希望的光彩,争相上前叩门。

片刻,果然有一位年轻美貌的少妇手执蜡烛走出来,吃惊地问道:"黑天半夜的,你们是干什么的?"

谭鑫培躲在人群后的烛影里答道:"俺们今晚想住你家!"

少妇道:"我家没有男人,不能留宿客人。"

谭鑫培故意调笑说:"正因为你家没男人,才住到你家。"

少妇闻言大怒,高声向四邻喊道:"来人呐! 来人呐! 有强盗了!"

喊声刚落,就听四邻一片惊叫声、吱呶吱呶的开门声和杂乱的脚步声。

谭鑫培对大伙说:"坏事了,快逃吧!"

说罢飞奔而逃,大家也随着他逃去。一个个好像脚底抹了油,身上生了翅膀,累、困、饿,乏早飞到九霄云外。

回头看去,但见一片灯笼火把。村民们一边追,一边喊叫:"强盗跑了,快追啊!""截住这群龟孙子!""捉拿送衙!"

初冬的田野,到处光秃秃的,躲没处躲,藏没处藏。粥班的艺人们拿出吃奶的力气往前跑,只恨爷娘少生了几只脚。直跑到天色微明,大概村民们也累了,才退了回去。好家伙,这么一追一逃,一口气就跑了几十里。

谭鑫培环顾大伙,一个个气喘吁吁,浑身大汗,狼狈之极。他忍住笑问道:"你们不是嚷着走不动了吗? 这几十里路是谁跑的?"

"都怪你,招来这场虚惊,挨了半夜的累。"

"把五脏六腑都跑出来了!"

听着伙伴们的埋怨,谭鑫培笑道:"这也是没有办法的办法。"

大伙你看我,我看你,忽然意识到什么,有人叫道:"好你个谭鑫培,敢情是你挽好了套,让我们去钻,故意捉弄我们!"

谭鑫培说:"不用这个办法,能赶上台口吗?"

原来,谭鑫培曾在这村里唱过戏,知道村头住着个年轻貌美的小寡妇,所以才想出这个招儿来,催大家赶路。

大伙受了谭鑫培的捉弄,虽然有些恼火,但也能理解他的一片苦心,所以也就无可奈何,一笑了之。最重要的是,这么一跑,已经来到乙村村头。寒风送来铿锵的锣鼓声,戏台芦棚已经历历在望了。大家抖擞精神,急忙赶向戏台。

这一天,他们按约如期演戏,观者如潮,班主发了次小财,每人的份子钱都翻了几番。大伙十分高兴,都说:"多亏了谭鑫培。"

在粥班里，谭鑫培是个出名的人物，不仅武功好，心眼灵，而且有胆有识。

一天，粥班在马兰镇临时搭起的戏台演戏，台下看戏的有百姓，也有旗兵，黑压压密麻麻，挤得风雨不透。

一个旗兵在人群里横冲直撞，趁人群拥挤之际，调戏一个民女，恰巧被谭鑫培发现，便上前制止。那旗兵吃了一惊，回头看了看，见是个唱戏的，不但不认错，反倒出口伤人："臭戏子，干你什么事？"

谭鑫培的火气腾地窜上来，双目圆睁，吼道："住手！"

那旗兵见谭鑫培长得瘦弱，又带外地口音，根本不放在眼里，嘴里不停地骂："臭戏子！"

谭鑫培一个箭步上去，叭叭左右开弓，给旗兵两个耳光，打得他晕头转向，两边腮帮子上留下五个指印，鼻子里向外喷血。另外的旗兵发现伙伴被打，一齐围了上来，就要动手。谭鑫培一闪身，连使几个绊子，将围上来的旗兵摔倒在地，个个都是嘴啃泥。

百姓们齐为谭鑫培叫好，旗兵人少，看不是对手，架着受伤的旗兵逃之夭夭。民女被救，跪到谭鑫培面前千恩万谢。谭鑫培将她扶起替她擦去满面泪水，送她回到家中。谭鑫培痛打旗兵、救助民女的事情很快流传开来……

不料，没过多少日子，忽然有个不三不四的人，带着旗兵涌进马兰镇粥班住地，声称要捉拿伤风败俗、调戏民女的谭鑫培。原来，旗兵被打后，恼羞成怒，遂定下计策，反诬谭鑫培与被救民女"吊膀子"，要将他们送进官衙治罪。

谭鑫培气得浑身打战，想当面理论，伙伴们劝道："光棍不吃眼前亏，他们人多势众，你出去理论，还不把你逮了？"

大伙帮他藏到戏台的顶棚之上，旗兵搜查半天没有搜到，悻悻而去。

为躲避搜捕，当夜，谭鑫培在伙计们的护送下，逃回北京。

谭鑫培在京东跑粥班的一段经历可以说是他一生中最苦的时候。他不仅在马兰峪一地演出，附近的平谷、蓟县、宝坻、兴隆、玉田、遵化都曾留下他的足迹。串乡走镇，四处作场，夏天遇上雷雨冰雹，一热一凉，往往激出病来。冬天迎风冒雪，常常在车棚、破庙安身。这种地方挡不了风，遮不住雪，地上铺的都是向老乡们讨来的麦秸。没有棉被，只好"虎对虎"地睡，一个睡这头，一个睡那头，像七巧板一样背对背地蜷起腿，屁股对屁股。我的腿贴在你的背上，你的腿贴在我的背上，两个人的热气比一个人多。热气接热气，总比一个人睡暖和一些。

有时也下店，一个大火炕，挨挨挤挤地睡上几十个人，一宵几个小钱，有时还代卖热面条、饸饹、荞麦面。走了一天，又饥又乏，可真馋呢！但兜里没钱，拿什么买？腰里倒是揣着几个窝窝头，但班主不让吃。班主有班主的理论："人是一盘磨，睡倒就不饿。"躺下再吃东西是糟蹋粮食，班主的空腹计既省钱又省粮，所以只好等天明唱完早工再吃饭。

所谓吃饭，也不是有干有稀、有饭有菜，能吃饱就不赖了。有时候不过来碗棒子面锅巴就凉水。当时把粮食分成三类：三黑、三黄和三白。三黑就是高粱面做的黑窝窝、黑素面饼、黑黍面粥，这是经常吃的饭食。三黄就是棒子面窝窝头、黄豆菜、小米粥，这就算上等粮食了，一年难得吃上几回。三白指白馒头、蘸白糖、喝白开水，那是梦里才能见到的食品，只有大角儿才能吃到。至于大米，压根儿就吃不到，这对于吃大米长大的谭鑫培来说，实在是件难以忍受的事情。

苦是苦，但粥班也给谭鑫培带来许多财富。苦难是人生最好的学校，粥班磨练了他的意志，增长了他的才干。他不仅能演武生，也能唱武丑、老生等行当。唱念做打有了全面发展，培养了赶场应急的本领、即兴创造的能力。他往往在老生行当里加进武生功架和小花脸的身段，使之融为一体。他熟悉了人情世态，积累了丰富的社会经验，能够比较深刻地体验角色，塑造人物。所有这些，都使他终生受益。

三、镖行护院

从马兰峪回到北京后，谭鑫培在父亲的催促和朋友的举荐下，搭进永胜奎科班。

凭着文武兼能的本领，谭鑫培很快引起班主的注意。但好景不长，不幸的事情发生了。一天，谭鑫培出演《银空山》里的王允，当唱到"自从盘古立天地"这句时，嗓子一下子喑哑了，哑得连一点音、一个字都发不出来。戏园内顿时响起一片倒彩声。谭鑫培只觉得血往头上涌，两眼一黑，出了一身冷汗，差点儿栽倒在戏台上。他难过得无地自容，泪水在眼眶里打转。他虽然早就听师傅和大人说过"倒仓"，但仍然缺乏足够的思想准备，没想到打击来得这么突然。要知道，他的艺术生涯才刚刚开始，他在京师舞台上还没有站稳脚跟呀！

倒仓即变声，是一种生理现象，乃是艺人必经阶段，一般发生在十五至二十岁左右。谭鑫培曾看到多少人刚刚露头冒尖，就因为倒仓而不得不改行。当然，也有不少人过了倒仓变声期,嗓子又回来了,而且更响亮了。倒仓发生的迟早,嗓子还能不能回得来,则因人而异。谭鑫培不知道自己的倒仓究竟会过多久,嗓子还能不能回得来。所以,一想到这些令人揪心的问题,就感到烦恼,父母的开导、妻子的体贴也难扫他眉际的愁容。

戏班里有句俗话:嗓子是吃饭的本钱。没有嗓子,难以在戏班立足。倒仓后,谭鑫培只能在戏班里唱些没有多少唱的武生和武丑,如《三岔口》里的刘利华、《金钱豹》里的猴子等。

谭鑫培听从父亲的意见,精心调养嗓子,争取尽早恢复,并向杨隆寿学习武功。杨隆寿以短打见长,打得严谨火炽,翻跌轻捷勇猛。台上可以一连走三十个旋子,必周必正;客厅里翻四个虎跳、四个前扑,不偏不倚。谭鑫培十分推重他的艺术,敬之如师。

在那个时代,艺人不唱戏就没有饭吃,谭鑫培家境本来就不好,又添了第一个孩子嘉善,生活压力更大,不得已又回到京东粥班,并遇到著名的丑角艺人刘赶三。

刘赶三名宝山,天津人,票友出身。先学老生,神似三胜。后改丑下海,入京搭永胜奎,后转三庆。刻苦磨练,成为名丑。所有丑角戏,几乎无一不能,尤工彩婆子,如《拾玉镯》之刘媒婆、《探亲》之妈妈、《思志诚》之妈妈,令人叫绝。演《探亲》时,他骑真驴上台,头戴斗笠,妙趣横生。因其常有一日赶三处演唱的时候,同行遂戏称他为"赶三"。同治六年(1867)三月十八日,刘赶三因私应内务府堂郎中马子修堂会两天,被精忠庙首张子玖、王兰凤、程长庚、徐小香查知。程长庚召集精忠庙庙议,赶三匍匐堂前,请求宽恕。长庚厉声呵斥,将其赶出梨园,注销"保身堂"名号。后经人托求马子修说情,才改为罚银五百两,重修崇外大市精忠庙旗杆了结。刘赶三被赶出梨园期间,曾跑京东粥班,谭鑫培就是在这个时候遇到他的。

当时,谭鑫培的武戏已颇有功夫,《恶虎村》《落马湖》《连环套》都演得不错,武丑戏也平正无疵,受到刘赶三的称赞。两人都曾搭过永胜奎,又相遇于京东,算是有缘。刘赶三比谭鑫培大三十岁,把鑫培当成小兄弟,经常关照,谭鑫培则尊重刘赶三的技艺,二人结成忘年之交。后来,两人又在宫中相遇。

就在谭鑫培京东跑粥班的几年里,谭志道曾离开京师戏班到京南丰台喜春台梆子科班任教。十一岁的李春来从河北老家新城入喜春台,开蒙师傅便是谭志道。李春来初习武丑,后改武生,出科后在北京、天津搭班唱戏,同、光之际赴沪,由梆子改唱京剧,把梆子武戏与皮黄武戏熔于一炉,自成一体。谭志道在喜春台教戏时,谭鑫培也曾帮父亲授徒,但时间不长。

谭鑫培第二次跑粥班不久,因班主出事,粥班很快报散,艺人纷纷自谋出路。鑫培不肯回京城搭班,镖行界一位朋友建议他去为大户人家护院。

开始,谭鑫培有些犹豫,心想:"我是个唱戏的,怎么能干得了那差使?"

那位朋友劝道:"你的武功好,护院正合适!"

谭鑫培需要挣钱养家糊口,但更惦记的还是戏,不无担心地问道:"护院还能唱戏吗?"

"护院差使不重,有的是空闲时间,照样练功练嗓。护院几年,攒点钱,以后照样唱戏。"

朋友的话使谭鑫培心里活动了,但他不知该到哪里为谁家护院。镖行朋友认识人多,一下子给他推荐了两家:一是丰润县史家,一是通州徐家。[1] 谭鑫培毕竟是有室有家的人了,当然想离家近点,于是挑选了通州徐家。父母听说也很乐意。

通州距北京内城只有四十华里之遥,幽燕一带素有"一京二卫(天津)三通州"之说,言下之意是说保定府、正定府的繁华程度都比不上通州。通州不仅是京东重镇,而且是京杭大运河的起点和水陆码头。太平天国兴起后,京杭运河一度断航,这里乃是进京要道。扬州的盐商、苏州的丝绸商、安徽六安的茶商络绎不绝,蒙古的骆驼队不时从街上穿过,沿大运河北上的南货,从东北、热河、张家口南下的皮货,比比皆是。军旅云集,商铺林立,富豪极多。徐员外家产丰饶,长子在保定经商,次子是游手好闲之徒,只知提笼架鸟斗蛐蛐,并有吸鸦片的嗜好。徐员外则喜欢听书看戏。

常言道:树大招风,人阔招祸。徐家曾多次被盗,所幸没有大的损失。但为安全起见,早想雇用一位护院之人。

朋友把谭鑫培带到徐家,见过徐员外,立下文约。徐员外见谭鑫培既会唱戏,武功又好,大喜过望,当即设宴接风洗尘,并将二公子介绍给鑫培。谭鑫培飘荡多年,如今有了落脚之处,心里很是满意。

通州坐落于京郊,是所谓"天子腹里,辇下重地"。正常情况下,一般不会发生"明火"事件。所谓"明火",就是贼人进宅入室明抢明劫,因为这样就会惊动步军统领衙门,严行缉防,难逃法网。所以这里看家护院的主要任务是防偷盗、防绑票、

---

[1] 关于谭鑫培护院,一说为丰润史家,一说为通州徐家。本书采用后说。

防仇家纵火。

白天，谭鑫培主要在二门（垂花门）外的男人天地活动，而不进二门。因为二门里称为内宅，是女眷的天地。

入夜，东家全家入睡，谭鑫培正式开始上岗，在内外宅来回巡行，并将关了一天、喂得饱饱的狗放出来，俗称"守夜"。特别是每逢风雨之夜、节日之夜，就须加倍小心。"风高放火天，月黑杀人夜"，纵火、绑票、杀人多发生在这种时候。

守夜时，谭鑫培有自己的"夜行服"。伸手不见五指的夜晚，穿一身黑；云月朦胧时，穿一身深灰；一弯半月时，穿一身浅灰；皓月当空时，穿一身月白；雪夜里穿一身白；冬天则是黑灰两色均可外穿的双面棉袄，为的是和周围环境的颜色和谐一致，便于隐蔽。所有这些衣服都是短衣襟、小打扮，为的是行动便捷，不致误事。

守夜时，谭鑫培一般挎一口单刀，背一张紧背花雕弩和一袋飞蝗石子。单刀是防身佳器，近战、夜战均不可少。谭鑫培的那把单刀，名叫"六合刀"，纯正淬钢的马口铁，锋利无比，舞起来寒光闪烁，风雨不透。"六合刀"的名字来源于"六合功"，它是武术单刀类的一个很绝的流派，将太极拳的精华和其他器械的长处融入单刀技巧，既能护身，又能养生。谭鑫培的"六合功"是一位外号叫"六合张"的张姓老人传授的，那把"六合刀"也是师傅临别相赠的。谭鑫培平时最爱这把"六合刀"，擦拭得锃亮，总是背在身边。

谭鑫培听说徐家有生意上的竞争者，因利害而结仇，曾扬言报复，格外小心。这年小年夜，徐家大摆筵席，张灯结彩，灯红酒绿。徐员外心中高兴，多饮了几杯，酩酊大醉，玉山倾倒，被家人扶入内室安寝……半夜时分，仇家雇用的有飞檐走壁夜行功夫的杀手潜入徐宅。但杀手刚刚上至房檐，便被守夜的谭鑫培发现。尽管是小年夜，谭鑫培也是滴酒未沾，精神高度集中。

杀手正准备向徐员外居住的内室移动，谭鑫培一个单提跃上房顶，大喝一声："贼人休走！"

杀手大吃一惊，忙掷出一刀。说时迟，那时快，谭鑫培一手接刀，一手掏出飞蝗石子，喊了声"着打"，向杀手掷去……杀手被飞蝗石子打中，疼得哎哟哎哟直叫，滚下房去。

谭鑫培飞身跃下，挺起六合刀，直奔杀手。不料杀手猛一转身，手挥腰刀劈来。谭鑫培闪身躲过，杀手砍了个空，回手又是一招横扫。谭鑫培一个俯身，接着一个扫堂腿。杀手一个纵跳躲了过去。顺势高起，手握腰刀，来了个"泰山压顶"。就在杀手全力下砍的千钧一发之际,谭鑫培乘其不备,飞脚向他腰间蹬去,只听两刀相碰"当啷啷"声响,冒出一串火花,那人随即"啊"的一声横着飞了出去,远远地摔在地上。谭鑫培快步上前,将"六合刀"搁在杀手的脖子上,吓得他叩头不已,连叫"饶命"。

这就是人们盛传的谭鑫培六合刀退贼的故事。

此外,关于谭鑫培足踢盗贼的故事也流传很广。说的是有一年谭鑫培随父卖艺在房山居住。一天深夜,父亲已熟睡,他听到动静,知道有小偷来,急忙披衣而起,坐到炕沿。小偷听到屋里声音,害怕暴露,暂时也不再动弹。

谭鑫培知道小偷并没有走,便头枕窗台,脚蹬炕沿躺下,一来便于谛听窗外动静,二来有了情况不用翻身,只要一蹿,即可下炕着地。他眼睛睁得大大的,捕捉着可疑的迹象,侧耳细听着任何声响。一会儿,便听小偷从房檐上下来,推开虚掩着的门,进入房内。

谭鑫培挺身而起,飞步上前,揪住小偷衣领。

"饶命!"小偷哀求道。

谭鑫培训斥道:"年纪轻轻的,干什么不好,为何偏偏做盗贼?"

"我……"小偷支吾着说不出话来。

"撞在我手,算你幸运!说!回去还偷吗?"

"不!不敢!再也不敢了!"

谭鑫培松开了手,小偷趁他不注意,想逃,被谭鑫培飞起一脚,不偏不斜,踢出门外好几丈远。小偷像条死狗瘫在地上,半天才挣扎着爬起来,一瘸一拐地逃走了。

谭鑫培足踢盗贼的消息传遍房山,很长时间那一带没有发现小偷小摸。

最难斗、最头疼的是一帮流氓、地痞、无赖、恶棍,俗称"嘎杂子"。他们横行乡里,敲诈勒索,闹事而不犯法,民不举,官不究,像滚刀肉一样难以对付。为了摆脱他们的纠缠,谭鑫培花了不少心思。

谭鑫培从小生得聪明伶俐,爱洁净,喜整齐,不论衣服新旧,有没有补丁,总是整整齐齐,干干净净。到通州徐家后,收入丰裕了些,他对衣着也更讲究了,衣、帽、鞋、袜更整齐了。在外闯荡,接触方方面面的人,朋友多了,应酬开销也就多了。所得的银子,在饭馆、酒馆、茶馆花去不少。

在和徐家二公子的接触中,他平生第一次见识了鸦片。二公子待他不薄,几次让他抽口尝尝,他记住父亲的教诲,始终没有敢抽。自己家境贫寒,在梨园尚无立锥之地,怎敢玩物丧志? 为此,徐员外常夸他有志气,有武德风范。

通州看家护院将近一年,谭鑫培攒了些银子,除了捎回家孝敬父母、养育妻儿外,还留下一些作为盘缠,到保定府投师访友。他曾向一位艺名"盖旋风"的邓天红老先生学武把子。拜能人、异人为师,开始练内功,学会了少林派拳脚、棍棒、刀法及蹿房越脊的轻功和夜行术。当然,这些并非一朝一夕之功,他本来就有武功的底子,在能人、异人点拨下,技艺突飞猛进。垫一个箭步便可跃上房檐,夜行如飞,没有滞碍。

同时,谭鑫培没有忘记调养、恢复嗓子。他每天来到城墙下,做深呼吸,按照唇、舌、牙、鼻、喉五个发声部位反复练习发声,冬夏寒暑从不间断。渐渐地,他的嗓子回来了,恢复到六字半调,横竖宽窄,运用自如,抑扬顿挫,变化得法。谭志道高兴地对儿子说:"祖师爷又给你饭碗了!"

第四章　艺梦难圆

一、搭入三庆

通州看家护院期间,谭鑫培休养生息,养精蓄锐,日子过得比较轻松安逸。但是,对于梨园、戏班、玩艺儿,他情牵梦绕,一刻未曾忘怀。习武练嗓时想着戏,上岗守夜时惦着戏,连入夜做梦都在唱戏。离开了舞台,他更感到和戏难分难舍。

谭鑫培和徐员外一家处得很好,徐员外想留他住下去,把雇金增了二两纹银,但谭鑫培不为所动,他急切地返回京师,返回戏台。

正当他归心似箭的时候,同治九年(1870)春天,父亲来到通州徐家。从父亲那喜悦而急切的神情中,谭鑫培有一种幸福的预感。果然,父亲告诉他:"我已经托人和三庆班主程大老板谈妥了,咱们父子俩他全收下。"

"当真?"谭鑫培不由自主地说起了戏词。

"当真!"谭志道心领神会,也用戏词回答。

"果然?"

"果然!"

父子二人不禁哈哈大笑起来。要知道,能进三庆班实在是一件不容易的事情。

三庆班渊源深厚,堪称徽班鼻祖。早在乾隆初年,三庆班就开始在安徽怀宁府石牌镇一带组建,以唱二黄为主。起先活跃于安庆一带,后来到扬州里下河地区及杭州一带演出。乾隆南巡,来自各地的声腔剧种迎銮接驾,演出于淮扬,其间便有三庆班。乾隆五十五年(1790),乾隆帝八旬万寿,各地戏班入京祝釐(寿),南方的三庆、四喜、和春、春台等著名徽班陆续来到北京,三庆是最早进京的徽班,时称"三庆徽"。

当时,三庆的台柱子演员叫高朗亭,他是一位早熟的非凡的旦角表演艺术家。领衔三庆进京时,年方二八。入京不久,便接替其师傅原三庆班主余老四掌班,并被推举担任京师戏曲界行会组织精忠庙会首,成为梨园领袖。台下看去,高朗亭个头儿敦实,面容老苍;但装扮登台后,一笑一颦,一举一动,宛然巾帼,酷肖妇人,令人销魂,忘记他是个男人。

接替高朗亭执掌三庆的班主是陈金彩,陈金彩之后便是程长庚了。程长庚是高朗亭之后三庆班最出色的演员。他字玉山(珊),号四箴堂,安徽潜山人。幼时在家乡坐科学艺,幼工深厚,徽、昆兼能。出科后搭当地徽班演出于安庆、徽州一带。道光初年,随父北上,又坐科于保定"和盛"科班,满师后入京搭三庆班。

程长庚刚开始在京城演戏的时候,由于摸不准、吃不透京师观众的口味,技艺尚不到火候,演出失败,遭到嘲笑。他感到莫大的耻辱,三年间足不出户,不登台演戏,夜以继日地揣摩、演练,对剧情和人物有了深刻的理解,对唱腔、身段精雕细刻,技艺大为长进。

这时,正赶上某权贵宴请都中公卿大夫,点了出《文昭关》。好多角儿都不敢唱这出戏。程长庚胸有成竹地装扮登台,他扮演的伍子胥冠剑雄豪,充满奇侠之气。唱起来音节慷慨,如同天风海涛,金钟大镛。衮衮诸公大惊而起,喝彩声震动屋瓦。某权贵感到脸上有光,亲自举杯为程长庚祝寿,称程长庚为"叫天"。

此后,三十岁的程长庚一跃而为三庆班首席老生,从道光末年开始执掌三庆班。从道光末年到咸丰、同治年间是程长庚的全盛期。咸丰皇帝、皇贵妃叶赫那拉氏慈禧均十分喜欢皮黄。程长庚经常应召进宫演戏,深受帝妃称赏,赐六品官秩。程长庚以三庆班掌班身分受命兼管四喜、春台两个戏班,荣任精忠庙庙首,执伶界之牛耳,被人称为"大老板",目之为"伶圣"。

程长庚的扮相有威可畏,有仪可像,神采奕奕。其嗓音内行称之为"脑后音"或"膛音",初唱好像吃力,带有涩味;但唱着唱着就平坦甘润,抑扬吞吐无不如意;最后竟如长江大河一泻千里,穿云裂石,高亢之中别具沉雄之致。

程长庚的本行是老生,他腹笥宽阔,举凡扎靠、箭衣、袍带、褶子各类老生戏均

程长庚《群英会》"鲁肃"画像
（《同光十三绝》局部，清沈容圃绘）

演得富有声色，能戏数百出，轮唱数月剧目可不重样。列国戏如《战樊城》、《长亭会》、《文昭关》、《芦中人》、《鱼肠剑》，三国戏如《战长沙》、《华容道》、《群英会》，生活戏如《桑园会》、《状元谱》等，都是他常演不衰的剧目。特别是《文昭关》，堪称绝唱。他师承汉调艺人米喜子所塑造的关羽形象，雄伟端庄，形神兼备，故而有人们把他的艺术比作文中韩愈，具有沉雄浓郁的风格。

程长庚戏路宽广，不仅工老生，小生、花脸、旦角、丑角戏均能串演，称得上是一位全能全智、六路通透的全才。

程长庚不仅拥有深厚的艺术造诣，而且具有伟大崇高的人格。他相貌魁伟，举止大度，有长者之风，君子之德。侠肠古道，仗义疏财，持正不阿，大公无私。在执掌三庆期间，量才施教，恩施而人知感，威加而人不怨，把三庆班治理得极富魅力和凝聚力，被评为"京中第一"。

在京城，提起程大老板的三庆班，谁不竖大拇指？能进三庆班唱戏，该是多大的荣耀！所以，头一次到三庆，会见"伶圣"程大老板，谭鑫培父子俩激动得彻夜难眠。

次日，正赶上风和日丽的好天气。一大早，父子俩特地换上一身干干净净、熨得整整齐齐的衣服，来到樱桃斜街大百顺胡同西头路南的长庚寓所。这是一座高大的门楼，北京人叫做"广亮大门"。鲜红的朱漆大门两旁，有一对刻着丹凤朝阳的汉白玉抱鼓石，门楣的两个门簪上镂刻着描金的"如意"。大门口悬挂着梨花木的"四箴堂"牌匾，字迹古朴苍劲，院子里有一副清音灯担，上写"椿寿"二字。

父子俩被引向客厅，程长庚迎至门口。谭鑫培忙行跪拜礼，被程长庚拉住。

"免礼！免礼！同在梨园，只恨相见甚晚！"程长庚声音宏亮，态度亲切，剑眉凤眼，威严中透出质朴。那年程长庚已经五十九岁，但看上去精力饱满。谭鑫培心中暗道："果然是'伶圣'气派，名不虚传。"

程长庚问了问谭鑫培父子的近况，说道："老旦、武行都缺人手，你们父子来了就好了！"随后命人将他们父子领至小外廊营南口外的韩家潭，三庆班"大下处"的总寓住下。

"大下处"原是为外埠进京搭班者准备的，后来，三庆科班师生也住在里面，成为一般演职人员的食宿之处；而名伶大多自立门户，有自己的"小下处"，称为堂或室，如程长庚的住处为四箴堂。

来到大下处总寓，谭鑫培父子见到三庆班生、旦、净、丑各行伶人，他们大多在二三十岁、三四十岁之间。在这里，谭志道应属于长辈了。有人听说谭志道也叫"叫天"，与程大老板重名，便小声说道："咱们三庆，从此有两个'叫天'了！"

为人处世一向谨慎的谭志道连忙说："在下哪能和大老板相比？常言道：在家靠父母，出门靠朋友。以后还请诸位多多帮衬！"一边说一边环顾四周，拱手施礼。

回头看时，儿子谭鑫培正与刘赶三聊天，他们曾在京东粥班共过事，结下了交情。

刘赶三回京后仍想重搭三庆，很多人都以为程长庚不会答应。因为刘赶三因私应堂会戏受罚后，曾借其相知巡城御史李某报复过程长庚，将他绑在臭气熏天的茅厕旁边，晒了半天烈日，并当众奚落了他。程长庚难道会忘记此事吗？没想到当刘赶三请求重返三庆时，程长庚说："赶三乃一代名丑，一时糊涂，犯了庙规。他不记我的仇，难道我还记他的怨吗？"就这样，赶三又回到三庆班。

刘赶三向谭鑫培述说了返回三庆的经过，感慨地说："像程大老板这样大度的人实在不多，你们父子来搭三庆，这步棋走对了！"

二人正说着，只见一位长得有几分瘦弱、一脸书卷气的中年男子从外面走进来，拱手施礼道："在下卢胜奎，欢迎谭氏父子！"

谭鑫培一边还礼，一边在心中默念："原来他就是卢胜奎——卢台子！"

卢胜奎乃是安徽孝廉，因会试落榜，流落京师，虽有满腹锦绣，却无用武之地。他从小爱戏、迷戏，耳濡目染，成为懂戏的内行。他尤其崇拜程长庚，凡是程长庚的戏，每演必看，风雨无阻，成为长庚的知音。

程长庚生性素傲，睥睨权势，却十分尊重读书人。他了解到卢胜奎的身世后，将他留在自己身边，供给食宿。胜奎功名困顿，无心上进，甘心情愿加入伶界。程长庚千方百计提携他，每演剧必以卢为配角，否则不唱。于是，卢胜奎慢慢有了名声，立住脚跟。卢胜奎对长庚感激之至，常对人说："若不是遇到程大老板，我早就落拓潦倒,辗转沟壑了。"

卢胜奎腹笥渊博,天文地理无所不晓,尤其擅长编织故事,他根据《三国演义》编写的系列三国戏,从《马跳檀溪》到《取成都》共四十出,成为三庆班的大轴子。这些戏谭鑫培差不多都看过,不禁对卢胜奎赞扬道:"您编的三国戏真好!"

卢胜奎听了高兴地大笑起来,说道:"谬奖,谬奖! 我编得好,不如演得好。"

的确,"三国戏"是三庆班的拿手戏,已经明显呈现出角色家门生、旦、净、丑四大行当全面发展的格局。三庆班中有好几位演出三国戏的圣手,如程长庚的鲁肃和关羽,有"活鲁肃"、"活关公"之称;卢胜奎的孔明,有"活孔明"之称;钱宝峰的张飞,有"活张飞"之称;徐小香的周瑜,有"活周瑜"之称;黄润甫的曹操,有"活孟德"之称。

谭鑫培父子在三庆班总寓暂住一时,不久便在前门外大外廊营安了家。谭志道为程长庚配戏,饰演老旦,谭鑫培则演武丑和武生。

京剧形成之初,生行有老生、小生之分,却无文、武之别。凡剧中上了年纪、戴髯口的男性角色,不论是文职还是武将,一律由老生行承应。凡剧中年轻而不戴髯口的男性角色,不论是文弱书生还是少年英雄,一律由小生应工。这就是说,老生行和小生行的演员必须文武兼通。后来,随着剧目增多,内容丰富,才把文戏和武戏分为两大类,武生逐渐成为一个独立的行当。嗣后,旦行中有了武旦,净行中有了武净,丑行中有了武丑,通称为"全武行"。武生吸收了民族武术、拳术、剑术等武功技巧,融合了古典戏曲和民间舞蹈的优美动作,创造了丰富多彩、复杂变化的武打程式,成为一种融汇众长、独具特色的表演艺术,并分成长靠和短打两大类。

谭鑫培幼功深厚,跑过粥班,练过武术,又受过杨隆寿、黄月山的点拨,唱、念、做、打、翻、摔、跌、扑俱佳,长靠短打咸宜。他经常上演的剧目有《大神州擂》、《白水滩》、《三岔口》、《翠屏山》、《铁笼山》、《金钱豹》、《艳阳楼》、《落马

谭鑫培《恶虎村》"黄天霸"画像
(《同光十三绝》局部,清沈容圃绘)

湖》、《泗州府》、《东昌府》、《金兰会》、《芭蕉扇》、《五人义》、《雁门关》、《取南台》、《百骑劫魏营》等。

谭鑫培在猴戏《金钱豹》、《芭蕉扇》中饰孙行者,由于他艺精体轻,能跃起三四尺高接飞叉,还摔壳(锞)子,应付裕如,从不失手,说明他的腰、腿功达到惊人的高度。

程长庚经常留意谭鑫培的演出,喜欢他的聪颖机灵,更满意他的武功。尤其欣赏他的短打武戏《恶虎村》。谭鑫培饰演的黄天霸玲珑敏捷,极有真实感,因此后来被沈容圃绘入《同光十三绝》长卷。

一次,程长庚在后台问谭鑫培:"你的武功怎么这样好?"

一句话问得谭鑫培有些不好意思起来,红着脸,不知如何回答。

程长庚又问:"你打几岁开始练功?"

谭鑫培想了想说:"打从记事起就跟着父亲跑江湖,在戏班里,大人练我在旁边看,趁大人不注意的时候就动动刀枪把子,偷着抹个脸勾个花,穿穿戏衣。要说真功夫,还得说是从金奎科班练起的。"

程长庚也是科班出来的,他听人说过金奎科班,点点头说:"难怪你的武功这么好!"

从此,程长庚让谭鑫培做了三庆班的武行头目。

二、转益多师

常言道:金无足赤,人无完人。天下难有十全十美的事物。

作为一个武行演员,谭鑫培的武功那是没说的,嗓子在倒仓后也恢复得越来越清亮。唯一欠缺的就是扮相差点儿。不知是因为遗传,还是由于操劳过度、营养不良,他个头儿不高,面颊瘦削,身体单薄。

一天,程长庚关心地问他:"你的胃口好吗?"

"胃口不错!"谭鑫培回答说,"南方的饭,北方的饭,我全吃得惯,吃得香。"

"那为什么这样瘦呢?"

谭鑫培淡淡一笑,调侃道:"小时候家里穷,底儿没打好,大肥大水也没有用了!"他哪里知道,程长庚对他的行当又有了新的想法。

过了几天,看罢《落马湖》后,程长庚把谭鑫培叫到跟前,不无惋惜地说道:"你的玩艺儿很地道,可惜人长得太瘦了,唱武生又不能戴髯口,显出几分苦相。"

谭鑫培不知班主何意,抬起头看着程长庚的脸,仿佛想从那张严肃而慈祥的脸上读出些什么来。

"我听你的嗓子全回来了!"程长庚仿佛岔开了话题。

"是的,我也觉得越来越清亮了。"谭鑫培一边说,一边仍然盯着班主的脸。

"既然这样,你今后最好少演武生戏,多演武老生戏。"程长庚以一种十分肯定的口吻说,"你人瘦脸小,嘴又比较大,不戴髯口扮相不好看,把动听的唱都给掩没了;如果戴上髯口遮上嘴,就会显得眼睛很有神。"

此刻,谭鑫培才豁然明白过来,没想到大老板的建议正符合自己的心意,于是高兴地说:"您说得有道理,以后我多演武老生。"

从此,他除了继续演武丑、武生戏外,开始演起《定军山》、《阳平关》、《战长沙》、《战太平》等武老生戏。

当时的三庆班像一块磁铁吸引着各路艺人,生、旦、净、丑各行当均有不少高手。为了适应京师诸腔杂陈的局面,艺人们不停地流动,轮换搭班,许多名伶都是兼擅几种行当、六路通透的能手。特别是班主程长庚,更是全能的多面手。

谭鑫培曾听人说过程长庚的两个小故事。

一次,程长庚请春台班头牌著名青衫胡喜禄搭台,戏码已经确定,但喜禄想拿长庚一把,开戏前故意不到。后台执事请长庚改戏,长庚说:"别忙,派人催一催。"派人去了,等了半天,仍不见来。执事又请改戏,长庚看了看天色,说再等一等。执事急得满头大汗,说:"再等下去,看戏的人全跑了。"

程长庚说:"他若是真不来,自有人顶替,何必改戏?"一直等到开戏,也不见胡喜禄来。长庚自扮青衫,揭帘而出,不但声调婉转,板眼稳妥,就是身段台步也极为婀娜,博得满场彩声。

散戏后,大伙问长庚:"您什么时候学的青衫,这么神秘,快要压倒胡喜禄了。"长庚说:"既当班主,生、旦、净、丑必须全都能拿得起来。如果缺一门,就难免受名角挟制。没有这本事,谁敢主三庆班啊!"大伙无不叹服。

还有一个故事,发生在程长庚与名小生徐小香之间。本来,两人情感极笃,关系很好,长庚对小香极为器重。后来小香因为唱红了,积攒了不少钱财,便想金盆洗手,辍业回乡,长庚苦苦挽留。一天,因为一点小事情,小香便不辞而别,回到苏州老家。几天后长庚才听说,非常生气,觉得小香这样做太不够朋友,立即恳请某亲贵给苏州巡抚发信,将小香押解回京。几天后,小香果被押回,对长庚说:"你有办法把我押回,我服你的手段。但舌头长在我的嘴里,嗓子是我自己的。我就是不唱,你又怎奈我何?"

长庚笑道:"你不唱,我也没有办法。不过,你既受包银,有何理由私自逃走?促你回京,为的是整顿班规,并不是说离开你就开不了戏了。你唱得好,我佩服。但人外有人,别以为离开你就没有办法了。我不让你唱戏,请你来听戏好了。"从此,长庚每天除唱老生戏外,必多排一出小生戏。凡是小香的戏,他全学会了,而且都唱得很好。小香愧服,托人求情,重回三庆唱戏,长庚热情如故。

谭鑫培非常佩服程长庚的本领,也想成为他那样的多面手。过去,跟父亲跑帘外,四处卖艺,入科班,跑粥班,除演武丑、武生外,也串演过其他脚色。但由于成天赶场跑梁子,凑凑乎乎,不够规矩,不够扎实。特别是一些文戏,只图热闹,瞎编乱造,不问根由,不讲情理,唱念的功夫不到家,更提不上人物了。在乡下演出还能马马虎虎、粗粗拉拉过得去,来到京城,和角儿们一比就显得寒碜了。瞧人家一字一韵,一腔一调,一举手一投足,多有味道,多是地方,多么值得咂摸!

打从小,谭鑫培就不知满足,万事求好,不论干什么,要干就干出个名堂来。既然爱戏迷戏,那就要把戏当成命根子,唱得比别人好听,做得比别人好看。他熟知程长庚当年发愤三年,一鸣惊人的经历,决心像程长庚那样苦心砥砺,争取早日出人头地。

程长庚每次登台演戏,鑫培都细心观摩,暗暗记下他的每一个眼神、每一个身段、每一个动作,默诵他的每一句念白、每一段唱腔。一次不行两次,两次不行三次,直至达到背诵和出演的熟练程度。凡是遇到不理解、不得要领的地方,便登门求教,务必搞懂弄通。程长庚很喜欢鑫培勤奋好学的精神,不论多么忙,总是耐心解答,认真示范,就像师傅带徒弟一样。

程长庚待人接物非常和蔼,教授弟子则十分严厉。有一次,谭鑫培听说长庚有"身段谱口诀"一类自我修养的方法,心想:"如果能得到这口诀,岂不事半功倍?"于是,便向长庚讨教。不料,长庚听罢,顿时收敛起笑容,厉声说道:"我看你是学腻了,想找个省事的法子吧?"

谭鑫培的心思被长庚说破了,连忙低下头,说道:"我是怕师傅……"

"怕什么?"

"怕一点一点地教,累着师傅。"

"好小子,你可真会说话呀!"程长庚笑道,"别说没有什么身段谱,即便有,也还得靠勤学苦练。"

谭鑫培连忙点头说:"师傅说得有理,请您再给我说说念白吧!"

程长庚给谭鑫培讲了一番"千斤白四两唱"、"脚底下有劲,嘴里有劲,方有吃戏饭资格"的道理,然后在窗户上贴一张高丽白纸,让谭鑫培对着白纸,大声地念了《艳阳楼》(又名《拿高登》)花逢春的一段引子:

嗯哼!

隐居庄村,

怀侠义,

打不平。

少小英雄志凌云,

爱习拳棒武艺精;

若能遂得平生愿,

打尽人间抱不平。

程长庚认真地听完,然后走过去仔细地看了看窗户上那张高丽白纸,说道:"嘴里倒是有劲,不过纸上有唾沫星儿,功夫还不到家啊!"这是因为:嘴皮子有劲而且拔气,念出来的字才能清清楚楚地送进观众耳朵里。反之,如果嘴皮子上没有劲,说话不拔气,念起来就会唾沫四溅,像个喷壶似的。不戴髯口,唾沫会喷得很远;戴上髯口,会喷湿一大片,哪里还有美感可言?

艺术常常是只可意会,而不可言传。为了让谭鑫培揣摩戏中三昧,程长庚经常让谭鑫培为他配戏。一次,程长庚演《青石山》,饰关公,由谭鑫培扮马童。按照梨园惯例,为了表现圣武者的威严,涂面则不穿绿袍,穿绿袍则不涂面。程长庚打破常规,以胭脂匀面,且穿绿袍,更具一种威武严肃的儒将气概。谭鑫培通过这次配戏的机会,对程长庚的革新意识和创造精神有了深刻的理解。

谭鑫培本想向程长庚正式拜师,可是想拜程长庚的人实在太多,所以一直未能实现。但谭鑫培一直对程长庚执弟子礼,程长庚也把谭鑫培看作自己的徒弟。没有正式拜师倒也不是什么坏事,谭鑫培可以更自由、更广泛地兼学博采。起先,他曾得到名武生杨隆寿、黄月山的点拨;后来,他又经常向余三胜、王九龄、卢胜奎请益,这几位名伶都对谭鑫培的成长产生过巨大影响。

　　早在同治初年,谭鑫培搭广和成班时,便认识了余三胜这位同乡,只因急于到京东跑粥班,未来得及拜师。从京东返回京师搭入三庆后,才实现了拜师的愿望。当时,余三胜还故意逗谭鑫培说:"'宁给二亩地,不说一出戏。'戏是吃饭的本钱,怎么好随便给人说呀? 要跟我学戏可以,递门生帖子来,我又不是教书匠。"谭鑫培听到这个消息后,立即带着门生帖子登门拜访,给祖师爷烧罢香,并给余三胜磕了头。

　　谭鑫培向余三胜学了《定军山》、《当铜卖马》、《李陵碑》等三出戏,他特别喜欢余三胜的《当铜卖马》中"店主东带过了黄骠马"那句唱。后来,他把这句唱反复琢磨加工,一时间风靡了京城。

　　余三胜进京后,以汉调名伶身分搭徽班演唱,将湖广音与徽音融为一体,并吸收了昆曲、京腔、秦腔的营养,形成所谓"融会徽汉之音,加以昆歈之调"的"花腔"西皮调,抑扬婉转,推陈出新,独树"汉派"赤帜。与程长庚、张二奎实大声宏的风格迥异其趣,被后人称为"前三鼎甲"之一。

　　余三胜机敏多才,具有现编戏词现歌唱的本领。一次团拜堂会上,有人提出请程长庚、余三胜、张二奎合演一剧。戏提调(负责安排戏码、组织演出的人)让他们三人自行商酌,议定合演《战成都》,程长庚饰刘璋,张二奎饰刘备,余三胜饰马超。大家都认为马超这个角色没有多少戏,很难演好;不料余三胜登台后即兴发挥,对刘璋大加责难,洋洋洒洒数十句,激昂慷慨,痛快淋漓,观者无不拍手称奇。

　　又一次,余三胜与程长庚同台演出,大轴戏是余三胜的《凤鸣关》。余三胜因故误场,程长庚以掌班身分代余三胜演出。正演着,余三胜赶来了,说道:"大老板替我演了,很好,我再来一个诸葛亮吧!"于是扮上孔明,演孔明发兵路过马超坟墓祭扫坟墓那一段戏。原来是个过场戏,唱四句散板就下。余三胜为了对得起观众,一上场就关照场面,要唱[倒板]、[回龙]、[反二黄],所有词句都是现编现唱,把马超一生事迹从头到尾唱了一遍,足足唱了六十多句反二黄,台下鸦雀无声。

　　还有一次,余三胜与著名青衣胡喜禄合演《四郎探母》,他饰杨延辉,胡喜禄饰铁镜公主。余三胜已经登场,胡喜禄尚未来到后台。余三胜唱完四句"我好比……"西皮慢板,正要转[二六]时,后台管事在帘内提请余三胜"马后"(放慢速度,延长时间)。余三胜知胡喜禄未到,便现编现唱,接唱西皮慢板"我好比",直唱到第七十四句"我好比"时,胡喜禄才在上场门帘内喊道:"丫鬟! 带路哇!"由于他反应快，词编得妙，唱得好听，观众并不觉得他在台上拖延时间。

余三胜的表演风格也与程长庚不同。程长庚讲究庄严肃穆，余三胜追求工架圆润。如果用书法作比，程长庚好比是篆书、隶书，余三胜则是行书、楷书。程长庚讲究方，余三胜追求圆。余三胜的拿手戏很多，除上面提到的《定军山》、《当锏卖马》、《李陵碑》外，还有《四郎探母》、《取帅印》、《黄鹤楼》、《奇冤报》、《绝缨会》、《让成都》、《阳平关》、《伐东吴》、《白帝城》、《盘河战》、《太平桥》、《金水桥》、《空城计》、《洪羊洞》、《金沙滩》、《锤换带》、《双尽忠》、《盗宗卷》、《黄金台》、《清官册》、《一捧雪》、《五彩舆》等。

有一次，师徒二人谈起三国戏《战长沙》，谭鑫培不住地夸赞三庆班主程长庚在这出戏里的唱、念、做、打。余三胜连连点头，表示赞许。

"听说，程大老板这出戏是跟咱老乡米喜子学的呢！"谭鑫培说。

"可不是嘛！"余三胜说，"这里还有段故事哩！"接着，他便绘声绘色地讲起来。

米喜子本名米应先，但没有多少人叫，都称他为米喜子。从荆州老家来京师搭春台班，专演关公戏，但观者不甚欢迎。有一天，米喜子赴某会馆堂会，看到厅中悬挂着一幅汉寿亭侯的画像，栩栩如生，呼之欲出，突然有所领悟。第二天在广德楼演《战长沙》，便完全按照画像装扮，出场时故意用袖子遮住脸，等走到台边，猛一撤袖，威风凛凛，神采奕奕，俨然一个活关公立在台上，仿佛关公显圣一样，全场观众不觉站起身来。肃静片刻之后，突然彩声雷动。从此，他的关公戏轰动京师，人们送给他"活关公"的称号。从王公贵胄到市井百姓，无不争相一睹。就连高丽、琉球各国前来朝贡者、学艺者也纷纷求识米喜子，不看一出米喜子的关公戏好像白来中国似的。

"您也跟他学过戏吧？"谭鑫培听完余三胜的讲述后问道。

"我的不少戏都是向米喜子学的。可惜呀可惜，他只活了四十多岁。从此，春台班就大为减色了。"余三胜不胜惋惜，陷入回忆之中……

后来，余三胜又向谭鑫培介绍了四喜班的王九龄，也是个湖北人。王九龄自幼入小九合科班学刀马旦，演《湘江会》、《武当山》，有"大刀旦"之称。后改老生，搭四喜班，与叶忠定合演《除三害》、《渑池会》诸戏最为有名，并因演《五彩舆》之海刚峰而获"活海瑞"之美誉。他的靠把老生戏也很地道，如《冀州城》之马超、《战太平》之花云，均见精彩。

王九龄丰神秀雅，举止安详，书卷气颇浓，嗓音圆润深厚，形成了有别于余三胜的汉派。谭鑫培欣赏他那更贴近京味而又有鄂音的道白,喜欢他那如初炙簧、如新调舌的清脆嗓音和低回婉转的二黄反调。他们经常在一起切磋琢磨,后来,他的许多老生腔都有借鉴王九龄的地方。

此外,谭鑫培还与卢胜奎结下深厚的友谊,他钦佩卢台子的才学,常听他侃三国故事,并向他学会了《问樵闹府》《打棍出箱》。

三、醉心老生

谭鑫培入三庆班后,先演武生、武丑,后来又演武老生,而他接触最多的却是老生名角和老生艺术。他被精彩纷呈的老生艺术所吸引,朝思暮盼,连做梦都想成为一个老生演员。

当时,京剧方兴未艾。由于时代环境的需要、剧目内容的要求,老生的地位最高,艺术最为成熟。谭鑫培是有志气的伶人,他不甘心当一般的戏子,决心成为一个名角儿,像米喜子、程长庚、余三胜那样的名角儿。这不只是他的理想,也寄寓着父亲的夙愿。父亲谭志道从小就四处卖艺,吃了多少苦,受了多少罪,可惜惨淡经营,至老落拓,不过是个配角而已。父亲年过六旬,眼看已是风烛残年,他把满怀希望寄托在儿子身上,巴望儿子能出息成老生名角,不要再像他那样,一辈子站不到台子当中,只能搭班为别人配戏。

谭鑫培是个懂事、孝顺的儿子,他理解父亲的心愿。为了自己的前程,为了不辜负父亲的期望,他对老生戏越来越迷恋。他跃跃欲试,欲罢不能,恨不得立即挂牌唱老生戏。

终于有一天,谭鑫培按捺不住迫切的心情去找班主程长庚,请求唱老生戏。

"师傅!"谭鑫培单刀直入,"您的神艺,徒弟我已略知一二,我想演老生戏……"

程长庚听罢,微微有些吃惊,他端详着谭鑫培,半天没有说话。

谭鑫培不敢正视师傅,紧张地等待着。

突然,程长庚问道:"你为什么非要演老生戏呢?"

"老生戏过瘾!"谭鑫培不假思索地说。

程长庚淡淡一笑,说道:"你天生一块武生料,武功好,但嗓子还欠火候。"

"我的嗓子回来了。"谭鑫培争辩道。

"唱老生的角儿太多了,你比不过他们。"程长庚以一种无可争辩的口气说,"须生一门最为难工,贵在设身处地,形容得体,没有学识是唱不好的。"

谭鑫培咕哝道:"我一辈子只能唱武生了?"

"唱武生有什么不好?"程长庚反问道,"你的武功好,如今又做了三庆武行头目。只要像过去一样精进不懈,日后必然独出时冠。常言说:一招鲜,吃遍天。不论从事什么行当,只要处于上乘,便会出人头地。这个道理你难道还不懂吗?"

程长庚说得头头是道,谭鑫培一时找不出什么词儿回答。

程长庚接着说:"所以,我劝你安下心来唱武生戏,不要再见异思迁了。"

亲自登门请求未被允许,但谭鑫培对老生的兴趣是那样强烈,不可遏止。于是,又让父亲出马向大老板求情。

谭志道听说大老板平日没有多少嗜好,唯一的嗜好就是玩玩鼻烟壶。他家中收藏有各种各样的鼻烟壶,没有事情的时候就取出来把玩,朋友来了也借机展示。谭志道便带上朋友送给他的一个古月轩的瓷烟壶来到程家,对程长庚说:"大老板,您看这烟壶好吗?"

程长庚接过来审视片刻,连声赞道:"呵,还是古月轩的呢!珍贵,珍贵。"

"那就送给大老板了。"谭志道说。

"好吧!"程长庚也不推辞,收了下来,接着就取出银子送到谭志道面前。

谭志道推辞再三,哪里肯收。

程长庚说:"古月轩的烟壶很名贵,我怎能随意收下?你家人口多,戏份又不高,把银子拿回去用吧!"

谭志道把银子推开,感激地说:"自来三庆之后,老板对我父子十分关照,我全家都很感念,这鼻烟壶只是一点心意。"

没料到程长庚听他这样说罢,随即拿出已收起的鼻烟壶还给谭志道,正颜厉色地说:"你若不收下银子,烟壶我也不要了。"

谭志道一再申述道:"老板待我父子这样好,难道不能表白一点心意吗?"

程长庚说:"我领班,你来搭班唱戏,你们离不开我,我也离不开你们呐。我领班凭的是信义,你唱戏凭的是本事,我何恩于你们?"

谭志道见程长庚执意要付银两,也只好暂且收下,随后说:"我还有一事相求,请大老板帮忙。"

程长庚马上意识到谭志道要说什么,主动问道:"是令郎唱老生的事吧?"

"对对对!"谭志道连连点头。

不等他开口,程长庚接着说道:"年轻人,立足未稳,不要见异思迁。你的孩子也就是我的孩子,做长辈的,要为孩子着想,没有规矩,难成方圆啊!"

谭志道听老板这样说,不好再说什么,只有告辞回来。

谭鑫培见爹爹也碰了壁,心中颇为懊丧,不吃也不喝,只是闷着头睡大觉。侯夫人见丈夫几天就瘦了一圈,十分心疼,乞求公公再去求程大老板。

谭志道又来到"四箴堂",请求道:"犬子鑫培从小争强好胜,着迷老生,这几年跟您学了不少戏,何不让他到台上试一试呢?"

"我的戏,他敢演吗?"程长庚微微有些吃惊地问。

谭志道忙说:"他小小年纪,哪敢狂妄至此!您从来不演的《战北原》,让他演一演怎么样?"

《战北原》是三国系列剧之一,本事出于《三国演义》第一○二回,演魏将郑文诈降,被孔明识破,将计就计,命郑文修书与司马懿,约夜间前来劫寨,作为内应。司马懿得信大喜,调兵遣将,前往劫营。孔明在营外设伏,大败魏兵,并斩郑文首级作为厚礼,送往司马营中。

三庆班常演的三国戏几十出,程长庚最喜欢演的是《战长沙》《华容道》。他认为《战北原》《空城计》有失武侯一生谨慎风度,故不喜欢,从不演出。既然谭鑫培一而再再而三地请求,如再不答应,未免有些过分,便说:"好吧!那就让他演一演《战北原》吧!"

得到这个消息之后,谭鑫培十分兴奋,当天就去找卢胜奎和程大老板的琴师汪桂芬。他们曾经在一起说过这出戏,都认为这出戏故事曲折,唱腔优美。特别是卢胜奎,一心想把三国戏编得更全、更细,曾向程大老板推荐过这出戏,经常因程大老板不肯演这出戏而感到惋惜。如今听说程大老板让谭鑫培出演《战北原》,甭提有多高兴了。

当下,他们就聚到一起,将《战北原》从头至尾,连唱念、锣鼓经带身段动作说了一遍。说完戏已是深夜,三人来到街头酒馆。

谭鑫培三杯下肚,满脸通红,微微有些醉意,对卢胜奎和汪桂芬说:"要演就得演好,让大老板满意,不能丢了三庆的脸。"

"对!"汪桂芬点着硕大的头,舌头都有些不听使唤了,"大老板一高兴,兴许自己还要演哩!"

卢台子更是兴奋,不时地用手在桌子上打着节拍板眼,摇头晃脑地吟唱着,时而停下来说:"这两句词还得琢磨琢磨。"

次日,他们开始吊嗓、拉身段、走台,经过几天准备,终于正式演出了。谭鑫培平生第一次在京城舞台上唱老生,既兴奋又紧张。

谭志道坐在台下,为儿子捏着一把汗。

谭鑫培在剧中饰演孔明,唱念、身段、做派都很规矩,颇有神韵,还时不时个"好"。台下人们在小声议论:

"唱孔明的这位是哪一派呀?"

"反正不是程派,大老板从来不唱这出戏。"

"听说原来是唱武生的,也唱过武老生。"

"对! 名叫谭鑫培,谭叫天的儿子。"

"武生唱得好,老生也唱得不错。"

"三庆班有人才啊!"

……

听到这些议论,坐在台下的程长庚松了一口气,他就怕谭鑫培逞一时之强,砸了三庆的牌子。

演出间就有不少彩声,戏演完后,仍有人不肯离去,谭鑫培不免流露出几分得意的神色。这一切全没有逃过程长庚的眼睛。他正想到后台叮嘱几句,忽见熟悉的文人朋友、顾曲的行家里手吴焘走过来,问他说:"大老板,听说是您让谭鑫培唱《战北原》的?"

"是的。"程长庚回答说,"他迷老生,三番五次地请求。"

"您听他唱得怎么样?"吴焘试探地问道。

"您是行家,还用问我吗?"程长庚不想正面作答。

"哪里,哪里,他是您的徒弟呀!"

程长庚口气平静地说:"论说一个唱武生、武丑的,能唱到这个成色,也算难能可贵了。可是,还是赶不上他的武生戏。"

"对,对!"吴焘深有同感地说,"我看过他的《恶虎村》,实在是好。"

"所以,我不同意他急于改演老生戏。他身上的功夫比嗓子强,他有武生的矫健灵动,但还缺乏老生的沉稳和神韵。三庆班的老生不多,但像他这样好的武生更难找哇!"

吴焘频频颔首说:"说得在理。不过,像谭鑫培这样的伶人,唱什么行当都不会差。名师出高徒嘛!三庆班人才济济,兴旺得很呢!"

不料程长庚却连连摇头,说:"四喜以梅巧玲、时小福为主,辅之以老生王九龄;春台以俞菊笙、胡喜禄为主,辅之以张三元、张喜儿等,皆为三庆劲敌。三庆名声在外,其实还缺少角儿,你能帮我物色一些吗?"

吴焘听了不禁大笑起来,说道:"大老板,有三庆这棵梧桐树,有您如雷贯耳的名声,还怕引不来金凤凰?要说角儿,京师多得是呢!"

"您说说看!"程长庚说。

"您这是考我呢!"吴焘见程长庚一脸严肃,便说道,"戏班里的人才您比我清楚,不用我说。如今京城里的票房也不少,西直门内盘儿胡同翠峰庵内的'赏心乐事'票房,把头为戴砚斌,票友就有恒乐亭、德珺如、戴阔亭、刘鸿昇、云雨之等,以演《花田错》《洛阳桥》出名。德胜门内蒋养房胡同里的'风流自赏'票房,票友就有金秀山、袁子明,以演《鸳鸯谱》享誉。西部秦腔梆子班里也有不少杰出人才,张家口来的侯俊山,人称'十三旦',盖世无双。涿郡来的田际云,艺名想(响)九霄,人才出众,都是难得的角儿。另外,还可以从外地物色一些,如天津、沪上就有不少很有光彩的角儿。新近入京的孙菊仙、杨月楼都是大有前程的人物。"

程长庚大有茅塞顿开之感,但是他又感到远水难解近渴。

再说谭鑫培,演罢《战北原》,自感很成功,心想:"从此之后,我就可以演老生戏了。"一想到能演老生戏,他就格外激动,于是加倍练功,想方设法调养嗓子。但是,程长庚出于三庆班整体考虑,仍不同意他改演老生戏,还是让他继续做武行头目。

谭鑫培大失所望,怨气十足,甚至怀疑程长庚是不是有意压制他。冲动之中,他想找程长庚去评评理,但被父亲喝住:"大老板有恩于我们家,不可鲁莽无礼,以怨报德。"

"他为什么不许我改唱老生?"谭鑫培不解地问。

"他是为了你好。"

"为我好?哼!说不定是怕我唱红了,压过他。"

谭志道听儿子这么说,不禁气得声音发抖:"程大老板全能全智,你乳臭未干,小小年纪竟然狂妄到这种地步!"

谭鑫培不服气地嘟囔道:"他大老板也是打年轻时过来的,他有今天也是一步步熬过来的。"

"着哇!"谭志道虽然多少也有些同情儿子,但他是个厚道人,总是念别人的好处,替别人着想。开始,他帮着儿子说话、求情,但大老板表示不应允儿子的请求后,他便真心诚意地按照大老板说的去做,劝阻儿子。他接着说:"程大老板说你是唱武生的料,只要这样唱下去,日后必定出人头地。你就别非要唱老生不可了。大老板是棵树,你是棵草,还怕你压过他?"

父子俩争论了半天,结果谁也没有说服谁。

谭鑫培感到心中的烦闷无法排遣,看家护院时徐家二公子教他抽鸦片的情形浮现在眼前,他偷偷地抽起了鸦片。

平静下来之后,谭鑫培也觉得父亲的话不是没有道理。所以,尽管心里不舒服,也还是接受了现实。他留在三庆班,照样做武行头目,照样唱武生、武老生戏,只是再也没有过去那种精神劲儿。

谭鑫培从心底崇敬程长庚的人格,他也知道掌班不容易。程长庚不让他改老生,并不是故意压制他,而是为了三庆,为了他。程长庚怕三庆武行受损失,怕谭鑫培毁了自己。但是,他又觉得程长庚并不完全理解他,没能看出他的潜力。他可怜父亲为人处世太软弱,不敢坚持自己的主见。至于自己,改演老生的主意早已拿定,再也难以改变。他决心暗地里继续苦学苦练,只要有适当机会,他一定改唱老生。

第五章　百折不回

一、暂别三庆

同治初年,慈安、慈禧垂帘听政。经过一番训教,年龄渐渐长大的同治帝产生了独理朝政的念头。同治末年,慈安端裕皇太后和慈禧端祐皇太后两宫归政,同治帝举行了亲政典礼。

慈禧太后在宫无事,静极思动,不免想出消遣的法子。她平生最爱看戏,内监安德海为她建造了一座戏园,召集伶人日夕演戏。安德海亦侍奉左右,日夕往观。因此安太监颇得太后欢心,权倾一时,常有封赏,连同治皇帝也要让他三分。同治八年(1869),安德海为了出京游赏,怂恿慈禧皇太后允许他前往江南督制龙衣。六月,安德海乘坐太平船,声势煊赫地出了京城。船头悬挂大旗一面,中绘太阳,太阳中间又绘三足乌一只,两旁插着龙凤旗帜,随风飘扬。船内载男女多人,前有娈童,后有妙女,品竹调丝,悠扬不绝。由于他一路作威作福,结果被山东巡抚丁宝桢弹劾。恭亲王奕訢对安德海一向不满,利用慈安皇太后将其正法,从此慈禧与慈安结仇。安德海死后,太监李莲英接替他,深受慈禧宠爱,成为大总管。李莲英对戏的痴迷,不亚于安德海,一样每天陪着慈禧看戏,以图消遣。李莲英人长得漂亮,不仅懂戏,而且很会演戏。西宫撤帘,同治亲政后,陕甘总督左宗棠收降靖边县土匪董福祥,迭复各城,驱逐陕地回族叛酋白彦虎,擒拿甘肃回族叛酋马化隆,奏报关内肃静。同治赏赐之后,并饬左宗棠督师出关,征服西域。龙心大悦,冲昏头脑,早忘记当初简约节俭、裁退外学之举,滋生出及时行乐的念头来。

帝、后享乐念头并起,升平署又热闹起来。民籍艺人重新陆续选进宫中,内务府催促江南苏杭织造赶制各色龙衣行头。恭亲王奕䜣也来凑热闹,亲自出资,命昆旦杜步云创办全福昆腔科班(又称"小学堂")。

慈禧太后生性刚毅贪婪,归政后仍想插手朝政。每遇军国大事,仍派内监密查探问,不合己意即对同治严加训饬。偏偏同治性格倔强不肯顺从,心想母后既已归政,为什么还来干涉?慈禧越是要他事事禀报,他越要隐瞒。母子之间,反生不和。而慈安皇太后恬淡宁静,静养深宫,凡事不加过问,对同治和颜悦色,所以同治常去探望,反把生母慈禧抛在脑后。慈禧知情后更加恼火。皇后与皇帝意旨相合,也反感慈禧横加干涉,花前月下窃窃私语,说了慈禧不少坏话。慈禧得知后,衔恨彻骨。

同治帝因受生母挟制,难以独立亲政,终日怏怏,便在内监撺掇下,到秦楼楚馆寻花问柳,染下恶疾,数月而崩,年仅十九岁。在慈禧的操纵下,醇亲王奕譞四岁的儿子载湉被立为帝,称德宗,改元光绪。光绪之母与慈禧乃是胞妹,光绪呼慈禧为姨母,年仅四岁不能亲政,大权自然落入慈禧手中。

慈禧掌权非国家之福,却是京剧之幸。她本人是戏迷,自然可以利用其地位和权势,刺激京剧的发展。慈禧掌权时期,升平署比任何时候都更加活跃,民间戏班也如雨后春笋,京剧达到了鼎盛局面。

光绪初年,程长庚进入暮年。凭着深厚的艺术造诣和崇高的人格力量,他执掌三庆近三十年。对于年逾六旬的老人来说,他现在考虑最多的是由谁接替他执掌三庆。

程长庚结发之妻庄氏亡故甚早,他一直鳏居没有续娶,把全部身心和精力都投入三庆。他有两个嗣子,一是养子章甫,一是从子章瑚,都曾辅佐过他管理三庆,但若把三庆交给他们,显然难以胜任。

程长庚也曾想从徒弟中挑选一位继任者。谭鑫培为武行头目,生性机敏,好学不倦,武功极好,程长庚曾打过他的主意。但后来感到鑫培的性格脾气和自己差别太大,特别是不听劝告,一而再再而三地要求改唱老生,令人不解。程长庚感到谭鑫培虽然对自己很尊重,但不好驾驭,把三庆交给他,难以放心。于是,他把目光转向了别人。

光绪三年(1877),三十六岁的孙菊仙从天津来到京师。孙菊仙祖籍奉天(今辽宁)承德县(一说先世为辽阳人),寄籍天津。八岁开始读书,十七岁入天津城内大平街弓房习武事,十八岁中武秀才。习武期间,亦抽暇到票房学戏。二十一岁投陈国瑞军,参与剿捻之役,转战各地,屡受重伤,瘳后改派管理右路军械的差使。二十七岁改投英西林宫保军营,由军功保至花翎三品衔候补都司。二十八岁至两广总督任充武巡捕。三十岁至沪与朋友合开升平茶园,亏损倒闭。三十四岁又与英商韩某合开大观茶园,大获其利,却慨然让与黄胖(黄月山)和周凤林。孙菊仙天性慧敏,爱好广泛,喜欢交游,有着传奇般的人生经历和豪爽性格。他嗜戏如命,三十六岁入都搭嵩祝成班。嗓子实大声洪,铿锵有力,斩钉截铁;忽收忽放,忽断忽续,细处如游丝一缕,最后一放则如长江大河一泻千里,被人称为"孙大嗓"、"孙一锣"。晚年,他又被天津人称为"老乡亲"。

孙菊仙打心眼里崇拜程长庚,入京后更是经常去听程长庚的戏。人们都说他的声腔酷似程长庚,只是规范不及,劝他拜程长庚为师。开始,他以为根本不可能,程长庚多大的名气,自己哪里够得上?后来被说得心动了,终于忍不住,趁三庆班出演之际,直奔后台,向程大老板当面请教。

刚进后台口,孙菊仙就被守门人拦住:"你是什么人?怎么擅闯后台?"

孙菊仙直言不讳:"我想面见大老板。"

"是订堂戏吗?"

"不是。"孙菊仙老老实实地回答。

"请你快快离开!程大老板的后台,闲人免进!"守门人一挥手,毫不客气地下了逐客令。

孙菊仙好言央求道:"我找大老板有要紧的事情……"

"什么事也不行!"

守门人一把将孙菊仙推了个趔趄,孙菊仙的火气"腾"地冒起老高,和守门人嚷了起来。程长庚被惊动了,从后台走出来。

守门人指着孙菊仙说:"这个人真不讲道理,直往里闯。不让进就高喉咙大嗓门直嚷。"

程长庚看了看孙菊仙,躯干伟岸,后背微驼,目光纯正,不像寻衅闹事之徒,便很有礼貌地问道:"请问尊姓大名?"

"不敢,在下姓孙,名菊仙。"

"菊仙……"程长庚重复着,玩味片刻,说道,"好名字啊!菊者,戏也。菊仙,戏中之仙也。"几句话,消除了紧张,缓和了气氛。

程长庚接着问道:"有嗓子吗?"

孙菊仙忙说:"鄙人有嗓,那让我当场来一段。"

程长庚为他的直爽和自信所感动,微笑着说:"快开戏了,先不用唱了。明天你有工夫吗?"

"有工夫。"

"那好,明天早饭后,请你到我家来。"程长庚说着,让人写张纸条儿交给孙菊仙。

次日,孙菊仙按时来到"四箴堂",程长庚以礼相待,让他当面喊了几嗓。他的嗓音宽厚宏廓,如黄钟大吕,宽窄高低,运用自如;特别是尾声,一气放之,宛若雷入地府,有殷殷不绝之概。

"好嗓子! 好嗓子! 祖师爷给你饭碗了!"程长庚连连夸奖。

孙菊仙立即请求说:"我早想拜您为师,跟您学戏。"

程长庚不假思索,当即表示同意。随后磕头拜师,收为徒弟。

从此,孙菊仙对程长庚执弟子礼,程长庚悉心传授,菊仙学得如饥似渴。不过数月,技艺大进,嵩祝成班中老生没有能超过他的,在京城颇有了些名气。

一天,程长庚把孙菊仙叫到内室,让他在对面坐下,轻声细语地问道:"听说你习过武?"

"对! 习过。"孙菊仙点点头。

"习武嘛,日后充其量不过做个总兵。"

孙菊仙又点点头,望着师傅的脸,不知道师傅是什么意思。

程长庚接着说下去:"当今之世,重文而轻武,一个书吏就能将你困住,像你这种性格,怎能忍受?"

孙菊仙仍是不住点头,表示赞同。

"所以,"程长庚说,"与其习武求官,不如下海唱戏。优伶未必下贱,全看你自己。自强自尊,优伶亦贵。不然,虽贵亦贱。"

"师傅说得对!"孙菊仙郑重地说,"所以,我弃武从艺,入京搭嵩祝成班唱戏。"

"你想到三庆来吗?"程长庚突然问道。

凡是伶人,谁不想入三庆呢? 孙菊仙求之不得啊,于是马上说:"想啊! 连做梦都想。"

程长庚脸上露出笑容,旋即又陷入沉思,缓缓地说道:"我老了,还有何求?唯想维护一生名誉,三十年事业。我自打二十多岁进三庆,至今一直没有离开过,三庆就是我的家。我不能将三庆托于无德无才无识无能之辈。你的性情与我相近,如果你来接替我执掌三庆,我就放心了。"说到这里,程长庚拉住孙菊仙的手,说,"我打算把三庆班交给你,希望你不要推辞!"

孙菊仙没有任何思想准备,简直有点受宠若惊,他红着脸说:"师傅,我虽爱戏,不过有条嗓子,能唱而已。掌管三庆,恐怕非我所能。"

"那有何难?"程长庚说,"御众之道,不外忠恕。如能忠恕,当个宰相亦绰绰有余,何况一个戏班? 我意已决,你不要再推辞了。"

孙菊仙没想到师傅这样看重自己,不由得感到莫大的欣慰。看来,这是师傅想了很久才作出的决定。看着师傅斑白的两鬓、稀疏的灰发,想起师傅长期鳏居,几十年为三庆辛苦操劳,孙菊仙不禁心软了,实在不忍心立即回绝师傅,只是说:"师傅,您的心意我领受了。这件事让我再好好想一想。"

"好吧!"程长庚说。

孙菊仙把自己掂量来掂量去,最后还是没有敢接下掌管三庆班这副担子。他跪在地上,流着眼泪,给程长庚叩头谢罪说:"师傅,请您原谅我这个扶不起来的无能徒弟吧! 师傅如日月经天,江河行地,把三庆班掌管得这样好,徒弟实在担心三庆会衰在我手。"

程长庚若有所失地看着孙菊仙,叹了口气说:"你是个实在人,此事也不能勉强啊! 如果你不肯执掌三庆,到四喜去怎么样?"

程长庚当时除掌三庆班外,还兼管四喜、春台两班。四喜班的梅巧玲年岁大了,精力不济,也缺人手。孙菊仙不好再推辞了,点头说:"就听师傅安排。"

程长庚继续执掌三庆班,仍在物色掌班人。一个偶然的机会,程长庚遇到了刚从沪上来到北京的杨月楼。

杨月楼生于道光二十九年(1849),安徽潜山(一说怀宁)人,正好和程长庚是同乡。其父杨双喜以刺枪舞棒闯荡江湖,咸丰中期由安徽来到京师。一天,在天桥卖艺,被张二奎发现,惊其身手绝伦,遂邀至家中做拳棒师。杨双喜舞流星,花样翻新,无有穷尽,教出了俞菊笙(润仙),后来自己也学会唱戏。当时,其子杨月楼十余岁,嗓音洪亮,拳脚也很好,被张二奎收为弟子,习武生和老生。杨月楼和俞菊笙共同受业于二奎,二人亲如手足,形影不离,一文一武,时称双璧。

第五章 百折不回

59

杨月楼身材伟岸,面貌姣好,略施粉墨,即如带雨桃花,刚登场即名声大噪,被蒋某以千金赎去。蒋某姐夫林氏在浙江居官,苦于无后,遂以月楼为假子。咸丰年间,太平天国起义,浙江被围,林氏弃城而逃,隐于林泉,剃度为僧。太平天国失败后,月楼奉义母到沪上,在刘维忠所设之新丹桂茶园和金桂茶园唱戏,供养义母,一连数年。当时,杨月楼正值青春年少,扮相俊美,技艺又精,因而名声极响。每一登场,观者如潮。特别是秦楼楚馆的艳姬丽妹,更是趋之若鹜。袁翔甫《沪北竹枝词》云:"金桂何如丹桂优,佳人个个懒勾留。一般京调非偏爱,只为贪看杨月楼。"

其中有一个色艺兼绝而且十分富有的妓女早就倾心于杨月楼,送给他很多金银。杨月楼只用其钱而不和她亲热,妓女十分恼怒,诬月楼诈骗,扬言入衙状告。月楼害怕,逃归京师,藏在醇王府中。妓女得不到月楼决不罢休,遂托旧相识曾侯追捕。曾侯不明底细,误以为月楼诈骗,乃给醇亲王奕譞写信,诬月楼为匪。醇亲王虽是慈禧妹夫,权倾一时,却也怕窝藏盗匪有伤名誉,便将月楼送回上海,临别时对月楼说:"你走吧!不是我不帮忙,曾侯咬住你,我无力保全!"月楼含泪离京至沪,到上海后便被捕下狱。光绪二年(1876)提前出狱,终因名声不好,离沪北上,再也不敢回沪。

梨园界都知道杨月楼衔冤受害。处在沪上那种灯红酒绿的环境之中,青春年少的杨月楼在行为上也可能有失检点,但不少小报添油加醋报道的所谓杨月楼"桃色案"却系夸大之辞。梨园界了解月楼的为人,对他十分同情,所以回京后便让他搭班演出。程长庚就是在一次堂会上遇到杨月楼的。

那天,杨月楼出演《长坂坡》之赵云,魁梧的相貌,飒爽的英姿,与魏将十荡十决,挥戈酣战,武功娴熟,令人叹为观止。程长庚忽然想起观看谭鑫培《战北原》那天,名票吴焘的提醒,说从沪上来的杨月楼是梨园界难得的人才。于是自言自语地说:"杨月楼果然名不虚传,诚为英才!"于是派人继续了解杨月楼的情况,方知杨月楼乃是张二奎的高足,自己的老乡。

在当时的京师舞台上,程长庚和张二奎、余三胜鼎足而立,一徽二京三汉。他们之间既互相竞争,又有着亲密的感情。程长庚来到京师后,曾得到过张二奎的不少关照。看到杨月楼,长庚不禁回忆起与二奎相交的情景。他常为二奎的早逝而惋惜[1],如今,遇到张二奎的高足,倍感亲切,便对左右说:"像杨月楼这样的英才,

---

[1] 张二奎生于嘉庆十九年(1814),卒于咸丰十年(1860),享年四十六岁。

哪里再去找第二个？凭他的才具，足以执掌三庆。"

"大老板！"有人提醒道，"杨月楼固然人才难得，但他在沪上涉嫌绯闻，刚从狱中放出。"

程长庚说："此事原委，我已差人查清。杨月楼涉世不深，实属冤枉。不然，为何将他提前释放？"

左右见程长庚主意已定，也就不再说什么，便按照程长庚的吩咐，想方设法把杨月楼引入三庆。

不久，杨月楼便搭入三庆，程长庚亲自设宴欢迎。

酒过三巡，菜过五味，杨月楼酒酣耳热，举杯向程长庚敬酒："人生难得知己，大老板的知遇之恩终生难忘。"说着说着，两眼竟有些湿润了。

两人碰过酒杯，一饮而尽。

程长庚也有些动情了，说："我从二十多岁就搭三庆班，执掌三庆也已经三十余年。三庆有今天实属不易。我眼看着已是风烛残年，心有余而力不足，诚难继续执掌，实盼你能接替我的事业，把三庆班执掌好。"

杨月楼说："既蒙大老板垂信，晚辈实在感激不尽。只是我才疏学浅，恐怕难当重任。"

程长庚说："希望你不要像孙菊仙那样推辞，辜负了我的一片厚望。"并对三庆的四梁八柱说："我老了，从此以后，三庆交与月楼，希望诸位多多扶持他。"

杨月楼也一再表示："我定竭尽全力，辅佐大老板，效力三庆。"

自打杨月楼执掌三庆之后，程长庚登台演出渐渐少了，很多事宜尽量交与杨月楼办理。杨月楼既唱武生戏也唱须生戏，他那英俊的扮相、娴熟的技艺，不仅在上海红透了半边天，在京师也很快声誉鹊起，成为三庆中仅次于程长庚的名伶。

杨月楼为人忠厚诚恳，既尊重师长，又善待同侪和晚辈，和三庆的许多名角相处很好。他跟谭鑫培之间的关系就处得不错，《连环套》是三庆经常上演的戏码，他们俩总是"搭帖"演出，分天倒换着饰演黄天霸和朱光祖。

《连环套》取材于《施公案》七集一至九回及十七至三十四回，共四本，前两本相传系咸、同间艺人沈小庆所编，后两本为清逸居士所编，情节十分曲折，演窦尔墩盗御马，黄天霸和朱光祖扮做客商夜入连环套，智激窦尔墩，献出御马，获释出家的故事。黄天霸系正武生应工，朱光祖以武丑应工。杨月楼嫌自己的个子高大，扮武丑不够边式、灵巧，有时轮到他演朱光祖了，就对谭鑫培说："您瞧我这个头儿，扮上戏总显得愣乎乎的,今个儿还是您来吧!"

谭鑫培也从不计较,总是慨然应允说:"那好吧! 咱哥俩还有什么说的。"

杨月楼生于 1849 年,比谭鑫培小两岁。谭鑫培眼看着杨月楼得天时、地利、人和之便,大红大紫,执掌三庆,成为程大老板的义子,并于 1879 年为程长庚呈请,与徐小香一起被保举为精忠庙庙首。而自己虽说也有了一定的名气,但诸事多有不顺,很难说是功成名就。每念及此,谭鑫培总难免生出丝丝缕缕生不逢时的落寞之情。

难能可贵的是,谭鑫培对自己的优势和不足有着清醒的认识。论个头,身材不高;论扮相,面容清瘦,不够雍容华贵、气宇轩昂;论嗓音、气力,也不是黄钟大吕、实大声洪。不用说和程长庚、余三胜、张二奎相比,就是与年龄不相上下的汪桂芬、杨月楼相比,也难以抗衡。谭鑫培感到自己在三庆难以有较大的发展,如果按照前人的老路走,很难独占鳌头。若想赶上并超越前人,艺高人上,必须根据自身条件,扬长避短,有所革新,有所创造,有所突破。

主意已定,谭鑫培决心辞去三庆武行头目,再到外面闯荡一番。光绪四年(1878)春天,谭鑫培离开了三庆,到京东三河县姓温的地主开办的一家科班执教。为了辅助儿子,谭志道也一同前往。谭志道教老生、老旦,谭鑫培教武生、武老生。为了教好学徒,离京前谭鑫培还特地在京师拜师,学了一个多月的昆曲。又用十几天时间向内廷供奉、有名的笛师浦阿四老先生学了四十多支唢呐牌子。

在此前后,程长庚为了培养青少年,办起了三庆科班,由他的养子程章甫掌管。科班里有一桌台先生,数十门角色,齐全的文武场面。程长庚亲自到科班教戏,被学徒称为师祖,各路角色也都到科班兼课,谭鑫培也不例外。

程长庚为人严正,教徒也相当严厉。每天凌晨开始教授,生、旦、净、丑各归一组。大老板总是按时到堂,自备茶几一张,暖酒一壶,菜心炒肉丝一盘,边饮边吃,目不转瞬地监督诸徒。几上置放藤条一支,每见抬手动脚有错者,立即操起藤条责打所错之处,手错打手,脚错打脚,决不打到别处。

后来成为名小生的陈德霖幼年曾入三庆科班,学《白蛇传》时,他的口音不准,譬如总是将"许郎"念做"许兰"。走台时,请程长庚亲临订正,谓之"出细"。陈德霖每念错一处,程长庚必以戒尺痛打,经过一个多月的排练,才把不准的读音彻底改正过来。然而在这一个多月中,所受的痛苦实难忍受,陈德霖几至觅死,由此可见程长庚对字音的考究和教育后代之严格。谭鑫培在任教期间,也以执教严格认真而著称。

二、初试锋芒

转眼到了光绪五年(1879),谭鑫培过了而立之年。他的武生戏、武老生戏和武丑戏已经在京师有了名声。他在三庆的打炮戏《白水滩》出手不凡,戏中他扮演十一郎,扮相与众不同,唱起来声音饱满,俏丽的"擞音"恰到好处。接下来的开打,刀棍飞舞,拳脚相搏,令人眼花缭乱。他的勾脸武生戏《金钱豹》,将豹精的凶猛骁勇通过又狠又快的开打表现出来。打起来密不透风,那把飞叉上下飞舞,手拨脚耍,臂挑胸接,滚过掌心手背、肩头、后背,寒光闪闪。

谭鑫培的武戏轰动京师,得到无数夸赞与好评。因为他的父亲谭志道艺名"叫天子",人们便称他为"小叫天","小叫天"的名字越来越响。尽管是在京东三河科班授徒,谭鑫培仍然经常回到京师。每次回来,程长庚和杨月楼都安排他在三庆演出,有时唱堂会,有时在戏园。他还是以演武戏为多,偶尔才唱点须生戏。

这年初冬,谭鑫培接到上海金桂茶园总管翟善的邀请。谭鑫培主张应邀前往,但谭志道则认为应该慎重:上海属于海派,而谭鑫培久在京津,属于京朝派,到了沪上不一定能唱红。劳民伤财不说,万一唱砸了,再回京师连班都不好搭。

谭鑫培觉得父亲的顾虑太多,争辩道:"我来京师都十五六年了,到如今还是不能唱头牌。到南方闯一闯,看一看,有什么不好? 古人说三十而立,我都三十三岁了,还一事无成。"

"南方、北方不一样,我担心你到沪上唱砸了。"谭志道忧心忡忡地说。

谭鑫培继续争辩道:"同治初年,京伶孙春恒、杨月林、周奎堂、周长山、黄月山等人就去过上海。同治六年,南方的王鸿寿(王麻子)不也来过北京吗?"

"你能跟王鸿寿相比吗?"谭志道嫌儿子把自己看高了。

"王鸿寿又怎么了?"谭鑫培不服气地说,"他路过天津,在紫竹林兴华园打炮,还不是唱砸了吗? 唱砸之后,来北京改唱关羽戏,才红起来的。"

谭志道说不过儿子,暗示儿媳玉儿扯谭鑫培的后腿。侯氏从杨月楼事件中得知上海风气不好,又哭又闹,不让谭鑫培去上海,惹得谭鑫培十分心烦,住到一位朋友家里不肯回来。

常言道:知子莫若父。谭志道了解儿子的性格,从来不肯服输。只要他认准了的事情,哪怕坎坷再多,困难再大,也一定要去做。这一点多像他年轻时的脾气呀！如今,自己年岁大了,胆子变小了,顾虑多了,遇事总爱掂量来掂量去,但儿子还年轻啊！年轻人就该有点闯劲！不然,怎么在梨园界混？哪天才能出人头地呀！想到这些,谭志道理解儿子了：儿子是个好儿子,有志气,有心劲,平时又很孝顺,很顾家。他想去闯一闯,开阔眼界,增长见识,应该支持。

谭志道把儿子找回家,帮助他说戏走台,准备服装,打点行囊。年底,谭鑫培与青衣孙彩珠、丑角真秃扁、鼓师张阿牛一行启程赴沪。

当时,北京到上海没有铁路,一般是走水路,沿京杭大运河南下。到达苏州后,再舍舟登陆。但19世纪中叶以后,因太平天国运动兴起,京杭大运河不能全程通航,官道成了交通命脉。所以,他们从北京到上海就要水陆兼程了。

谭鑫培一行从通州大运河码头登船,沿运河南下,穿过天津、静海、青县,到达沧州,运河就断航了,只好舍舟登车,沿官道继续南下。官道上的交通工具主要是骡、马、驴车,专门载人的客车通称为骡车或轿车。高档的套一匹马骡,低档的套一匹驴骡。至于马车,那是庚子之后出现在北京街头的西式客车,当时还没有。谭鑫培他们乘坐的便是低档骡车。

谭鑫培坐骡车拜年图

谭鑫培此次南下,心情非常复杂。六岁那年,他们一家就是沿着大运河北上的。二十七年过去了,他在北方学艺卖艺,成家立业,生儿育女,在偌大京师混出一片小小的天地。如今又走在这条水路上,往事如烟,浮想联翩。当时大运河尚能全线通航,沿途有不少热闹的码头;如今,运河被分割成一段一段,满目萧条。朝政腐败,民生多艰,两岸是片片荒芜的田园,茎茎枯草在寒风中瑟瑟抖动。官道上,偶尔驶过高档考究的骡车,上面坐着趾高气扬的达官贵人,而他们乘坐的却是破旧的骡车,不时有啼饥号寒的难民从车旁走过……

时值岁暮,长江以北一片枯黄。过了长江,才开始出现绿色,但风很冷,有时还飘着雪花,那绿色也显得格外凄迷。为了践约,谭鑫培一行日夜兼程,沿途几乎没顾上喘口气儿。

他们都是头一次到上海。上海对于他们来说,简直就像域外一样陌生,一样神秘,他们不知道迎接他们的上海梨园界是幅什么景象。

上海,古称"松江府",位居东吴尽境,东南与浙江仙霞岭以北的钱塘江、杭嘉湖水陆相接,西北与江苏腹地长江三角洲连成一片。鸦片战争后,道光二十二年(1842)中英签订的江宁条约规定:上海开为商埠,设立江海关,从此上海成为我国东南向外开放的通商口岸。同、光年间,上海发展成为初具规模的商埠,日渐繁华。

早在元代,松江府衙前就有供民间戏曲演出的戏棚,即"勾栏"。明代至清嘉(庆)、道(光)年间,松江一带民间戏曲演出场所有寺庙戏台、会馆戏台、私人园林戏台及乡镇临时搭起的简易戏台。清末,沪上资本主义经济形成气候,商业跃居各业之首。经济的发展和市容的繁华为戏曲兴盛创造了条件,各大声腔剧种如昆曲、弋阳腔、梆子腔、徽调、花鼓戏、绍兴班、粤戏班纷纷涌向上海,其中最活跃的是扬州徽班,著名的班社是扬州金台班,著名的伶人有:老生吕召卿、四麻子、景元福、朱阿寿、武生朱湘其(王鸿寿之师)、郑长泰,小生钱星礼、朱盈寿,花旦小桂寿,武旦李铭顺,净角吴喜贵、应凌云,丑角周松林、何家声等。他们共同创造出上海戏曲的繁荣,创造出南派京剧。

太平天国初期一度禁戏,定都南京后及时纠正了过激的文化政策,在军队中组建戏班和科班,以满足太平军将士对文化娱乐的需求。同治三年(1864),清兵攻破南京,太平天国失败。参加太平军的戏曲艺人为逃避清兵的捕杀,纷纷涌向非战区的里下河地区,他们中有名伶王鸿寿、汪安庆、刘吉庆等。这批人后来又从里下河奔赴上海。也就在这个时候,孙春恒等一批京伶南下,使上海舞台出现南北参半的景象,他们为南派京剧的兴旺贡献出才华和智慧。

谭鑫培一行就是在南派京剧日趋兴旺的时候来到上海的,他们受到金桂茶园总管翟善的热情欢迎。在翟善举行的颇具规模的接风洗尘酒宴上,谭鑫培与刚刚南下的武生李春来重逢。当年二十四岁的李春来举起酒杯,恭恭敬敬地从席间站起身来,对着谭鑫培道了一声:"师父!"

谭鑫培连忙站起来,也举起酒杯,说道:"不敢当!不敢当!叫我师兄好了!"

"那哪儿行呢?一日为师,终身为父嘛!在喜春来科班,您教过我,当然是师父了。再说,您比我大九岁呢!"李春来哈哈地笑起来,接着敬酒,"请允许我借花献佛,借翟老板的酒敬您一杯!"说罢,二人一饮而尽。

"师爷怎么没有来?"李春来管谭鑫培叫师父,自然管谭志道叫师爷了,"他老人家身体可好?"

"唉!"谭鑫培叹了口气说,"他老人家身体大不如从前,很少登台了。"

"都快七十岁了吧?"春来问。

"是啊,过年就七十整了,岁数不饶人啊。"

"师爷待我恩重如山,我一定抽时间去看望他老人家。"

谭鑫培问起李春来的近况。李春来说:"我十七岁出师,在京津唱了几年,今年才到上海,一边演出,一边办春仙班社,改日请师父到敝处看一看。"

"好!我一定去!"谭鑫培满口答应。

在翟善、李春来的引荐下,谭鑫培见了好几位当时沪上有名的伶人。

见到武生朱湘其时,翟善和李春来告诉谭鑫培:"他就是王鸿寿的师傅。"

谭鑫培立时肃然起敬,说道:"那也是我的师傅了。那年(同治九年,1875)我刚搭三庆,看了王鸿寿的关羽戏,玩艺儿真地道!"

见到湖北名旦月月红(吴鸿喜)、蔡桂喜,他更是高兴,他乡见老乡,倍感亲切。月月红来沪后,改汉为京,他的《贵妃醉酒》花飞剑舞,娱目骋怀。蔡桂喜的《虹霓关》、《梅龙镇》亦为沪上舞台之绝唱。

谭鑫培没有马上演戏,抓紧时间看戏,想在出演前看看上海南派京剧的路数,以便心中有底。

上海虽然开发较迟,但有着悠久的吴越文化背景和丰富的戏曲遗产。吴越一带物产丰富,风光旖旎,钟山雁荡之灵秀,秦淮西子之风流,六朝烟雨,武林旧事,多少人文景观令人留连!李白《经离乱后忆旧游书怀赠韦太守》诗云:"吴娃与越艳,窈窕夸铅红。"王昌龄《重别李评事》云:"吴姬缓舞留君醉,随意青枫白露寒。"苏轼《书林通诗后》云:"吴侬生长湖山曲,呼吸湖光饮山渌……"吴侬软语,轻歌曼舞,历代不衰,为戏曲的兴旺繁荣奠定了基础。

吴越一带是宋元南戏的发祥地。元明之际,海盐、余姚、昆山诸腔从这一地区萌生。扬州徽班直接继承了旌阳戏子"飘轻精悍"的表演风格。清代后期,春申黄浦商潮涌涨,上海的戏曲呈现出兼容并蓄、异彩纷呈的面貌:扬州的徽班、里下河的徽班以及南方其他徽班云集上海,北方不少身怀绝技的艺人也纷纷南下。他们打破藩篱,勇于创新,在剧本、舞台、服装、表演上均有新的创造。

由于时间太短,谭鑫培对吴越文化和南派京剧只是浮光掠影地走马看花,便开始了紧张演出。他们精心安排了戏码,文、武、昆、乱俱全。武戏有《挑滑车》、《冀州城》、《长坂坡》等,做工戏有《琼林宴》、《盗宗卷》、《王佐断臂》等,五十余天无一重复。只是南方观众对京朝派京剧不够熟悉,要有个适应过程,因此谭鑫培的戏上座不佳,反响不大,成绩平平。谭鑫培的情绪也不免有些低落,再加上演出频繁,身体劳累,嗓子也出了点毛病。

春节期间,远离亲人,不免有些孤单寂寞之感。为了排遣心头的烦恼,谭鑫培的烟瘾猛增,翟善特地为他寻觅了一个烧烟的丫鬟张秀卿。那张秀卿生得明眸皓齿,温婉可怜,见谭鑫培愁眉不展,百般体贴,照顾得十分周到,使得身处他乡的谭鑫培倍感慰藉。谭鑫培很喜欢张秀卿,决定将他留在身边。翟善觉得这是一桩美事,极力成全。

对于谭鑫培来说,上海之行最大的收获还不是收留了张秀卿,而是结识了孙小六(孙春恒)。孙小六是天津人,仅仅比谭鑫培大一岁,工文武老生,曾拜张二奎为师。谭鑫培在北京时曾与他有一面之交,当时的孙小六倒仓刚过,嗓子不太好,是个极不显眼的二路脚色。没想到多年不见,孙小六在上海竟出息得令人刮目相看。

谭鑫培接连看了孙小六的《空城计》、《捉放曹》、《一捧雪》等,深为他的唱、念所折服。一天散戏后,谭鑫培登门拜访,进门施礼说:"孙先生,您的老生腔实在太迷人了!我今天特地登门求教!"

"过奖,过奖!"孙小六连忙还礼说,"还不是逼出来的!"

谭鑫培一时不明就里,问道:"此话怎讲?"

孙小六说:"若按京朝派老师傅的教法来唱,我的嗓子还是上不去。要不,我怎么从北京跑到上海来呢?到这里之后,听了不少南方曲调,非常好听。试着唱一唱,我的嗓子全靠得着。后来我想,何不把调门降一降?把腔儿变一变?跟琴师一说,琴师也很赞同,就和我一块琢磨,根据我的嗓子条件加以变化,创制出新腔。有的时候，为了一句腔，要憋好几天呢！"

谭鑫培若有所悟地点了点头，接着问道："您的唱腔和前辈师傅所教，最大区别在什么地方？"

孙小六不直接回答，反问道："你觉得呢？"

谭鑫培想了想说："老辈的腔实大声洪，沉雄激昂，您的腔低柔委婉。"

孙小六打断他的话说："若在北京，恐怕就会有人说这不是正宗，欺师灭祖，罪莫大焉。开始，我也担心得很。但登场一唱，听戏的人十分欢迎，那么多人为我喝彩！"

"您说得对！"谭鑫培深有感触地说，"百人百调，要依据个人的嗓音来唱。从今天起，我算明白了。"

"所以，"孙小六说，"唱戏不能拘于一格，要善于用嗓，加以神明变化。"

就好像迷路时有人指明了方向，困惑中看到了希望，谭鑫培感到莫大的鼓舞，由于倒仓和嗓子失润而引起的苦恼和惆怅顷刻消散。他动情地拉住孙小六的手说："我这趟上海没有白来。与君一席话，胜读十年书。"

于是，谭鑫培和孙小六天天相会，一字一腔地请教。孙小六有问必答，不藏不掖，把心窝子里的东西全掏出来。

时间过得很快，谭鑫培来沪已经五十天了。冬去春来，谭鑫培辞别了翟善和孙小六，带着同伴和张秀卿一道返京。回去没有走京杭大运河和官道，而是搭了招商局的保大轮船，从海路北上。上海伶界三百多人前来送行。

回到北京，谭鑫培仍搭三庆，并开始改革唱腔，根据自己的嗓音条件，翻新变化，突破老生直腔直调，创制趋向于低柔婉转的花腔和巧腔。这在当时的京师梨园界是一种很大胆的举动，难免遭到许多人的讥讽和非议，譬如三庆班著名小生徐小香对谭鑫培创制花腔与巧腔最为深恶痛绝。

徐小香生于道光十一年（1831），比谭鑫培大十六岁，祖籍苏州，后迁北京。他生得丰神俊逸，气韵高华，幼入潘家吟秀堂，有"吟秀三小"之称，以唱昆生而享名，兼擅乱弹。在唱腔上，他是将大小嗓、真假声相互结合运用的第一人，改变小生之小嗓假音，运用阳刚之气克服小嗓之雌音，从而使小生声腔区别于旦角声腔。在表演上，他精雕细刻，苦心钻研，毫不懈怠。相传他所居岫云堂中，设等身大镜，每次演出归来，照样装扮，于镜前重演一遍，细心审察，将得失默记于心。他是程长庚配合默契的同台伙伴，二人合演的《借赵云》、《群英会》、《九龙山》（一名《镇潭州》）、

《举鼎观画》《状元谱》等剧,被时人视为双璧同辉的杰作。

前文第四章已经介绍过,小香曾因故不辞而别私返原籍,被程长庚捉回,在事实面前接受教育的故事。从此之后,小香对程长庚更加敬重,佩服得五体投地,成为程长庚忠实的维护者。凡是程长庚喜爱、器重的角色,他就喜爱、器重;凡是程长庚看不上的,他就不喜欢。他本来就对谭鑫培不安心于唱武生戏、一心要唱老生戏持有看法,如今见谭鑫培竟然不遵程长庚之规范,就更加不满。他认为,只有程长庚的老生腔才是正宗。所以,当他听到谭鑫培在《连营寨》中唱"哭灵牌"的〔反西皮二六〕后,竟当场讥讽道:"嗬!这岂不成了青衣老生了吗?"

谭鑫培听了他的话,本想反唇相讥:"你的小生腔不也是从汉派名小生龙德华(龙德云)的大嗓变来的吗?变成大小嗓、真假声结合的腔儿?"但话到唇边,他又咽了回去。因为徐小香比他大十六岁,德高望重,且与程大老板是莫逆之交。徐小香和他不是一个行当,只是表明自己的看法,不存在嫉妒和中伤。所以,他忍住了,没有吭声。但是,他不明白的是:你徐小香既然是一位融会贯通、超迈前人、卓然成家的小生改革家,为什么不能理解我对老生腔的改革呢?

一天,四喜班的头牌青衣时小福来看谭鑫培的戏。时小福生于道光二十六年(1846),名庆,字琴香,苏州人,出身于名旦郑秀兰之春馥堂,授业师为徐兰芳(小名阿福,扬州人)。他比谭鑫培大一岁,两人称兄道弟,过从甚密。小福比梅巧玲小四岁,于咸丰末年初试锋芒,同治年间声誉鹊起。小福嗓音高朗,如凤引洞箫。他尤其讲究做派,一改过去青衣手藏袖内只顾傻唱的规矩,把手从水袖中解放出来,以多种姿势来表现剧情和人物,因而被人讥为"露手青衣"。

散戏后,谭鑫培问时小福:"我在老生腔里加进一些花腔,有人讥为'青衣老生',你听着怎么样?"

时小福素以性情诙谐、谈吐幽默著称,听谭鑫培这样问,调侃道:"我听着不像青衣老生,是老生青衣。"

"此话怎讲?"

"我把青衣的手从水袖里伸出来,人家讥为'露手青衣';你在老生腔里加进花腔,不是老生青衣又是什么?"时小福说罢,哈哈大笑。

谭鑫培埋怨道:"跟你说正经的,你还开心!"

"不开心,还不憋闷死了!"

"你不怕别人说你是'露手青衣'?"

"怕什么？'露手青衣'就'露手青衣'，演着对劲就好。说你'青衣老生'就'青衣老生'，唱得好听就行。"

谭鑫培改革的唱腔也得到余紫云的理解和支持。余紫云生于咸丰五年（1855），比谭鑫培小七岁。名余梁，字砚芬，是老生余三胜的三子。他幼年受业于梅巧玲，兼习青衣、花旦，昆乱皆能，为景和堂弟子中出类拔萃者。在同、光之际的京师舞台上，与梅巧玲、时小福并驾齐驱，被绘入《同光十三绝》之中。他戏路宽广，悲喜兼擅。演悲剧《祭江》、《教子》、《战蒲关》诸剧，激越哀婉，曲尽其妙；演《打面缸》、《戏凤》、《虹霓关》等剧，姿态横生，惟妙惟肖。他还是一位革新能手，在二本《虹霓关》中饰演丫鬟，唱念依青衣路数，衣着、身段一如花旦，裙子、袄子、坎肩的装束，踩跷走碎步小圆场，如风摆杨柳，婀娜多姿。余紫云与谭鑫培既是同乡，又是舞台伙伴，经常同台演出，他对谭鑫培所进行的改革总是十分赞许。

谭鑫培改革老生唱腔的消息传到程长庚耳朵里。开始他不以为然，后来决定亲自去看一看，听一听。程长庚接连悄悄地观看了谭鑫培演出的《定军山》、《战长沙》、《阳平关》等几出戏，谭鑫培的唱腔、表演使他感到耳目一新。

他对周围的人说："鑫培聪明、机灵，非等闲之辈，我过去未免把他看轻了。这几年，他的技艺大有长进，只可惜路子走得不正，我要给他指出来。"

一天，程长庚把谭鑫培叫到"四箴堂"。谭鑫培早已有了心理准备，等着挨大老板一顿猛剋狠训。没料到程长庚态度极为温和，语气诚恳地说："我原以为你的武功好，嗓子有时失润，劝你唱武生，早晚会出人头地，三庆部缺少出类拔萃的武生啊！后来，发现你嘴长得比较大，扮相不好看，才建议你改唱武老生，戴上髯口，遮住嘴。扮相好看了，再有好的嗓子，好的武功，肯定无往而不胜。没想到，你一心痴迷于老生。近来，武生戏演得越来越少，老生戏唱得越来越多。人各有志，难以勉强啊！"

说到这里，程长庚不禁叹了口气，不知是失望，还是感叹。

谭鑫培一直诚惶诚恐地听着，此刻见师傅如此无奈的神情，觉得皆因自己不听师傅的话，才使师父如此伤心，不禁有些内疚。自己曾一度怀疑师傅怕自己超过他而故意压制自己，看来是错怪师傅了。师傅博大精深，全智全能，超乎众人，怎么会害怕一个小徒弟超过自己呢？想到这里，他走上前去，跪到长庚面前，哽咽道："师傅，弟子没听您老人家的话，让您伤心了。"

但是，一想起周围轻蔑、鄙夷的目光，讥讽、刻薄的语言，他心头又蓦地腾起几分委屈和不平。他想唱老生,并不是一时的冲动,而几乎是从科班里就产生的想法。不想当名角的艺人不是好艺人,当时老生地位最高、玩艺儿最难,他想当一个好老生又有什么罪过呢?不错,倒仓后他的嗓子时有失润,师傅让他唱武生戏也有道理。但嗓子是可以练出来的,一时唱不好,不等于永远唱不好,师傅开始不也是没有唱好吗?但通过勤学苦练,后来不是成为老生名角了吗!特别是到上海接触孙小六之后,谭鑫培的信心更足了。从孙小六的成功中,他受到启发和鼓舞。他觉得师傅只是以师傅的身分来关心他、指教他,并没有真正理解他。现在,是向师傅剖心明志的时候了。

于是,他对长庚说:"师傅,弟子绝不是故意违背您的教诲,不听您的劝告。恰恰相反,弟子从心底仰慕您,决心做一个像您这样的角儿!"

说到这里,谭鑫培不禁有些后悔。父亲曾经说过:师傅是大树,自己不过是棵小草,相差太远了。自己却说要成为师傅那样的角儿,这样说是不是有点儿不知天高地厚,太狂妄了?

谭鑫培的这几句话的确使程长庚感到震惊,他仿佛不认识眼前这个身材瘦小、目光炯炯的青年人了。三庆班人才济济,大家都对他奉若神明,尊崇之极,还没有一个人敢于说出上面这番话来。霎时,他感到和谭鑫培之间的心理距离拉近了,心头似乎有了一种惺惺相惜、息息相通的情感在奔涌。他从谭鑫培身上看到自己当年的影子:执著,坚韧,心怀大志,不达目的决不罢休。

程长庚起身把谭鑫培扶起来,让他坐在自己的对面,用一种慈父的目光看着谭鑫培瘦削的面庞,说道:"今天我才算真正认识了你,你是个有志气的人,只要你持之以恒,日后肯定能成为一个名角,只是……"说到这里,他停了下来。

谭鑫培听着程长庚的话,与其说是一种得意,不如说是一种慰藉,他为师傅终于理解了自己而激动不已,泪水直在眼眶里打转。但见师傅忽然欲言又止,心内不禁"咯噔"一下,难道师傅还是不同意自己唱老生吗?于是,连忙催促道:"师傅,您尽管说下去!"

程长庚把目光从谭鑫培脸上移开,注视着窗外灰暗的天空,用一种近似伤感的语调说:"你唱得灵活、轻巧,很动听。只是声音过于甜软柔媚,近于凄凉,此乃亡国之音也!"

此刻,轮到谭鑫培感到震惊了。"亡国之音!"他小声重复着,感到一种莫名的恐惧和压力,心头滚过一丝战栗和悸动……

程长庚似乎没有觉察到鑫培神色的变化,声调悠长地说道:"我这一辈唱戏,讲究圆宏庄重,平正无巧,拉长声,翻高唱,放悲音,嘴里有劲,吐字有分量,非如此听戏的人不能过瘾。"

谭鑫培点头说:"学戏时,师傅都是这样教的。"

程长庚仿佛没听到他的话,依然按照自己的思路说下去:"可是你却把老生腔改了,加进花腔和巧腔。我说你是'怪物',怨你'不守经法,外造添魔'。可是多少人在为你喝彩啊,他们喜欢听你的唱……时势在变呀!如今张二奎死了,余三胜也死了,唱老生的还剩下我。我死之后,你必然会独步一时。然而我担心,从此之后,纤巧之风盛行,阳刚之气衰颓,挺拔的雄风要消失了!时也,势也,奈何奈何,我又有什么办法!"

谭鑫培没有念过书,对朝野发生的变化知道得不多,关心得不够,凭着他的年龄和阅历,只是感到师傅的话里面包蕴着极为幽深的内容,他觉得新鲜,但并不理解,有种若明若暗、影影绰绰、似懂非懂的感觉。他听得最为真切,感受最深的还是师傅对他前途的估计,便问道:"您说我将独步一时,这怎么可能呢?即以老生而论,不是还有孙菊仙、杨月楼吗?"

程长庚摇摇头说:"杨月楼主要唱武生,只是兼唱老生。况且,他是治理之才。孙菊仙的嗓音固然雄壮,但韵味较苦,难适人耳。而你的声音,甜媚醉人。望你自我珍重,三十年后,我的话必然应验。"

谭鑫培不知说什么才好。他抬眼看了看师傅,幽暗的光线下,发现师傅好像突然间衰老了许多……

"师傅!"谭鑫培由衷地叫道,"您老人家多多保重!"

"去吧!"程长庚点点头,挥挥手。

怀着激动、喜悦、忐忑、迷惘的心情,谭鑫培离开了"四箴堂"。一路上,不停地琢磨着师傅的话……

不久,程长庚因劳累而病倒了,病中嘱咐手下人将自己所乘的那辆并不豪华的骡车赠给谭鑫培。开始,谭鑫培不敢收,再三辞谢。最后,程长庚还是让他收下了。从这件事上,人们看到谭鑫培在程长庚心目中的位置和分量。

有人问程长庚:"您既然那么器重谭鑫培,为什么不把三庆班托付给他,而交给杨月楼呢?"

程长庚深深一笑道:"谭鑫培智者乐水,不甘寂寞,适合闯荡,三庆交给他,我不放心。杨月楼仁者乐山,克己复礼,小心谨慎,适合于掌班。"

程长庚的病情一天天沉重,终于在光绪六年(1880)夏季病死在百顺胡同"四箴堂"寓中,享年六十九岁。

杨月楼以义子和三庆掌班人的双重身分主持了丧事,将程长庚葬于北京南郊彰仪门外。丧事规模很大,惊动了半个北京城。

一代巨星陨落了,三庆的辉煌似乎也开始黯淡下来。像程长庚那样的全才,到哪里寻觅? 这实在是京剧事业的巨大损失,是三庆的悲哀。

三、站稳脚跟

杨月楼全面继承了程长庚对于三庆的管理和三庆的艺术传统。谭鑫培感到难以实施自己的计划,于光绪八年(1882)秋天悄然离开三庆,另谋出路,改搭四喜。

有人说,从这一举动足见谭鑫培老谋深算。程大老板病倒前曾经对他泄露了天机,认为他的嗓音甘柔,听之如饮醇醪,将来一定会成为老生盟主。所以,他不肯留在三庆,与杨月楼互争雄长,而去四喜与孙菊仙轮唱大轴。月楼文武兼擅,颇不易敌;而菊仙出身于票友,能文不能武,其声虽洪,但其味甚苦,难合大多数人口味,故易制而胜之。

其实,即便谭鑫培有此谋划,也不能说明他为人狡诈。艺术贵在竞争,而要成功则必须扬长避短。谭鑫培在三庆虽然感受到压力,但长庚在世时坚持留下来,等长庚死后才悄然离去,足见其对长庚的尊重,无意和杨月楼争夺班主之位。

还有人捕风捉影,说谭鑫培与杨月楼明争暗斗,不肯合作,离三庆搭四喜是欲擒故纵,以泄私愤。实际上,谭鑫培和杨月楼之间的关系一直不错,并没有发生过任何摩擦。他们只是由于生活道路、人生处境不同,性格、风格有所差异而已。所以,程长庚逝后第二年谭鑫培才离开三庆,既不是受杨月楼排挤,也不能说明谭鑫培背恩负义。每个人都在走着自己的路,这是难以勉强的。

孙菊仙三十六岁入京后,一直搭嵩祝成,列为第一名。在婉言谢绝了程长庚的重托之后,来到四喜部掌班,并成为头牌老生。他与谭鑫培的关系很好,所以谭鑫培离开三庆后就去投靠他。他二话没说,就接纳下来。谭鑫培虽说改搭了四喜,有时也回三庆唱戏,仍列三庆花名册第二。如果他同杨月楼誓不两立,就不会兼搭三庆了。

不过,自程长庚去世后,谭鑫培对老生艺术的探索和改革确乎比过去更加大胆了。程长庚是他的师傅,是人人景仰的戏神,也是他最佩服的人。开始,师傅不理解、不欣赏他,他不得不谨慎、收敛;后来,师傅虽然默许了他,他仍然不敢放得太开。如今师傅不在了,他又离开了三庆,没有人再敢用师傅的名义来限制他,连攻击他最激烈的徐小香也沉寂下来,离开北京,回苏州老家颐养天年去了。

谭鑫培再也没有什么顾虑,开始全面出击。今天同这个名角同台,明天跟那个名角打擂,忽儿唱武生,忽儿唱老生,要文有文,要武有武。他还不到四十岁,年富力强,浑身是劲,心头充满了希望和想法。他有自知之明,知道自己虽有实力,也受到不少观众欢迎。但梨园界、社会上对他尚未完全认可,他还要通过自己的拼搏,取得同行和社会的承认。

当时,京剧武生界有三大流派,一是俞菊笙,二是黄月山,三是李春来。俞菊笙生于道光十八年(1838),又名润仙,是俞派创始人,被称为北派武生之祖。他祖籍扬州(一说苏州),生于北京,拜张二奎为师,并向杨月楼的父亲杨双喜学武旦。他为人豪爽,慷慨乐施,急公好义,爱打抱不平,平时又大大咧咧,因而被人称为"俞毛包"。搭入春台班后,因其生得雄伟,高高的鼻子,大大的眼睛,扮出戏来雄猛威武,器宇轩昂。他的戏路宽广,短打、长靠均擅,多唱西皮,不耍花腔。念白有气魄,节奏鲜明,韵味深厚。武生勾脸,即由他开创,如《铁笼山》、《金钱豹》、《艳阳楼》都是他平生得意之作。他的武打极为剽悍,如暴风骤雨,往往让人躲闪不及。勾脸戏《挑滑车》是他的一绝,通过唱念、翻扑,着力刻画出高宠的勇猛。他授徒二人,乃杨小楼、尚和玉,其子振庭亦唱武生。

黄月山生于道光三十年(1850),天津人,因其身体丰满健壮,绰号"黄胖"。不但擅长武打,而且善于唱、念,说白激昂淋漓,唱工高亢激越,所唱[二黄摇板]和[反二黄],将武生和老生的唱法融合起来,腔调曲折,听来苍凉悲壮。他的拿手戏除武生应工的《独木关》、《凤凰山》、《翠屏山》、《剑峰山》、《百凉楼》外,还有小生应工的《黄鹤楼》、《群英会》、《岳家庄》和老生戏《四郎探母》。

李春来生于咸丰五年(1855),河北新城人,幼年曾在北京丰台喜春来科班从谭志道父子学戏,出科后在天津唱了四年,二十一岁到上海定居,成为南派武生创始人,世称"李派"。他的身手轻灵敏捷,开打干净利落,短打戏《花蝴蝶》、《界牌关》、《狮子楼》、《郑州庙》、《四杰村》异彩纷呈,长靠戏《伐子都》也很精彩。特别是他的腿功及翻跌筋斗,俞菊笙和黄月山也相形见绌。他演《花蝴蝶》饰姜永志,从三张高桌上翻下来,跪腿落地,并于未落地前在空中从背后把刀拔出,令人叫绝。

很长时间,俞菊笙和黄月山并驾齐驱,称一时之瑜亮,北京梨园界喻俞、黄两派如诗家之李(白)杜(甫),文章家之韩(愈)柳(宗元),书法之钟(繇)王(羲之),各有擅长,互不相掩。

谭鑫培的武生戏虽然未能独立成派,但他的武功实力可以和三派中的任何一派相颉颃。光绪七年(1881),谭鑫培在一次堂会中就与北派武生之祖俞菊笙打了个擂台。那一天,京师某权贵团拜做寿,搭席请客。衣冠聚会,仕女如云。名票吴焘请周子衡、孙春山两位顾曲周郎做戏提调。

当时的堂会,往往从上午就开戏,一直唱到晚上,分日夜两工。有人提议:俞菊笙、谭鑫培同是武生,但宗派不同,何不请他们各演一出《挑滑车》,比试比试有多好! 于是决定俞菊笙白天唱,谭鑫培晚上再唱。

俞菊笙从小苦练武功,并学过武术、拳术,手上力气过人。他使的那杆长枪,足足有几十斤重。白天那一场,他着力刻画出高宠临阵交锋、气吞敌虏的气概。高宠背后猛力枪刺金兀术的动作和马失前蹄的身段,堪称绝活,无人能比,因而喝彩不绝。

谭鑫培唱在后面,显然更难一些。论气概和武功,他比不上俞菊笙,但戏法人人会变,各有巧妙不同。他扬长避短,另找俏头,在"闹帐"、"观阵"等出中,充分发挥自己的所长,运用眼神、身段、道白和传神的表情,把高宠勇猛中带有儒将气度的神态描摹得栩栩如生,将戏理戏情抒发得淋漓尽致,做到"死戏活唱"、"武戏文唱",照样赢得热烈的赞赏。

据说,两位演出时,对方都偷偷地坐在台下观看,一边看一边议论。议论什么,谁也不清楚,可能是赞扬,也可能是疑义、批评乃至挑剔,这本来是十分正常的事情。但不知哪位好事者有意无意地传播消息,致使两位名伶之间心存芥蒂,关系一直不太和谐。

最令梨园界津津乐道的是谭鑫培发现、提携刘鸿昇的故事。刘鸿昇生于光绪元年(1875),字子余,号泽宾,直隶顺义县人,少年失怙,母子相依为命,青少年时代在北京一家剪刀铺当学徒,因为天生一条好嗓子,店主让他挑担叫卖。人们都喜欢听他的叫卖声,称他为"小刀刘"。

当时京师票房很多,有闲人士、纨绔子弟竞尚丝竹,以为乐事。或者自拉自唱,或者粉墨登场,锣鼓之声,丝竹之韵,彻夜不断。刘鸿昇沿街叫卖,知道每个票房的

75

地址,常借卖货歇脚之机,到票房前聆听学唱。久而久之,便学会学懂了一些,随时哼唱,倒也有滋有味,于是养成戏曲癖好。他一有空闲就往票房里跑,店主一再禁止也没有用。

母亲知道后十分生气,责备他说:"你父早逝,为娘把你拉扯长大,十分不易。实指望你学点本事,养家糊口;不料你竟效富家子弟不务正业。这样下去,只怕饭也吃不上了。"

刘鸿昇是个孝子,听母亲斥责后,一度远离票房。然而只要一听到胡琴声,喉咙里就发痒,甚至格格作响,非得唱一段才舒服。于是,他又偷偷地跑票房。进了票房,不管地位高低,家境贫富,都是玩票的朋友,只要你唱得好,就能赢得尊重。刘鸿昇唱得好,备受尊敬。他曾到过不少票房,后来成为"赏心乐事"票房的固定票友。

由于票房活动多,刘鸿昇经常旷工。店主开始不计较,后来实在忍耐不住了,对刘鸿昇说:"票友们都是大爷,您既当票友,也是大爷了。本店庙小,容不下您,另请高就吧!"

刘鸿昇被辞退后,母亲更加生气,哭诉道:"堂堂一个男子汉,怎么这般没有志气!"

刘鸿昇跪到母亲面前,说道:"母亲息怒,儿意已决,下海唱戏挣钱养活您老人家。"

母亲认为唱戏是下九流,阻拦道:"刘家祖祖辈辈也没有唱戏的,你去唱戏,岂不败坏家声?"

刘鸿昇说:"唱戏并不低贱,以艺挣钱有何不可?"母亲没有办法,只好同意了。

梨园旧习,票友必须另投师门才能登场献艺,不然仍称票友或清客。于是刘鸿昇拜常二庆为师,入庆春班,唱黑净。又经金秀山(金麻子)点拨指教,技艺大进。

金秀山是名净何桂山的高足,满洲人,曾当茶役,为"风流自赏"票房票友,因系麻面,故唱花脸。初入阜成园,声誉鹊起。他举止庄重,气度宏伟,有燕赵之风;袍笏登场,最为出色。其嗓音如黄钟大吕,悲壮雄厚,无丝毫假借;并能于浑脱流利之中拔高入云,如晴空忽闻霹雳,骇人心目。

谭鑫培对金秀山十分尊重,但金秀山却不喜谭腔,认为谭以花腔、巧腔魅人。有时同园唱戏,仅只打个招呼而已。一天,两人同在天乐园演戏,谭鑫培唱《空城计》,请秀山饰司马懿,秀山应之。等谭鑫培装扮已毕,却不见秀山,派人各处寻找,亦无踪影。鑫培虽然生气,也没有办法,于是对班主说:"能找个唱净的吗? 如有,让他赶快装束。"

班主说:"听说这里有个'小刀刘'唱净。"

"小刀刘?"谭鑫培重复了一句,"'小刀刘'是谁? 我怎么没有听说过?"

"'小刀刘'是他的外号,他真名叫刘鸿昇,是金秀山的徒弟。"班主说。

"金秀山的徒弟?"谭鑫培本想拒绝,但忽又转念,说道,"快把他招来,我看看再说。"

班主立即将刘鸿昇找来,对他说:"你的运气来了,'小叫天'让你配戏!"

谭鑫培等得着急,见班主领来一个黑脸汉子,便问道:"你就是'小刀刘'?"

"是我。"

"你能给我配《空城计》吗?"

"能配!"刘鸿昇答应得毫不含糊。

谭鑫培端详片刻,说道:"先试一试吧! 如果配得好,我让班主给你增薪!"

上场一试,果然不错,谭鑫培大喜过望。

散戏后,谭鑫培问班主:"'小刀刘'在此每天多少钱?"

"六千!"班主回答。

"什么? 六千? 这个人每天只值六千吗? 从明天起给他加薪,每天增到一万二!"谭鑫培毫不犹豫地说。

"是! 是!"班主唯唯而诺。

从此,刘鸿昇崭露头角,声誉鹊起。

而金秀山与谭鑫培之间的关系却越来越疏远,感情越来越淡薄。直到民国初年,两人才又握手言欢。

金秀山与谭鑫培的生活道路不同,秉性脾气不同,但两人都是梨园英杰。本应惺惺相惜,互相尊重,取长补短。金秀山故意不到场,显然有不屑与谭合作、故意刁难之意。而谭鑫培提携奖掖刘鸿昇,既有对刘鸿昇救场的感谢,亦有对金秀山的刺激与报复。世态人情,自古如此,英杰亦难免俗。

谭鑫培改搭四喜时,孙菊仙还是执掌戏班的班主。没过多久,孙菊仙就辞了班主,专唱须生,与谭鑫培轮流唱大轴。两个人在台下亲如兄弟,在台上互相竞争,使得四喜班颇为红火。

当时,梨园旧规逐渐破除,伶人不必专搭一班,许多伶人都同时搭几个戏班。

谭鑫培在搭四喜的同时,还在三庆等班兼演。他的行当、戏码越来越宽,武生戏、武老生戏、老生戏交错演出。这一段时间,他不断和王九龄、余紫云、杨月楼、孙菊仙、杨贵云、罗寿山、叶中定、俞菊笙、杨隆寿、何桂山、黄润甫、庆春圃、吴燕芳、穆凤山、余玉琴、朱桂元、吴顺林等不同行当、不同年龄、不同风格的名伶同台演出,得以吸收诸家之长,打磨自己的玩艺儿。

谭鑫培偷学老伶工姚起山《镇潭州》的故事一时传为佳话。姚起山年逾花甲而精神矍铄,伶界无论长幼,均以"姚大爷"呼之。他唱做规矩,身上边式,念白、架子卓然不凡,尤其是靠把老生一门,时人谓之前无古人,《镇潭州》《伐东吴》堪称绝唱。有他在,谭鑫培不敢帖靠把戏。

这一天,谭鑫培听说姚起山在某戏园演《镇潭州》,便来到戏园,打算向姚起山学艺。但又碍于情面,没有当面拜师。谭鑫培恐怕姚起山不肯授艺,便立在戏园一角的台柱后面,悄悄地偷看。

姚起山虽已年迈,但眼力甚好,发现谭鑫培隐藏在柱子后面偷戏,十分生气,于是将所有武架子均改成左架子,使谭鑫培无法学到。

散戏后,姚起山对群伶说:"谭鑫培这个鳖羔子,想学老爷子的戏,又不肯执礼拜师,当面请教,竟然偷学,我岂能让他如愿以偿?"

尽管姚起山把所有武架子均改成左架子,谭鑫培还是看出了他的路数和奥秘。姚起山死后,谭鑫培开始演《镇潭州》,不仅保留了姚起山的绝活,而且有了发展。

谭鑫培不仅和许多皮黄艺人同台演出,相互交流、比较、竞争,而且和其他声腔剧种的艺人交朋友,切磋技艺。早在同治末年就已进京的梆子名伶侯俊山(十三旦)、田际云(想九霄)、老达子红等均与谭鑫培有来往,特别是光绪年间来京的梆子名伶郭宝臣更成了谭鑫培的莫逆之交。

侯俊山名喜麟,张家口人,自幼相貌极其俊秀,犹如大家闺秀,且又聪颖绝伦,因家贫辍学而学戏,工小旦,十三岁即享名,故号曰"十三旦"。同治九年(1870)来京师,显贵们惊其美貌,如醉如痴,忘乎所以,出尽了丑态。因为侯俊山识文断字,能破题作文,书画琴棋,兼通并擅,很得光绪皇帝喜爱,徐相国遂送给侯俊山一句谐语:"状元三年一个,十三旦盖世无双。"

侯俊山属于男旦,虽是男儿之身,却善于以妇人之心为之,无论是贤孝侠烈、淫荡刁钻,都能曲尽其妙。同时长于武技,擅演小生。有某词臣与俊山交谊极深,忽生奇想,编出《辛安驿》一剧,让侯俊山扮一店女,桃腮樱吻,忽又披以赤髯,装成大盗,瞬间反串三种行当,表演做工细腻动人,风流旖旎,令人销魂荡魄。名士李慈铭观后赞赏不已,题诗云:"鬈髻登场百媚加,柘枝鼓趁舞腰斜。翠裙宛转笼初月,珠袜玲珑罩薄霞。差似秘图张素女,颇传宫体出唐家。六朝金粉飘零尽,独出胭脂塞上花。"《伶史》还赞叹道:"伶中有俊山犹兽中之有麒麟,鸟中之有凤凰也。"后来,侯俊山还被评为京师伶界八杰之一,刘星楠有诗赞之:"钗弁迷离善化身,英姿俊爽出风尘。明皇重返长生殿,定把江山换美人。"

侯俊山在京师主持瑞胜和班,并曾南下上海传艺,掀起梆子热潮。他平素不拘小节,性格诙谐,谈吐幽默,一开口就令人捧腹;且恤贫济急,慷慨好施。谭鑫培慕其为人,喜其技艺,虽行当不同,亦经常交往。

田际云,河北高阳人,名瑞麟,因父亲曾在定兴县城开杂货铺,便在那儿安家,过着小康生活。田际云生来聪颖,从小喜欢看戏。每遇酬神演戏,不论多么远的路,他一定前往观看。往往看一遍就记住了戏情戏词。开口一唱,就合拍应节,有韵有味。附近白塔村赵乡绅是他父亲的把兄弟,出资办了双顺科班,想让田际云去当科班里的孩子头目,但父亲不答应。田际云很想去,就对父亲说:"您要不让我去,我就断食而死。"父亲没有办法,只好答应。于是,田际云进双顺班,学秦腔花旦兼小生,这年他刚十二岁。

不久,慈安皇太后去世,国丧期间,双顺班被迫解散,赵某便带着田际云等几个有才艺的孩子来到京师,住崇文门外东晓市红庙,每天在粮食店梨园会馆清唱。后来又离京到热河再转天津。随着年岁增大,田际云出挑得更加英俊,技艺愈为精纯,名声也越来越大。十五岁应邀到上海金桂茶园,演出《春秋配》、《蝴蝶杯》、《凤连山》、《斗牛宫》等,极受欢迎,场场爆满。园主以他"囤货居奇",故意抬高票价。

谭鑫培在北京时就曾见过田际云,光绪五年(1879)第一次到上海演出,又在金桂茶园遇到了田际云,并曾一起演出。谭鑫培在上海只住了五十多天,田际云却住了两年。因为他饰演《斗牛宫》中的九天仙女,扮相极美,无人间烟火气,上海人赠他"想九霄"的绰号。光绪七年田际云回京师后,代侯俊山执掌瑞胜和。光绪八年又先后自起小玉成班、大玉成班。时小福病故,替补充任梨园会首。谭鑫培和田际云一直过从甚密,他从田际云那里也学到不少东西。

谭鑫培与山陕梆子名须生老达子红是换帖兄弟,他俩曾在一起跑帘外,唱草台戏。谭鑫培向他学了《连营寨》,并改编为京剧。谭鑫培在前部《伐东吴》中演黄忠,后部《连营寨》中演刘备。到了晚年,就只演《连营寨》、《哭灵牌》,不演《伐东吴》了。

郭宝臣,艺名小元元红,山西运城人,生于咸丰六年(1856)。幼时读书,因家贫辍学,到襄陵商店学徒,后弃商从艺,拜名艺人老元元红(张四喜)为师,学梆子老生。其性聪敏,又肯用功,艺事长进很快,不久崭露头角。为了改善生活处境,郭宝臣联合山陕名伶于光绪七年(1881)入京,在广兴园演出。

宝臣能戏在三百本以上,其唱声满天地,高亢激越,诚为秦腔正宗。其《哭灵牌》无字不响,听之真如巴峡哀猿,一声一泪。"哭罢二弟"一折,则酸楚动人,极有特色。后来他被评为京师伶界八杰之一,刘星楠曾为诗赞云:"杜老悲歌称绝响,史公发愤著雄文。黄河蜿曲关山壮,晋国之强又见君。"

郭宝臣被认为与皮黄界谭鑫培齐名。谭鑫培平生不肯轻易赞扬别人,唯独对郭宝臣的《探母》、《斩子》、《天门走雪》等剧佩服得五体投地。二人互相敬重,互相学习。谭鑫培向郭宝臣了不少戏,其拿手戏《空城计》即得郭宝臣之衣钵。宝臣的《空城计》唱做与众不同,鑫培与他切磋,虚心请益,得其奥妙,所以演来非他人所能及。

谭鑫培不仅向名角、同行学习,还向一切有真知灼见的内行学。一天,演《状元谱》,谭鑫培饰陈伯儒,演到命家院陈芝取竹板打少主人大官时,饰演家院的伶人局促不安,兀立不动,谭鑫培一再催逼,才将竹板取来。鑫培正要接板,不料饰家院的伶人突然持板回身,往上场门跑去。鑫培大怒,急忙赶上,将板夺回,才开始责打大官……等到演完戏,回到后台,谭鑫培十分生气地质问饰家院者:"你唱过这出戏吗?"

那伶人郑重其事地回答说:"当年,我陪程大老板唱过多次。"

谭鑫培听罢,以为必有东西,马上和颜悦色地询问此处演法:"您说说,程大老板是怎样演的?"

饰家院者说:"程大老板说,陈芝作为家院,见陈伯儒要打少主人,岂有不心痛之理?所以,催逼再三,方能将板取来。见伯儒正值盛怒,恐怕责打过重,少主人受不了,所以急忙持板往上场门跑。这个时候,怒中的陈伯儒须双手夺板,同时还要踢陈芝一脚,陈芝站立不稳,便一个屁股坐子,方才合乎戏情。"

谭鑫培听罢,连连拱手称谢说:"恕我无知,向您发火。以后,一定按程大老板的路子来演。"当即向那伶人赠银数两,感谢他的指点。

又有一次,演《击鼓骂曹》,谭鑫培饰祢衡,唱至"昔日太公曾垂钓,张良进履在圯桥"时,台下忽然有人叫倒好。谭鑫培从台上认准了是一位老者,让伙计到台下告诉老者散戏后不要急着走,有所请教,老者很痛快地答应了。

散场后,老者被请到后台,谭鑫培施礼询问何处唱错。老者说:"你的错我一时说不明白,请约定时间地点,带证据讨论如何?"伙计们都认为老者故意卖关子,显得极不耐烦,要轰他出去。谭鑫培连忙制止,当即约定次日到茶馆讨论。

谭鑫培按时来到约定的茶馆,见老者已经到了,茶几上摆着老者带来的几种字典辞书。老者引经据典,指出谭鑫培将"圯"字读错[1],谭鑫培心悦诚服地接受批评,当即改正。老者虽然有些小题大做,迂腐冬烘,但心地是好的,且言之有据。

老者显然感到几分得意和满足,对谭鑫培说:"我以为你是当代名伶,将来必定有很多后人宗法于你。所以,虽然只是一个字,也不可等闲视之,一字一音都务求准确无误。何况'圯桥'不是一般的桥,乃是典故中的名桥。"

谭鑫培听了这番话,不禁肃然起敬,急忙躬身下拜道:"常说一字为师,老先生真不愧为我的一字之师啊!"

从此,谭鑫培经常把老先生请到家中,帮自己考订音韵。到了谭鑫培晚年,人们到谭宅英秀堂去,有时能看到这样的场面:谭鑫培躺在烟榻上,喷云吐雾,桌几上放着打开的典籍,老先生正坐在旁边为谭鑫培讲解着、朗读着……

当时,阜成门外南河沿的阜成茶园也能演戏,但京中角色差不多都不肯到那里去唱。因为到这个戏园里听戏的人不仅懂行而且苛刻,不留情面。稍微唱出点毛病就叫倒好,谭鑫培倒不在乎。这天,他和李顺亭一起在阜成茶园唱《战长沙》,谭鑫培饰黄忠。下场时照例要耍大刀,收式时先将刀迎面抱住,复又横刀折回。这当儿,台下有人大呼倒好,喊道:"马头掉了!"

谭鑫培知道这是内行眼光。散戏后,即请呼倒好者抽暇来家中便酌,一见面就以老师呼之。那人遂将喊倒好的原因说破:"骑马耍刀迎面拖过,仍应平举折回,若由下面折回,马头岂不被刀砍掉了?"

谭鑫培连忙称谢:"有道理,有道理,下次一定改。"

下回再演《战长沙》,谭鑫培十分注意纠正,这时台下响起唱彩之声。谭鑫培用眼一瞄,正是那位内行的观众,不禁大喜。

就这样,谭鑫培不断地日积月累……

---

[1] 圯(yí),当读"亦离"切,阳平。谭读成"吉"音,上声。

就这样,谭鑫培一天天站稳了脚跟……

就这样,"小叫天"的名声越来越响……

事业有成,家道兴旺,谭鑫培陆续生下四子二女。长子、二子、三子娶媳生子,长女嫁给上海武生夏月润。

几代同堂、儿孙绕膝、风烛残年的谭志道早已不再搭班,更不再登台,留在家中帮长子料理家务,带带儿孙,享受着天伦之乐。

谭鑫培呢,除了唱戏、练功、吊嗓、会友,就是赛马、养鸽、斗蛐蛐,到潭柘寺、戒坛寺进香,家务事全交给妻子侯氏和长子料理。

谭家几辈子单丝独线,人丁不旺,谭志道还希望有更多的儿孙,他常说:"有子不为贫,多子多福气!"

光绪八年(1882)腊月三十,大年除夕之夜,瑞雪纷纷,爆竹声声,三十五岁的谭鑫培添了第五个儿子。节日添子,双喜临门,阖家沉浸在一片喜庆之中……

谭志道捋着花白的胡须,喜滋滋地说:"大年夜诸神下界,这小孙子落地生根,日后一定大有出息!"当即为孙儿取了个响亮的名字:嘉宾,即后来的谭小培。嘉宾来到谭家,带来了欢乐,带来了希望,他那响亮的啼哭声如同一支乐章。

飞雪映着院中的红梅,映着红彤彤的春联,几竿翠竹亭亭玉立,春天的脚步越来越近。谭鑫培感到,一股澎湃的生机在全身涌动,眼前升起了希望之光……

四、三足鼎立

清末的时局越来越糟,可面对外忧内患,手握实权的慈禧竟然无动于衷,她最关心的还是自己的五旬大庆。她想与乾隆帝的八旬大寿比一比规模和排场,因而诏令升平署大规模地吸收"外学",其中主要是皮黄艺人,如张长保、陈寿峰、方德泉、杨隆寿、李顺亭等。

与此同时,慈禧还打算开辟园林,以便颐养天年。然而国库空虚,无款可筹,只好作罢。洋务派首领李鸿章为了取悦慈禧,与太监李莲英商定,借督练海军之名,责成各封疆大吏岁拨定款,就中提出一半作为造园经费,另一半作为海军经费。慈禧大喜,下谕大兴土木。经过一番勘察选择,决定在清漪园旧址辟地建筑,改名为颐和园。

数万民工造了两三年,颐和园方才告竣,园中亭台殿阁,亭轩馆榭,数不胜数。

乐寿堂正殿为慈禧寝宫,仁寿殿系召见王公大臣处,德和园颐乐殿是太后看戏赏乐之所,更造得穷工极巧。颐乐殿外的大戏台,分为上、中、下三层,自上而下命名为福台、禄台、寿台,可以同时在三层有角色出场。寿台为主要演出场地,面积最大。其顶板有三个天井,为演出升降之用。台下有地井五眼,为水法布景之用。天井口设辘轳架,地井内置绞盘,均可用来升降演员和道具,适合于表演上帝、神祇、仙佛、活人、鬼魅俱全的神话故事。

园成之后,慈禧移居园内,降懿旨将归政,醇亲王奕𫍽、礼亲王世铎等先后上疏,说光绪尚幼,恳请太后再行训政数年。其实,慈禧降旨归政不过是做做样子,试探一番。所以,她很快就坡下驴,俯准奕𫍽、世铎所请,带光绪帝驻进颐和园,并把内阁军机处的机关迁入园内,连同升平署内学的弟子也一同居住。

慈禧的戏瘾越来越大,每天都要召十几名甚至几十名外学艺人从城内出发,到颐和园大戏台演出。但谭鑫培还没有被召入宫,仍在京师各戏园演出。

光绪十年(1884)八月,谭鑫培又应上海刘维忠续开的新丹桂茶园的邀请,偕同配角大奎官(刘万义)等前往上海。

接受谭鑫培首次入沪纳姜张秀卿的教训,其妻侯玉儿非要一同前去不可。她的公开理由是:丈夫外出演戏,需要有人照料生活。谭鑫培劝她不要随行,理由是:父母年纪都不小了,孩子又多,需要她在家操持家务。最后还是谭志道出面说和,他对谭鑫培说:"你媳妇尊老爱幼心疼你,打着灯笼也难找啊!她心眼细,替你管管后台、账目也好啊。她陪你去,我们也放心了。"谭鑫培是个十分孝顺的人,听父亲这样说,也就没有再说什么。

其实,谭鑫培和侯玉儿一直是恩爱夫妻。当初为了迎娶玉儿,他是多么勇敢无畏。婚后生儿育女,侯玉儿含辛茹苦,操持家务,在他四处萍飘,特别是跑京东粥班的时候,给了他多少温暖与慰藉!这一切,谭鑫培并没有忘掉。他不是那种薄情寡恩、轻浮浪荡的人。不论是京东跑粥班、通州看家护院,还是京师搭班,他从来都是兢兢业业,严肃认真,勤奋俭朴,没有什么绯闻和不端。上次去沪,之所以纳张秀卿为妾,实在是一时感情冲动使然。

谭鑫培听从父亲劝告,答应妻子侯玉儿一同南下。当时,他的烟霞癖已经形成。玉儿成天操持家务,不会烧烟,因此把烧烟十分内行的张秀卿也带上了。

谭鑫培在妻妾陪伴下来到上海。因为已不是头一次来沪,所以比较习惯。但开演不久,却因一些小事情没有妥善处理,与园主产生矛盾,很难再继续演出。刘维忠情愿将全部包金奉送,谭鑫培合同未满就提前北返。来时是金秋八月,返时刚进十月,太阳还很和煦,天气还很暖和。离上海时,前来送行的人比上次还要多。

回到北京后,谭鑫培继续搭四喜、三庆,有时也唱堂会,武戏演得越来越少,渐渐以老生戏为主了。

张二奎、余三胜两位老先生早在同治年间就故去了。程长庚、王九龄也分别于光绪六年、光绪十一年仙逝。因此,皮黄界中的老生就数得着谭鑫培、汪桂芬和孙菊仙了。此外还有刘鸿昇、许荫棠、龙长胜、崇天云、沈三元、夏鸿福、李顺亭、李鑫甫、刘景然、王凤卿、张三元、迟韵卿、叶春善等。

孙菊仙有孙菊仙的优势。年轻时,他曾在天津"怡和斗店"即粮食交易所充当"叫斗",负责喊价。在嘈杂喧闹的环境里,一天喊到晚,练就了充沛的气力、洪亮的嗓音和清晰的口齿。他的嗓子非常好,又高又宽,浑厚洪亮,气力充沛,又承袭了程长庚大气磅礴、深厚雄浑的演唱方法,形成孙派豪放苍劲、浑厚朴实的艺术风格。他的行腔装饰音少,用气喷字沉重有力,尤其是唱到每句最后一个字,或每个唱腔的最后一个尾音时,把声音重重地一放,实拍拍地落在那里,给人一种坚实厚重的感觉。在行腔时,他善于以简代繁,运用平音表达情感。表面听去波澜起伏不大,花腔很少,好像平铺直叙,但由于感情充沛,气势饱满,所以在真挚朴实中蕴含着一种感人的力量。

孙菊仙登台唱戏,谭鑫培经常临场观摩,他尤其赏识孙菊仙的《逍遥津》、《洪羊洞》和《浣纱记》。在《洪羊洞》中,孙菊仙饰六郎,唱[二黄原板]最后一句"身不爽不由人瞌睡沉沉哪",低回婉转,有如一缕游丝,若断若续,似促而缓,似坠而亢,抒发了六郎预感将星将陨的无奈之情。在《浣纱记》中,孙菊仙饰伍员,头戴高方巾,身穿蓝褶子,出场高扬马鞭,台步、身架、唱腔中透出英武和激愤,使人一望便知是那位临潼斗宝的英雄。在《逍遥津》里,孙菊仙扮演汉献帝,所唱[二黄回龙]"叫孤王啊思想起好不悲伤"一句中"叫孤王"三个字翻高八度,唱来令人心惊。

谭鑫培注意学习、吸收孙菊仙艺术上的长处,也清楚地看到他的唱腔中"浊"和"糙"的缺点。孙菊仙有的唱腔率意为之,不加设计,更谈不上精雕细刻。字眼清楚,但字音不清楚,念白里有时还夹杂一些天津土话。

谭鑫培和孙菊仙关系极好,二人经常同台演出,他俩演出的《斩黄袍》、《群英会》、《黄鹤楼》堪称珠联璧合,相得益彰,有合作也有竞争。他俩几乎每人每天都演双出。如孙菊仙演《教子》外带《群英会》的鲁肃,演《朱砂痣》外带《镇潭州》的令公魂子。谭鑫培则演《空城计》外带《五人义》的周文元，演《碰碑》外带《虮蜡庙》的褚彪。两个人好像对台打擂，使得听戏的人听了这边，舍不得那边，那才真叫过瘾。

打完擂，两个人往往相视大笑，有时还到附近小酒馆里痛饮几杯。

汪桂芬生于咸丰十年（1860），原籍湖北汉阳府汉川县，其父为四喜部著名武老生，后掌春台部。桂芬九岁投昆生陈兰笙门下，初学青衫兼老生，后改老旦。数年的学徒生涯，受尽了折磨，满师后因倒仓在后台烧水锅，不仅每天要挑八十担水，还要把水烧开，兼做一些杂活。满怀郁闷无处发泄，不是练习拉胡琴，便是冲着水缸喊嗓。日久天长，拉得一手好胡琴，喊出一条高亢雄浑、醇厚洪亮的好嗓子。后来充任程长庚的琴师，一边拉琴，一边仔细揣摩，一字一腔、一板一眼都不放过，渐渐悟出长庚唱、念之精髓。然而只是在背人处自我演唱，自我欣赏，从未粉墨登场。

程长庚临终前，曾屏退左右，把汪桂芬叫到病榻前，对他说道："我死之后，人们一定很想再听我的戏。你为我拉了几年胡琴，对我的唱念非常熟悉，又有一条好嗓子。我听过你的唱，十分像我。但切忌不要在我死之后马上出演，要等人们渴望已久之后再突然出演，定能成功。"

光绪六年（1881），程长庚去世后，汪桂芬一度失业，生活困窘。有人劝他登台，他谨遵长庚生前遗训，直到一年后才登台演戏。那是一次堂会，人们纷纷点了长庚的拿手戏《文昭关》。一时无人敢应，汪桂芬这才自告奋勇。一经登台，酷似长庚，顿时举座皆惊，轰动了北京城。

汪桂芬头部奇大，人们送了他个绰号"汪大头"。谁能想到，貌不惊人、人不出众的他，能在一夜之间红遍京城？戏迷们因"长庚复活"而兴奋，而梨园界却有人对于他的成功心生妒忌。为人狂放不羁、倔犟耿直的汪桂芬，既不善于待人接物，更不会阿谀逢迎，得知被同行妒忌后，十分苦恼。适逢上海丹桂、天福戏园同时邀约，便愤然南行。

两个戏园同时邀约，并将包银事先付讫。等到汪桂芬到达上海，快要演出时，两个戏园都要先演，互不相让，遂诉讼法庭。结果双方把罪过都推到汪桂芬身上，将桂芬逮捕下狱，拘押了一百天。出狱后，经官府判决，仍在天福园演唱。汪桂芬恨透了财大气粗的老板，拒绝装扮，静坐室中，手敲木鱼，默诵佛经。老板再三催促，汪桂芬置之不理，结果观众大哗，纷纷退票。园主恼怒，指使流氓痛打汪桂芬，汪桂芬忍无可忍，逃出上海，逃到天津……

谭鑫培既不像浅薄之辈、名利之徒那样妒忌汪桂芬，也不像一般观众那样把汪桂芬看作程长庚再世。汪桂芬师法于程,善用高腔,有时高过乙字调。他的脑后音是那样洪朗响亮,一声高唱,全场轰轰作响,连挂在台口的煤气灯罩上的尘土都被震得簌簌下落。然而,汪桂芬的韵味不同于程长庚。程长庚柔寓于刚,有沉雄刚健的气度;而汪桂芬则是刚浮于柔,具有豪迈纵横的雄姿,脱胎于程而自成一格。他的拿手戏有《文昭关》、《取成都》、《战长沙》、《华容道》、《洪羊洞》等。谭鑫培尤其喜欢他的《文昭关》,伍子胥一出场的两句[西皮摇板]"伍员马上怒气冲,逃出龙潭虎穴中",既高亢激越、挺拔有力,又苍凉悲壮、怨忿郁结,顿时一个胸怀复仇烈火的壮士形象浮雕般树立在眼前。

谭鑫培总是认真地观摩汪桂芬的演出,从中吸取有用的成分。《文昭关》是汪桂芬最精彩的代表作,谭鑫培自知演不过汪桂芬,所以很少演这出戏。但他对汪桂芬并不迷信,能看出汪桂芬艺术上的局限性,如戏路较窄,只适合于演悲剧和气度庄严、威武凝重的"王帽戏";唱腔刚多柔少,比较难唱。

谭鑫培和汪桂芬也算是同乡了,他们之间的关系颇为亲密,特别是谭鑫培对汪桂芬关照很多,生活上接济不少。但这并不影响他们在艺术上互相砥砺,同台献艺时互相竞争。

有一次堂会,汪桂芬的《文昭关》,接谭鑫培的《探母回令》。当《文昭关》演毕,谭鑫培扮的杨四郎出台,念引子、话白、叫起板来唱[西皮慢板],台下还在纷纷议论"汪大头"的嗓子、唱腔如何如何,硬是静不下来。谭鑫培在台上将这情景看得清清楚楚,听得明明白白。他也不着恼,等到唱"扭回头来叫小番"的"嘎调"时,运足丹田之气,猛地一个拔高,顿时四座皆惊,全场肃静,再也没有人去议论汪桂芬了。

自然,艺人相轻的毛病也难以避免。相传在会贤堂演团拜戏时,大轴是谭叫天的《空城计》,压轴是汪大头的《洪羊洞》。大头的嗓音嘹亮,高亢激越,适宜于演唱《文昭关》里内心悲愤、报仇心切的伍子胥,却不适合唱病危垂死的杨延昭,所以当他唱的时候,谭叫天在门帘边听,一边听一边说:"真有气力,我看他怎么死!"这话褒中带贬,意思是说:杨延昭见到老令公骸骨后即将伤感而死,大头用劲唱不符合人物身分和规定情景。过了一会儿,等谭鑫培唱《空城计》时,汪桂芬亦未走开,听完了说道:"叫天真巧!"这话同样是褒中带贬,言外之意是说叫天演唱善于取巧,分量不够。

不过,桂芬对谭鑫培的艺术还是十分服气的。相传一日谭鑫培演《卖马》,桂芬"微服往观"。谭相貌清癯,声音悲壮,特别是舞锏一段,将英雄失路的侘傺无聊之状发挥尽致,汪桂芬不禁失声叹道:"真是一个天生的秦叔宝啊! 小子应该成名!"从此终身不演此剧。

杨月楼艺兼文武,武生、老生全都擅长,在连台本三国戏中饰赵云,有"活赵云"之称。他还擅长演出《水帘洞》,饰孙悟空,又有"杨猴子"之称。在执掌三庆之后,因为身体状况不佳,基本不再演武生戏,而以老生戏为主,常演剧目有《四郎探母》(饰四郎)、《安五路》(饰邓芝)、《群英会》和《取南郡》(饰鲁肃)、《镇潭州》(饰岳飞)、《御碑亭》(饰王有道)、《打金枝》和《金水桥》(饰唐王)、《定军山》和《阳平关》(饰黄忠)、《五雷阵》(饰孙膑)、《戏妻》(饰秋胡)等。他饰演的鲁肃,意态安详沉静,颇得长庚之衣钵。杨月楼是三庆班的头牌老生,是谭鑫培强劲的竞争对手。所以,谭鑫培对于他的戏是每场必看,用心揣摩。

刘鸿昇自从替金秀山为谭鑫培救场被提携后,名声不断提高,佣资也逐渐增加。他经常为谭鑫培配演《捉放曹》(饰曹操)、《失街亭》(饰司马懿)、《黄金台》(饰伊立)、《碰碑》(饰杨七郎)等。在与谭鑫培配戏的过程中,受到潜移默化的影响。后来,他搭入玉成班,挑大轴,演出八本连台本戏《铡判官》(饰包公)。在上海新舞台演《牧虎关》时,获得上海"第一花面"的殊荣,创造出用细嗓唱铜锤花脸、韵味醇厚隽永的花脸唱腔,与金秀山黄钟大吕的铜锤花脸唱腔并称为皮黄花脸"双绝"。

由于生活有失检点,刘鸿昇患了恶疾,足不能走,无法演出,一贫如洗。多亏票友时代旧友巨商李豫臣请医诊治,老伶俞菊笙古道热肠,让刘鸿昇住在自己家中数年,供他吃喝。刘鸿昇遵照医生叮嘱,为了利于足疾恢复,使喉嗓上达,穴地而居。又到上海请西医用电气治疗,始得痊愈,但跛一足。于是重新开始唱戏。虽然嗓子很好,但跛足无法表现花脸动作之美,终为憾事,于是决定改净为生。拜师学艺后,初演《失街亭》,因嗓音洪亮清脆、婉转浑脱,一炮打响。接连唱了四场,誉满沪上。从此,以须生转徙于京、津、沪,所到之处,备受欢迎。

由净改唱须生是刘鸿昇舞台生涯的关键性转折。他的嗓子五音俱备,既火辣辣又甜盈盈,尤为难得的是富有"水音"。不管多高的调门,他都能唱得圆润婉转。他善于运气,以气催音,以字缓气,以腔偷气,巧妙换气,给人一口气贯串到底的感觉。

刘鸿昇的代表剧目是"三斩一碰",即《斩马谡》、《斩黄袍》、《辕门斩子》和《碰碑》。《斩子》中"见老娘施一礼躬身下拜"一句,采用小生娃娃调和新回龙腔,在"拜"的行腔韵律上一波三折,万转千回,最后以细音收煞,余音袅袅……他唱《斩黄袍》"弟妹带兵争战何方"一句中,"争战何方"四字为西皮嘎调,采用"楼上楼"

唱法,一拔而上,声如裂帛。"孤王酒醉桃花宫"的行腔飘逸俊秀,龙飞凤舞,气象万千。与谭鑫培的"店主东牵过了黄骠马"一样,令人陶醉、倾倒。一时间,捧刘之人猛增,竟有超过谭鑫培的气势。

谭鑫培以惊异的目光注视着刘鸿昇这一颗老生新星。他曾经微服观赏了刘鸿昇的"三斩一碰",由衷地赞叹道:"金嗓子!金嗓子!唱得实在是好!"他感受到冲击和压力,心中颇不平静。然而,谭鑫培懂得:老生是一门全面的艺术,唱工固然重要,但光有嗓子还是不够的,还必须有手、眼、身、步等方面的配合,有对人物深刻的理解。自己的嗓子不如刘鸿昇,必须在其他方面发挥优势。经过反复思考,他决定把原来的花脸戏《沙陀国》改造成老生戏。

《沙陀国》的故事见于《残唐五代史演义》七一九回和《旧五代史》李克用本传。演李克用被谪贬沙陀后,黄巢揭竿起义。唐王派遣程敬思前往沙陀搬兵,克用因念旧恶按兵不动,太保李嗣源请出兵,几被处斩。程敬思乃求李克用二妻曹月娥、刘银屏帮助。曹、刘为答谢当年程敬思搭救之恩,也劝李出兵,仍被拒绝。曹、刘乃矫旨挂帅,命克用为先行。校场点卯,克用连误三卯,被黜于后营。行经珠帘寨,为周德威所阻。刘银屏智激李克用出战,不分胜负。比试箭法,李克用箭射双雕,周德威才心悦诚服地归降。

老本只演到"搬兵"为止,谭鑫培增添了"解宝"、"收威"两个情节,使故事更加合理、连贯、完整,唱、念、做、打全面发挥。坐帐时的大段念白,充分显示出谭氏口齿清爽的优势。不少花面唱腔融入老生唱腔之中,既有[楼上楼]节节翻高的调门,又有大段[数来宝]流水板,尺寸快,变化多。"误卯"一场二十句"散"、"摇",佳腔迭出,若非叫天擅唱,纵有好嗓,亦难胜任。最后"收威"之起霸、扎大靠开打、对刀,不仅难度大,而且姿势美观。

此戏一帖即红,场场爆满,一票难求。刘鸿昇观后也自叹弗如。《沙陀国》本为净角正工戏,经谭鑫培改造为生角正工戏《珠帘寨》。后来,宗谭者有不学《珠帘寨》不能算谭派的说法,可见此戏之重要。

《珠帘寨》改编的成功,使得谭鑫培在与刘鸿昇的争锋中稳操胜券,遥遥领先,显示出他那不肯服输、争强好胜的性格和刻意求新的创造精神。然而,谭鑫培决不以此为满足。他有自知之明,懂得审时度势。老生行名角如林,各有千秋,相比之下,自己的条件并不优越:身材矮小,面庞清瘦,嗓子也不如有的人洪亮。但是,自己从小武生坐科,多年跑粥班走江湖练得一身真功夫,在三庆多年既唱武戏又当武行头目,这些则是前辈和同代其他老生所不具备的。今后的路该怎么走?戏该怎么唱?他陷入深深的思索之中。

古人云:四十而不惑。光绪中期,谭鑫培已是四十出头的人了,他渐渐成熟起来。他明白,不论做什么事情,不能光凭一股子兴趣和冲劲,而要讲点韬略,有点章法。过去唱戏,为了养家糊口。如今有了些名声,必须从长计议。自己不是从小就梦想成个角儿吗?父母亲不也是望子成龙吗?如今,母亲已经病故,父亲也已是风烛残年,多年为疾病折磨。无论如何,不应让他老人家失望。还有程大老板,他又想起程长庚劝他改唱武老生、戴髯口的叮嘱,更感到大老板对自己的一片苦心。思来想去,谭鑫培越来越觉得必须走自己的路:少演安工、衰派,不演王帽戏,专在褶子、箭衣老生戏上下功夫,扬长避短,突出武功技巧和绝活,在如云如雨的老生中脱颖而出!

其实,近年来谭鑫培已经这样做了,只是以后要更加清醒、更加自觉地追求这个目标。谭鑫培把自己的想法告诉了父亲,谭志道那双昏花的老眼闪烁出兴奋的光芒,说道:"孩子,这想法对头,你会成功!你比老子有出息,有出息呀!"说到这里,谭志道似乎有许多感慨,突然剧烈地咳嗽起来,枯槁憔悴的面容显出一丝红润。

谭鑫培连忙俯身为父亲捶背,并呼唤妻子侯玉儿送来热汤。喝了几口热汤后,谭志道才止住咳嗽,问道:"你打算怎样做呢?"

谭鑫培想了想说:"我想自己组班。"

"琴师、鼓师很要紧呢。"停了片刻,谭志道提醒道。

"我都想好了。"谭鑫培说。

那一天,父子俩谈得很深、很长,谭鑫培感到眼前的路越来越清晰了。

不知是因为激动和劳累,还是听了儿子的打算后,了却了一桩心事,觉得可以放心地离去了。次日,谭志道的病情就更加沉重了。

弥留之际,谭志道对鑫培说:"我这一辈子,南跑北奔,没得安宁。心比天高,命比纸薄,从来也没有站到台子中间唱个主角儿,看来,只有依靠你了。"

"请阿爸放心,儿子不会给您丢脸!"谭鑫培流着眼泪说。

"这样,我死后也能瞑目了。"谭志道惨然一笑,咽下最后一口气。

谭志道平静地走完自己的人生旅程,享年七十岁。

谭鑫培恸哭不已,他用隆重的葬礼,把父亲埋葬在永定门外的谭家坟地。后来,又将父亲和母亲的坟茔迁到西山。

第六章 志在必得

一、入宫承应

料理完父亲的后事,谭鑫培便与春台班的铜锤花脸刘永春共同组建同春班,于光绪十三年(1887)正式报呈精忠庙,并由庙首杨月楼、刘宝山等报升平署备案。

刘永春字建衡,直隶宛平县人,幼拜铜锤花脸刘万义(即大奎官)为师,曾先后搭过三庆、四喜、春台诸班;与谭鑫培、孙菊仙、汪桂芬合作演出,均获好评。并随孙菊仙、汪桂芬多次南下,献艺申江。刘永春虽以大奎官为师,却艺宗何桂山一派,唱起来黄钟大吕,声震屋瓦,被沪上剧界评为铜锤花脸全才。其唱工、气口、音韵俱臻上乘,《铡美案》的[原板]、《飞虎山》的[二六]及[一板三眼],字斟句酌。《铡美案》、《沙陀国》的快板则快得连打鼓佬都难跟上,然而坐在三层楼后排的听众却能字字入耳。他还擅架子花,《草桥关》里姚期上马的身段,《李七长亭》里强盗的造型,俱堪称绝。

刘永春十分佩服谭鑫培,从上海载誉北返后与谭鑫培重逢。谭鑫培提议共同组建戏班,他立即表示同意,并先后聘请李大(李五之兄)、何九为鼓师,王云亭为琴师。

李大,名春元,北京人,因排行老大,故时人称其为李大。又因为他脸上有个大疙瘩,所以又有"疙瘩李"的外号。其先世以打闹丧鼓为业,到他这一辈才入梨园界。李大继承祖业,也学打鼓,曾在四喜班多年,已经很有名声。他的弟弟李五,名奎林、春林,也学打鼓,技艺和名声比他还要高,后来代替哥哥,成了谭鑫培的鼓师。

何九是安徽人,大名叫永福,其祖父曾经做过和春班的班主。父亲何瑞林,唱老旦。何九自幼在小福胜科班坐科,因为舌头大,念唱都不适宜,所以改学场面,以打鼓著称于时。他出科后,最初搭四喜班,光绪三年(1877)就已经名列场面的第三位。光绪十四年(1888)加入陈寿峰所组建的春台班,列场面首选。他的鼓艺精纯,尺寸极稳,文戏打得很好,武戏更见佳妙。由于腕子受过伤,不便打滚奏的鼓点,便用一个[切头]接[四击头]再加一个"巴答仓"来代替[撕边],效果很好,为后代继承。他在同春班为谭鑫培打鼓时,谭鑫培既唱文戏,也唱武戏,并探索"武戏文唱"和"文戏武唱"的路子,何九与他配合得十分默契。同春班里的名角不少,譬如武生黄润甫、花旦田桂凤都是一时之选。

从咸丰到同、光年间,名演员当中有两个姓黄的,一是上面已经介绍过的武生三派之一的黄月山(黄胖),另一位便是黄润甫。他是满族人,祖籍北京,因排行第三,世称黄三。黄润甫自幼攻读诗文,酷爱音韵之学,博览经史,从翠峰庵票房下海,加入三庆班,以饰演三国戏中的曹操成名,被人誉为"活曹操"。

黄润甫在一系列三国戏里揭示出曹操复杂的心理,刻画出不同的性格侧面。在与程长庚合演的《捉放曹》中,他把曹操演成一个不择手段,宁教我负天下人,不教天下人负我的不得志的奸雄。在《阳平关》中,他饰演的曹操又俨然是一个三足鼎立、心气磅礴的魏王。而在与谭鑫培合演的《战宛城》里,则塑造出一个胜利后沉湎酒色、任意放纵自己,然而又不是下流登徒子的曹操形象。他还曾与程长庚、徐小香合演过《群英会》(程长庚饰鲁肃,徐小香饰周瑜,黄润甫饰曹操),与杨月楼、钱宝峰合演过《长坂坡》(杨月楼饰赵云,钱宝峰饰张飞,黄润甫饰曹操),堪称功力悉敌、珠联璧合,展示出曹操的另一种面貌。

谭鑫培把失去父亲的悲痛化作力量,全身心地投入同春班,兢兢业业地磨戏、演戏。先后演出了《桑园寄子》、《定军山》、《阳平关》、《黄鹤楼》、《挑滑车》,分别饰邓伯道、黄忠、赵云、高宠。这些本来都是他经常演出,十分熟练的戏码,演来仍然十分精心,没有一丝懈怠。尤其是在这些戏里所尝试创造的[闪板]、[赶板]、[垛板],受到听众热烈欢迎。"小叫天"的名字响遍京城,再也没有人讥讽他是"青衣老生",再也没有人嫌他的声腔纤巧阴柔了。在被人讥讽鄙视的时候,谭鑫培有自己的主见,倔犟地挺住了。如今,在一片赞扬声中,他却清醒冷静,并不沾沾自喜,他深知自己的玩艺儿比起程长庚、余三胜、张二奎等前辈来还差很多。有的地方,自己还没有琢磨透,还不够尽兴、满意。他多么希望把玩艺儿打磨得玲珑剔透,锤炼得炉火纯青!多么希望置办些讲究、漂亮的行头!多么想开阔眼界、增长见识!然而,这需要钱财和精力。戏班毕竟是戏班,各路脚色搭班唱戏要挣钱吃饭,他一个穷艺人没有足够的钱财来养活一个戏班,暂时还没有力量去实现自己的愿望。

谭鑫培羡慕那些入宫献艺的伶人,羡慕他们所得的丰厚赏赐。作为一个民间伶人,他何尝不渴望这样的恩宠降临在自己头上呢?虽然他也曾多次随三庆班入宫演戏,但随班入宫演出与充当内廷供奉毕竟不可同日而语。程长庚的名声那么高、那么响,自然主要是由于他的玩艺儿精深,人格高尚;同时不可否认的是,他早在咸丰年间便入宫承应,成为宫廷供奉,经常在圆明园唱戏,咸丰赏给他一个六品顶戴,内务府许其统领菊部,连内廷演戏的太监都归他统驭,所以满朝王公大臣无不对他礼遇尊崇。

杨月楼的境遇也很能说明问题,他于光绪十四年(1888)入了升平署,立即得到慈禧的宠爱。杨月楼生病,慈禧破例特别赏赐纹银二十两、贵重药品四盒,这种恩宠是民间艺人从来也没有享受过的。

使谭鑫培感到欣慰的是,由于他演戏越来越多,声名一天比一天大,渐渐地传到宫中,为慈禧所知晓。慈禧便向大总管李莲英念叨,想传谭鑫培进宫当差。李莲英领了懿旨,派人向精忠庙送去帖子,召谭入宫。

光绪十六年(1890)五月二十五日,谭鑫培正在家中和新请的鼓师李五一起说戏,精忠庙首派人送来宫中的帖子。那帖子下角写着"外学民籍教习谭鑫培"一行字,折内开列着姓名、籍贯、年龄、行当并全部能演的剧目。

谭鑫培不识字,问道:"帖子上写的什么?"来人说:"恭喜你了!太后传您进颐和园德和园大戏台演戏。"谭鑫培止不住心头窃喜,忙把帖子接过去。来人提醒道:"明儿早上头一场,可别误了时辰!"停了片刻,又叮嘱道,"听着,宫里是个有尺寸的地方,万万不可乱说乱动。若是违了规矩,惊了圣驾,甭说是你,谁也吃罪不起!"谭鑫培连连点头,送走来人,急忙收拾行头,辞别家人,雇了辆驴车,赶往颐和园。

谭鑫培到达颐和园时,已是申酉时分,发现老旦孙秀华、正旦陈德霖、小丑罗寿山已在那里了,原来他们是一同被选入宫的。谭鑫培和陈德霖很熟,他俩都是程长庚的徒弟，因此以师兄弟相称。但谭鑫培未曾正式拜过师，亦未曾入过三庆科班，而陈德霖则是"四箴堂"科班的学徒。

"四箴堂"的前身是"小三庆"，地址在前门外百顺胡同西口内，由程长庚创办，程章甫（程长庚养子）掌管，后来又改名为"椿寿堂"科班。陈德霖小名石头，早年在四箴堂科班时备尝辛苦，常常因为唱念时一字之错而遭到数十次鞭打，打得皮开肉绽。他总是强忍着，不敢告诉家人，唯恐父母见了伤心。扎实的幼功使他打下了坚实的基础。陈德霖非常孝顺父母，疼爱兄弟姊妹，每得到一点钱便存起来，积攒到一定数目便拿回家交给父母，或为弟弟妹妹买些点心。陈德霖出科后，先搭四喜，后入三庆，因为他笃诚忠信，和蔼可亲，大家乐于和他结交，程长庚对他也十分器重。他所擅长的正工青衣戏如《落花园》、《孝义节》、《祭塔》、《战蒲关》、《彩楼记》等各有特色。

能在宫中相遇，谭鑫培和陈德霖都很高兴，当夜他们宿在一处，聊了半宿。

次日清晨，他们早早地起床用膳，侍立一旁，等候慈禧皇太后大驾光临。

一会儿工夫，慈禧来了，对着进呈戏目的名册认识刚入宫的艺人。

轮到谭鑫培了，慈禧问道："你就是那个'小叫天'？"

谭鑫培叩头答道："正是。不过那是艺名，本名叫谭鑫培。"

慈禧说："我还不知道你叫谭鑫培？一个'金'字不就得了，何必要那么多'金'呢！"

"是啊！"李莲英附和着，"让他把名字改了就是了！"

"那就改作'金培'吧！"慈禧随口说道。

慈禧当时已被人称为"老佛爷"，金口玉言，说一不二，谁敢不遵？谭鑫培在李莲英的暗示下，当场叩头谢恩，改名为"金培"。

接着，慈禧点戏，点了三国戏《失街亭·空城计·斩马谡》，命谭鑫培扮孔明，金秀山饰司马懿，二人虽有芥蒂，也只好同台。另外，李顺亭饰王平，王福寿饰赵云，钱金福饰张飞，罗百岁、克秀山饰老军，鲍老黑饰马岱，真是珠联璧合，满台生辉。

慈禧大喜，在所有角色中尤其欣赏谭鑫培饰演的孔明。她认为孔明"鞠躬尽瘁，死而后已"，夙兴夜寐，日理万机，不可能脑满肠肥，容光焕发。谭鑫培面庞清癯，骨瘦神清，正好传递孔明的神韵，连连称赞道："小叫天真像孔明。"当即命李莲英传旨嘉奖，赐古月轩鼻烟壶一只、尺头两卷。

　　早场唱完,慈禧又点了《战长沙》,由谭鑫培饰黄忠。谭鑫培将黄忠老当益壮的神态曲曲传出,慈禧极为赏识,赐福寿锞子若干及各种小吃。

　　首次承应,一日之内两次受赏,真可谓优厚之极,就连最受慈禧宠爱的杨月楼也无此宠遇。

　　紧接着,谭鑫培陆续又演了《翠屏山》、《定军山》、《阳平关》、《虮蜡庙》、《战宛城》等几出戏。

　　演《翠屏山》时,慈禧见谭鑫培一趟单刀要得纯熟,身上边式,不禁夸赞道:"好个单刀叫天儿!"从此,"单刀叫天儿"的名字便传开了。

　　演《定军山》、《阳平关》的时候,砌末大家张凤歧饰赵云,黄润甫饰曹操,李连仲饰夏侯渊,刘春喜饰严颜,大李五饰刘备,沈三饰孔明,钱金福饰张飞,麻德子饰大报子,从孔明升帐激将起,演至五截山曹、刘对骂止。谭鑫培饰黄忠,在武将身分外,添加了老人的瞎打,既演出武将身分,又有一种调侃的味道。

《阳平关》,谭鑫培饰黄忠,杨小楼饰赵云

　　《虮蜡庙》排在《富贵长春》、《滑油山》、《金钱豹》、《天雷报》之后,程继仙饰天霸,俞振庭饰贺人杰,麻德子饰朱光祖,朱文英饰张桂兰,李顺德饰关太,大李五饰施公,红眼四饰院子,百岁饰费兴,黄三饰费德功,谭鑫培饰褚彪,可称齐正精彩之剧。事先,谭鑫培曾和王八十就此剧研究多日,又与张淇林切磋琢磨,加上他武功极有根底,所以走边之功架身手及[新水令]唱段,皆能臻于化境。庄门一场的抢背,能将紫花老斗衣抖起颇高的翻儿,形似蝴蝶。单刀下场,甩髯耍刀,干净利落,身手简洁,三见面刀随身转,走抢背利落之极,摔"跤攒",见米龙、窦虎、背口袋、滚背、搂爬虎、盖爬虎,竟用一个单蛮子过去,慈禧及王公大臣们看了,都赞不绝口。

接着第二天便演唱《战宛城》,谭鑫培饰张绣,李连仲饰典韦,外学教师李某饰曹操,王福寿饰贾诩,罗百岁和鲍老黑分饰交昂等。散戏后,慈禧命大总管李莲英传下旨,命所有的伶人先到台下去,然后快步跑向丹墀,叩首领赏。所有人的犒赏都很丰厚,谭鑫培所得赏赐最多,福寿锞各十个,宁绸尺头各四,还有现洋五百元。

面对优厚的犒赏,伶人们感激涕零,谭鑫培自然难以免俗。他不仅当场叩头谢恩,出来后还不断地对别人说:"老佛爷恩典太重,我快步走向丹墀时,随大家一起跪下,不敢仰视,心里虽想抬头看看老佛爷的尊容,但觉得头顶有如重物压迫,根本抬不起来,连眼都难以睁开,可见老佛爷的威严有多大!"

谭鑫培的这番话,显然有对慈禧讨好的意味,有夸张的成分。但是,作为一个民间艺人,感激慈禧、美化慈禧也在情理之中。慈禧身为皇太后,大权独揽,骄横跋扈,把大清帝国折腾得国疲民穷。但她又的确懂戏、迷戏,对于所喜爱的艺人格外恩宠。谭鑫培不像程长庚那样深通文墨,铁骨铮铮,睥睨王侯,他对慈禧的本质缺乏清醒而深刻的认识,只是从个人的知遇出发,所以才说出上面那番话,举止言谈间流露出奴颜和媚态。这是时代的局限,也是他个人的悲哀。

正是由于谭鑫培技艺超群,又随和得体,老佛爷对他的宠爱超过了杨月楼和孙菊仙。一天不看谭鑫培的戏,就过不了戏瘾,几乎到了"无谭不欢"的程度。而且每演必有赏赐,谭鑫培总是享受大赏,所以人们都说:"谭叫天的'佛缘'最大。"

"外学"民间艺人到宫中唱戏,也有受罚的时候。宫中从皇帝、太后到王公大臣、太监大都是很懂戏的。光绪皇帝能打鼓,有时候还能学唐明皇坐下来打上一出。一次,他打昆曲牌子[朱奴儿]。[朱奴儿]是四句,光绪把当中的两句忘了,没有打,场面上的人谁也不敢告诉他。以后将错就错,就照他的点子打,成了所谓[御制朱奴儿]。慈禧更是精于顾曲。她看戏时,一边看着台上的演出,一边对照着眼前的"串贯"(宫内演戏时非常详细的"总讲",上面用各色笔记载着剧目的名称、演出需要多少时间、人物扮相、唱词念白、板式锣经、武打套数,乃至眼神表情、动作指法、四声韵律、尖团字音等)。艺人稍有不慎,就会被慈禧发现破绽,轻则斥责,重则惩罚。所以,他们演来格外小心。尽管小心,仍然经常有人受到惩罚。谭鑫培是少数几个没有因为出现破绽而被罚的伶人之一。

二、三庆情结

杨月楼自执掌三庆,担任精忠庙首之后,由于冗务缠身,操心费力,练功、演戏越来越少,身体状况越来越差。到了光绪十三年(1887)夏天,经常头晕眼花,心慌气短。眼见得两鬓斑白,牙齿脱落,人明显地衰老了。偏偏他又是一个极为认真的人,事无巨细,务必躬亲,带病操劳,更加重了他的病情。

这天,谭鑫培正在放鸽,忽然传来杨月楼病危的消息。谭鑫培顾不得等鸽子飞回,急忙赶往月楼家中。

杨月楼躺在卧室的床榻之上,大夫正在为他切脉,夫人和儿子小楼守候在一旁。片刻,大夫走到外间,对跟着出来的杨夫人说:"正常的心脉是平脉,像一颗珍珠连续不断地流过。杨先生的心脉,急促而连续不断,带有微曲之象,如摸到革带之钩,看来病势沉重啊!"

"怎样用药?"杨夫人焦急地问。

大夫摇摇头说:"只怕药力难济了。"

说着,大夫和杨夫人又走回杨月楼卧室,对小楼耳语了几句。

这当儿,谭鑫培悄悄走进来,与杨夫人点点头,走到月楼病榻前。

"月楼,我来看你了。"谭鑫培俯身在杨月楼耳旁,轻轻地呼唤。

杨月楼慢慢地从昏迷中醒来,睁开浮肿的双眼,半天才认出谭鑫培。

谭鑫培轻轻拉住杨月楼枯黄的双手,小声问道:"月楼,你好些了吗?"

杨月楼吃力地微微摇动着头,用极其微弱的声音说:"我恐怕不行了。"谭鑫培拉紧了他的手,忙说:"哪里,可别这么说。病来如山倒,病去如抽丝,慢慢养着,等春暖花开就好了。"

月楼惨然一笑,说道:"我的病我知道。我死之后,这三庆班就请你——"

谭鑫培明白他的意思,忙安慰道:"月楼兄弟,你只管安心养病。咱俩都是大老板的徒弟,三庆是咱们的,还有什么说的!"

"还有——"杨月楼吃力地抬起手,指着杨小楼,"他年纪还小,以后,也靠你多关照!"

小楼听了父亲的话,懂事地站起身来,对谭鑫培行了一个礼。

小楼当时十一岁,高高的,瘦瘦的,正在戏班学艺。别看他人小,但很知道刻苦练功,月楼和鑫培都十分喜欢他。

"你放心吧!"谭鑫培抚摸着小楼的头,说道,"从小看大,小楼这孩子身条、扮相没说的,有灵气,又用功,日后必定成个好武生。"

"那么——你就——认他个干儿子,收他为徒吧!"杨月楼几乎用恳求的语调说。

谭鑫培想了想,认真地说:"那敢情好! 干儿子我认了,徒弟我收了!"

月楼嘴角漾起一丝笑意。

次日,谭鑫培又到颐和园演戏,快要散戏的时候,只见一个小太监匆匆走来,附在大总管李莲英耳旁嘀咕了一句。李莲英又朝慈禧小声地禀告了几句什么。

台上的谭鑫培唱完最后一句,向慈禧叩头谢恩时,就听慈禧说:"你们知道吗?'杨猴子'殁了! 才四十一岁,真可惜呀!"

"是啊! 只怕三庆散了,再没有人给您老人家唱猴戏了!"李莲英附和着。

对于月楼的死,许多人感到意外,感叹唏嘘不已,谭鑫培虽然不感到意外,心里却很难受。他对慈禧说:"月楼是难得的文武全才,死得太早,太可惜了!"

"听说杨猴子还有个儿子?"慈禧问。

谭鑫培说:"是啊,叫杨小楼,是块好武生料。"

"多大了?"慈禧问。

"十一岁,正在戏班学徒。"谭鑫培回答。

慈禧颇为惋惜地说:"还是个孩子呐!"

月楼死前,三庆班就已经是矛盾重重。月楼死后,三庆又维持了一年左右的时间,便报散了。三庆可不是一般的戏班,自打乾隆初年在安徽怀宁石牌镇组建以来,已经有一百五十多年的历史。不仅是徽班之首,而且成为京师戏班之冠。三庆班不仅名角荟萃,而且多次入宫演唱,唱红了京师戏园,使得多少戏迷如痴如醉!

三庆报散,戏迷们为之惋惜、失望,三庆的伶人们更有一种说不出的难受和失落的滋味。

过去,程长庚曾有过让谭鑫培执掌三庆的想法。后来,见谭鑫培不听他的劝告,一心改唱须生,便转而物色孙菊仙、杨月楼。杨月楼执掌三庆后,谭鑫培和三庆班若即若离,与杨月楼之间的关系颇为微妙。平心而论,两人互相敬重,私人关系不错,但彼此暗中叫劲、互相竞争也是事实。杨月楼死后,谭鑫培众望所归,本应执掌三庆,但实际上他却未能回去。三庆班由于失去程长庚、杨月楼那样有权威的人物,不可避免地报散,不能归罪于哪一个人。说三庆报散是因谭鑫培百般破坏造成的,更是无稽之谈。

不管别人怎样议论,谭鑫培自有主意。他崇拜程长庚的远见卓识,理解程长庚的运筹安排;他也感激杨月楼对自己的信任,把三庆托付给他,把儿子小楼也托付给他。

谭鑫培和许多三庆人一起为杨月楼办完后事,便正式认小楼为干儿子,并按照谭家的辈分,为小楼取了个"嘉训"的名字。他既关心小楼的衣食住行,更关心小楼的技艺。

光绪十八年(1892),谭鑫培四十五岁。这一年,他联合"小三庆"班的王楞仙、陈德霖等人,集资恢复三庆。

关于陈德霖,上文已作介绍,此处介绍一下王楞仙。他生于咸丰九年(1859),北京人,十一岁拜徐小香之弟徐阿三为师,习小生,并经常观摩徐小香的戏,获益匪浅。光绪八年(1882),小香返回苏州前,朋友为之饯别。小香回岫云堂寓所收拾行囊,王楞仙侍立一旁,依依不舍,不停地念叨着:"若知师傅回南方,我早就来送师傅了!"徐小香深受感动,立即改变主意,说道:"本来我马上就要动身回苏州的,可是觉得实在对不住你。好吧,我再留住一年吧! 从明天起,就给你说戏!"王楞仙感动得热泪涌出眼眶,扑通一声跪倒在徐小香脚下。徐小香连忙把他扶起,师徒俩拥抱在一起。从此,小香倾囊传授,王楞仙如饥似渴地学习。

王楞仙得到徐小香的真传,文武昆乱无一不精,师徒仅差毫厘。楞仙的嗓音比小香略逊一筹,但他的穷生戏有其独到之处。他曾与谭鑫培合演《状元谱》,饰陈大官,旗鼓相当,堪称"双绝"。

三庆恢复了,并不断增加新人。这一年,十二岁的王瑶卿来到了三庆"大下处"。王瑶卿祖籍江苏清江浦(今淮阴),其父王彩林于道光末年随戏班来京,成为活跃于咸、同年间京师舞台的著名昆旦。瑶卿生于北京,自幼受到昆曲的熏陶。入三庆后开始从著名武生前辈崇富贵练基本功,同时拜旦角名宿田宝琳,专学青衣。十四岁首次登台,挑帘而红,一举博得梨园内外行一致赞许,成为三庆名伶。

三庆班恢复后,谭鑫培主要在戏园演戏,有时也入宫献艺,或者唱堂会。一次,三庆班在宣武门外的铁财盛馆唱堂会戏《桑园寄子》。此戏取材于《东晋演义》,元杂剧和明清传奇里均有这个剧目。

《桑园寄子》写邓伯道之弟，中年丧命，临终将儿子邓方托付给邓伯道抚养。周年之期，邓伯道带邓方及自己的儿子邓元上坟祭奠，痛哭尽哀。忽闻黑水国作乱，邓伯道即归家，携弟媳及子侄出走。途中，弟媳为番兵掳去，子侄年幼，不能行走，均须邓伯道背负。邓伯道年迈，无力同时背负两人，断然将其子缚于桑园，留下血书，携侄逃跑。伯道弟媳从番营逃出，至桑园，见邓元被缚，惊问其故，知伯道有此义举，遂将邓元收为义子，往潼关投亲。

余三胜常演此戏，谭鑫培看过他的演出，学会了这出戏，基本上按照余三胜的路子，但在唱念上又做了不少改动和加工，比原来更加合理，更有光彩。

谭鑫培在剧中扮演邓伯道，而邓方则是由十四岁的萧长华扮演的。萧长华原籍江西新建，祖辈客居江苏扬州，他本人则生于北京的著名梨园世家。他的伯父永寿是著名旦角，父永康艺名镇奎，是与程长庚、卢胜奎、杨月楼等同时期并同台献艺的著名丑角。长华四岁丧母，随父生活，九岁入北京琉璃厂东门百花园春云书屋读书，十一岁投师昆生孙文波门下，取名"宝铭"。又师从周长山、曹文奎、周长顺、裕云鹏等学老生、老旦及小丑，十二岁出台演娃娃生。登台才两年，便为大名鼎鼎的谭鑫培配戏。谭鑫培与永康、永寿都很熟悉，他非常喜欢聪明伶俐的萧长华，所以约他演出，两个人配合得颇为默契。

三、精益求精

四十五岁以后，谭鑫培的名声越来越大，演出越来越多。戏份也由同（治）、光（绪）之际的一工戏四吊至八吊（每吊合当时铜元十枚），增至二十四吊至四十吊。收入大大增加，生活有了保障，谭鑫培投入更大的精力去琢磨、加工自己经常演的戏，其中有武戏，更多的则是须生戏，如《恶虎村》、《琼林宴》、《李陵碑》、《空城计》、《四郎探母》、《盗宗卷》、《击鼓骂曹》、《御碑亭》、《南阳关》、《战太平》、《战长沙》、《翠屏山》等。

《恶虎村》系京剧"八大拿"黄天霸系列故事之一，本事见于《施公案》第六十回至六十八回。剧名最早见于道光四年（1824）《庆升平班戏目》，据说是咸丰年间武生沈小庆编撰。沈小庆因事系狱，于狱中取宣和牌三十六张，布置如棋局，编成此剧。说的是黄天霸辞差后，又恐施仕伦途中有失，强邀王梁、王栋尾追而来。施仕

谭鑫培中年便装照

伦行经恶虎村,为濮天雕、武天虬截获,因于庄内。黄天霸赶至,适遇濮、武二人劫神弹子李五的镖车。黄为双方排解后,以拜望二嫂为名,入庄察访,见施仕伦驮轿,知他已被因,乃辞出。是夜,天霸约同王梁、王栋及李五复潜入庄中。这时,濮天雕、武天虬正欲杀害施仕伦,以祭奠绿林死者。黄天霸闯入格斗,举火为号,李五等突然闯入,救出施仕伦,杀死濮天雕、武天虬夫妇等人,并火焚恶虎村。

俞菊笙、黄月山、杨月楼皆擅此剧,谭鑫培不仅常演,还有绝活。他在剧中饰黄天霸,对人物的身世、性格有着深刻的体会。跑粥班时,结交了不少能人、异人。为徐家看家护院时,见识过不少响马、镖客,以及达官显贵、家丁、教师爷等各类人物。所以,他演黄天霸这种人的复杂性格可谓入木三分。戏中,他巧施武功特长大显奇才,演至接还迎送酒坛时,谭立在台中心,各路英雄分立于四斜角,次第将酒坛掷来。谭鑫培从容不迫,乃用右肩头挡去一坛,用左肘尖挡去一坛,用右足尖踢去一坛,用左膝盖撞去一坛。所有四个坛子,完全不用手接手掷,纯以肩、肘、膝、足应付,且能使对方接住决不落地,足见其技艺熟练新颖,高出侪辈。

《琼林宴》又名《问樵闹府》、《打棍出箱》,本事见于《三侠五义》二十三、二十四回,明人传奇有此剧目,原用昆曲演唱,据说被张二奎翻为皮黄。道光四年《庆升平班戏目》已列此剧,为余三胜擅演剧目。张二奎、卢胜奎、许荫棠等也曾演出。

此戏写书生范仲禹进京赴试,试毕探亲,行经南山,其妻及二子走失,下落不明,仲禹甚为焦急。土地奉玉帝旨,化作樵夫,告知仲禹,其妻被老太师葛登云抢去。仲禹至葛府寻妻,葛登云矢口否认抢人之事,仲禹信以为真。这时,天色已晚,便留宿葛府。葛登云派葛虎害仲禹未遂,反被煞神杀死。葛登云闻报,诬范仲禹杀人,命家将打死范仲禹,置于箱中,抬至荒郊焚化。皇榜发布,范仲禹高中状元,但未赴琼林宴。报子奉命各处寻找,盘费用尽,仍不见范仲禹踪影,二人乃拦路抢劫。

适逢葛府家将抬箱前来,被二人打死。开箱观看,范仲禹死而复活,但因惊吓已成疯疾。

谭鑫培看过余三胜的演出,学会了这出戏,但不演全本,单演《问樵闹府·打棍出箱》。谭鑫培虽然不是书生,但在生活中却见过不少像范仲禹这样备受欺凌迫害的善良的书呆子,并对他们的性格和心理有所了解。他准确地把握住范仲禹善良、迂腐、书生气十足的性格特征,运用相应的程式动作和技巧绝活,生动地表现范仲禹精神失常的特征。《问樵闹府》中,范仲禹与樵夫的各种身段,及甩发髯口上的功夫美不胜收。谭鑫培将一只鞋用右足往上一踢,鞋飞起人即坐下,手略扶即将鞋按落头上。虽然是用手按下的,然而一脚踢上去又能落准地方,也实属难能。当然,这里面有些诀窍,必须缩颈翻眼,才能接住。为了克服形象难看,谭鑫培从人物性格出发,活用技巧、绝活,上场就眼光直视,显出精神失常的样子,落鞋坐地,也就显得十分自然,毫无做作了。第四场范仲禹从箱子里出来,他一边唱着"在城隍——"将左脚伸在箱口上,再唱"庙内",将右脚伸在箱口上,再唱"挂了号",身体往上一挺,背靠在箱口右头,两腿在箱口左头,当中悬空,随即又滚落下来,这种"铁板桥"功夫据说是谭鑫培的创造。

《李陵碑》又名《两狼山》、《托兆碰碑》,系根据《杨家将》第十八、十九回生发编撰而成的,但剧中苏武点化入庙、七郎托兆故事则见于无名氏元杂剧《八大王开诏救忠臣》及《昭代箫韶》传奇第二本第十五出。余三胜、孙菊仙、刘鸿昇均工此剧,但因谭鑫培加工而广为流传,一向被列为谭派名剧之一,其[反二黄]唱腔,尤为脍炙人口。

此剧写宋辽交兵,杨令公被困两狼山,派遣七郎突围搬兵。元帅潘仁美与七郎有杀子之仇,故意不发救兵,反诬七郎叛宋,用乱箭将其射死。七郎托梦于父,杨令公遣六郎突围,探听消息。六郎走后,杨令公受苏武点化,入苏武庙,庙中竖李陵碑。杨令公素恨李陵叛汉,复感于被困惨状,遂碰碑而死。

杨令公是一位生不逢时的末路英雄,谭鑫培对这个人物的体验是通过对其父亲谭志道和恩师程长庚的怀念来完成的。谭志道流落京师,没能成为名角,年迈体衰,病魔缠身多年而死。恩师程长庚不服老,衰年争胜,劳累致病,抱恨而终。两位先辈悲愤苍凉之情久久地在脑际萦回,使他体会出老令公的心境,并运用丰富的戏曲表现手段和独到、恰切、充满魅力的技巧、绝活表现出来。按照过去演出惯例,第三场杨令公是披靠上,谭鑫培则改为穿靠上,念到"令公来到此,卸甲——"时,双手往上一扬,靠便向后飞去。检场人于九龙口不动地方,双手托住。谭接着往下念"又丢盔"时,头往后一扬,盔头亦飞去,落在检场人所捧靠上,不偏不斜,万无一失。这种绝技不是侥幸得来,而是谭鑫培深厚扎实的武功基础和勤学苦练的结果,使整场演出大为增辉。据知情人说,谭鑫培出场前,先在后台用一根细线将靠的大襟缝上,待登场后双手上扬时,顺便将线扯断,靠自然飞出。

在唱工方面,谭鑫培也有许多与别人不同之处。如头场[二黄导板]、[回龙]之后,多数均唱[原板],谭鑫培则改唱[快三眼],表现出老令公当时的悲愤苍凉之情。第二场头段[反二黄]、[慢板]唱腔之后,一般均下锣,改唱[原板],为的是使演者稍事休息。谭鑫培唱完头段之后,则接着改唱[快三眼],亮出许多佳腔。谭鑫培常说:"一哭一笑,胜过千腔百调。"唱戏最难的是一哭一笑,假了不行,太真又有何情趣?所以,谭鑫培在《碰碑》中运用了[哭头]和[叫头],以增强艺术感染力。

《空城计》的本事见于《三国演义》第九十五回,是三庆班三国戏保留剧目。余三胜、王九龄、卢胜奎均工此戏。此戏演孔明见王平送来扎营图样,大惊失色,料知街亭难保,急令人速将赵云调回,以防万一。探马不断连报街亭失守,司马懿大军已距西城不远。这时,城中仅有老弱兵卒两千余名。孔明进退两难,乃定计将四门大开,使老军在城外洒扫。老军心中不宁,孔明诈称城内埋伏神兵十万,以安其心。司马懿与其二子来至城下,见城门大开,孔明高踞城楼,抚琴自乐,气定神闲,疑有伏兵,即令全部人马后退四十里。这时,赵云兼程赶来,孔明料定司马懿必重返,遂使赵云在前路埋伏截杀。司马懿探得西城实系空城,立即回军,不料正遇赵云,以为中计,慌忙退走。待探听明确,孔明全部人马均已安全返回汉中。

谭鑫培曾向卢胜奎、王九龄学过此戏,但卢本、王本词句皆极冗长,谭鑫培删繁就简,使词调均佳。"我本是"一段[西皮慢板],慢转轻扬,字音苍老,风靡一时。[二六板]一段,宫体并用,缓急适中,虽似平平叙述,而音节之佳,罕与伦比。即以手中羽扇而论,不高不低,不僵不拖,恰合尺度,展示出武侯雍容而尊贵的气度。

谭鑫培演《空城计》必挂《失亭斩谡》。《失街亭》的大引子是戏中最难念的,他念得字字有劲、声韵悠扬。"三报"神情各有不同,三次"再探",声调高低各异。三探愈逼愈紧,即使像诸葛亮那样足智多谋、老成持重的人亦难免稍露惊惶,但他毕竟能从容镇定,显示出大智大勇。接下去城楼上的饮酒、观书、抚琴,亦将内心的紧张与表面的安闲,绝妙地表现出来。《斩谡》尤称佳作,闻马、王回营请罪之盛怒,闻赵云得胜回营之惊喜,对赵云讲情之不满,以及升帐斩谡步履之失常,均表演得淋漓尽致,不仅眼里有戏,脸上有戏,背上和全身都有戏。"带王平"后的[倒板],"恨"字用齿音翻高,真有咬牙切齿之慨。后与马谡两次[叫头],声泪俱下,使闻者鼻酸,一种欲斩而不忍、不斩又不可能的两难处境,通过婉转迂回、腔缓韵低的摇板表现出来。

《四郎探母》本事出自《杨家将》第三十五、四十一回。但"探母回令"情节小说不载,据说系张二奎所创。此戏写沙滩赴会,四郎杨延辉被擒,改姓木易,被萧太后收留,招为驸马。十五年后,辽将萧天佐于九龙飞虎峪摆下天门阵,宋帝御驾亲征,佘太君押粮至雁门关口。杨延辉闻讯,欲趁机探望老母,但因两国交战,关口守护正紧,不能如愿。铁镜公主问其心事,杨延辉见隐瞒不过,请公主起誓后将身世说明。公主甚为同情,乃盗令箭一支,令四郎回关探母。杨延辉至雁门关与母亲、妻子会面,相诉离情,因时限已到,一家人只得挥泪告别。杨延辉回到北营,事已败露,萧太后欲依律将其斩首,幸得公主及二位国舅苦苦说情,始得宽恕,并赐人马三千,使四郎把守北天门。

《四郎探母》是谭鑫培的得意之作,出场的"金井锁梧桐"引子十分难念,稍有不慎,其字即倒。谭鑫培念来不但没有倒字,而且字字稳健,抑扬顿挫各极其妙,故每一引嗓便获得满堂彩声。接下去的五句[西皮慢板],腔调各异,尤以"南来雁"一句唱得极为悲壮苍凉。转板大段[二六],虽多至十余句,但无一重腔,无一弱

《四郎探母》,谭鑫培饰杨延辉(右),祝砚溪饰杨延昭

103

字,一气呵成,神妙无穷。[倒板]婉转凄楚,时跌时翻,音调迥异。与公主对唱的[流水],字字起棱,句句变调,最后"叫小番"之嘎调,高入云霄,毫无假借,全得靠真本领。《讨令》、《过关》、《被擒》中的各段[快板],字栉句梳,如行云流水。《兄弟会》之对唱,异常紧凑,[原板]唱得圆润,[散板]转[二六]音调凄惨,表现出母子之情。《哭堂》、《别家》几段[反西皮],悲凉凄楚,使听者伤心落泪。

谭鑫培的《四郎探母》以唱工取胜,表演也极有特色。被擒之吊毛,高而圆,快而稳,可见谭鑫培的腰腿功极好。《回令》戴着手铐见太后,跪着翻两次屁股坐子,圆而且稳,亦为绝活。

《盗宗卷》为须生做工戏,故事不见史传,道光四年《庆升平班戏目》已列有此戏,卢胜奎擅演之。此戏故事梗概为:吕后闻有游方道人前来盗取宗卷,即令张苍取出宗卷焚毁。陈平见到抢救不及,大骂张苍。夜卜八卦,知田子春假扮前来盗卷,乃使夜不收掌灯,沿街叫唤:犯夜者先送御史陈某盘查,再交有司衙门审问。田子春疑是陈平用计,乃故作犯夜,由夜不收带见陈平。陈平告诉他宗卷已被焚毁,田子春大惊,怀疑陈平说谎,并限陈平三日之内交出宗卷,如不按时交回将抄斩全家。陈平无计可施,请来张苍,限他三日交出宗卷,否则有灭门之祸。张苍欲自刎,其子秀玉问明缘故,当即取出宗卷一本。原来,秀玉在张苍病中曾代为管理宗卷,唯恐真卷佚失,遂将真卷藏起,另造假卷,吕后所焚乃是假卷。张苍大喜,立即将儿子所藏真卷取出,付与陈平,并与陈平一起去见田子春,田子春告辞而去。

谭鑫培演这出戏时,有几种绝技。如自刎时之用刀,每次将刀扔出,无论翻几番,落地时柄均朝里,百无一失。看宗卷时几种身段表情十分美观,抖纱帽翅动作十分别致。先是一翅动,再是另一翅动,后来两翅一起颤动,令观众叹为观止。

《盗宗卷》,谭鑫培饰张苍

《击鼓骂曹》系三庆班三国戏之名出,本于《三国演义》第二十三回。演孔融荐祢衡于曹操,曹操怪祢衡礼貌不周,故示轻慢。祢衡借题发挥,大骂曹营文武百官。曹操大怒,罚祢衡于次日宴会时充当鼓史。祢衡后悔前来投靠,于席间脱去蓝衫,赤身露体,播鼓四通,数骂曹操。张辽拔剑欲杀祢衡,曹操怕人议论,遂用借刀杀人之计,派祢衡前往荆州,说刘表归降,祢衡推辞不得,衔恨而去。

程长庚、余三胜、汪桂芬均擅演此戏,列为汪笑侬"五骂"之一,即《骂阎》、《徐母骂曹》、《骂王朗》、《骂杨广》、《击鼓骂曹》。此戏亦是谭鑫培的拿手戏之一。唱工之佳,自不待言。两段[原板]、三段[二六],各有妙处。击鼓乃谭氏之绝技,三通鼓能打出五套花,在[夜深沉]中加入[节节高]、[鬼推磨],于花点音节中流泄出悲愤沉郁之气,据内行说确是[渔阳三挝]。谭鑫培手腕之灵活,技艺之精纯,后辈学谭者即如余叔岩,亦难望其项背。

《御碑亭》是一出故事戏,本事见于《三续今古奇观》第十八回"王有道疑心弃妻子",演王有道应试,其妻孟月华回娘家扫墓,途中遇雨,避于御碑亭下。适有柳生进城应考,亦避雨亭中,二人同处一宿。柳生非礼勿视,非礼勿动,十分规矩。孟月华将避雨一事告诉小姑,小姑又告诉了应试归来的哥哥。王有道大怒,不问青红皂白,将妻休掉。后来,王有道与柳生均得高中,在考官申嵩帮助下,王有道从柳生口中得知那天夜宿御碑亭的真相,后悔莫及,遂奉师命负荆请罪,夫妻言归于好,并将舍妹许与柳生。

谭鑫培演唱此戏时,头场两段[西皮原板],多有佳腔。辞别妻妹,赴京应试时,手持考篮出门,及考毕回家,手持考篮走一小圆场,身段和神态极为美观。苍头销假时,谭鑫培吩咐雇车辆之"白口",沉郁苍凉,将王有道的悲愤情状描摹得声容毕肖。写休书时的[西皮倒板]、[原板]转[流水],一字一泪,凄怆欲绝。夫妻之间由于误会而产生的悲喜交加的表情,表演得十分逼真细腻。末场的对唱,几段流水如珠走玉盘,流利婉转。

《南阳关》本事见于《说唐全传》第十五至第十九回。王九龄曾演此戏。演杨广杀伍建章全家后,伍子云召统领兵马镇守南阳。杨广恐其谋反,即遣韩擒虎为帅,尚师徒、麻叔谋为先锋,前往南阳捉拿云召入京,同时抄斩伍云召全家。伍云召被迫高举反旗,韩擒虎直逼城下,因与伍建章有旧,不忍相逼,且有放生之意。后杨广又派宇文成都增援韩擒虎,云召屡败,南阳朝夕不保,夫人自尽,云召携子弃关出走。成都追逼云召,朱灿借庙中周仓盔铠惊走成都,救得云召脱险。

105

在谭鑫培演出之前,此戏已沦为开场戏。经谭鑫培演唱后,加进几种绝活。并一场四击头下场,跨腿、踢腿、向左跨步转身,双手拉蟒。抬左腿亮相,干净好看。《城楼》一段[西皮倒板]接[慢板]转[二六]及两段[流水],可称绝调。开打虽然不多,架子身段却极美观。夫人自尽时,谭鑫培背朝里站,先左后右地拉住靠裙,成蝴蝶形,然后向右转身,甩发耍髯同时并做,蹉步到夫人自尽处,往前一扑跪倒,干净、利落,实为绝活。

《战太平》本事见于明人小说《英烈传》第二十九回。《明史》"列传"第一百七十七亦载花云事,剧情与史实大体相符。明人张凤翼有《虎符记》传奇,演花云不死,反而射杀陈友谅。明李东阳有《花云将军歌》。此剧唱、念、做、打并重,为靠背老生重头戏。

此戏故事梗概是:花云辅佐朱元璋之侄朱文逊守太平城,旋为北汉王陈友谅所用。陈友谅攻夺采石矶要隘,朱文逊命花云出战,为陈友谅所败。花妻先令花云妾负子装疯逃出,然后自尽。朱文逊因留恋家眷,贻误时机,卒与花云同被擒获。朱文逊向陈友谅伏地乞降,陈友谅鄙而杀之。花云不屈,陈友谅反爱其才,再三以爵位诱降,花云始终不为所动。陈友谅遂将花云缚置高竿,以乱箭射之。花云伪称愿降,即下高竿,奋力冲杀,夺路而出。力竭,自刎而死。其尸犹然屹立不动,陈友谅拜祭后始倒。

谭鑫培每演此戏,必自《金殿》演起,至《自刎》而止,计二十余场。其中有数处绝妙身段,如被擒时身扎硬靠,足蹬厚底靴,翻虎跳干净利索。最为火炽、最为紧张的地方乃是宝帐哭头一场,甩发蹉步,俱称绝活。唱"站的是你老爷将花云"这一句时,由"站"字起,将手中锁链,向上猛掷,成为"朝天一炷香"。落下时,用手一接,正与"将花云"句下之锣合于一处。再如唱"大将难免阵前亡"一段[快三眼]西皮调,双手持刀拨箭之刀花,末场用刀横割敌人之咽喉,表示花云当时已身中数箭疼痛乏力之状等等,无不独具佳妙。

《战长沙》乃三国戏,见于《三国演义》第五十三回,系由宫廷大戏《鼎峙春秋》翻来,道光四年《庆升平班戏目》已有此戏名目。程长庚、余三胜、张二奎、姚起山、汪桂芬、杨月楼均工此戏。谭鑫培演此戏,起霸由白虎门上,特别好看。魏延杀韩宣后,黄忠捧头而哭一段,因无甩发,仅身躯向后,且退且唱,腔调婉转,与退后之身合而为一,令人悠然神往。

《翠屏山》本事见于《水浒传》第四十五、四十六回,明人沈自徵《翠屏山》传奇

《翠屏山》
(右起)谭鑫培饰石秀,余庄儿(余大傻子)饰潘老丈,田桂凤饰潘巧云,余玉琴饰迎儿

和清宫廷大戏《忠义璇图》卷六第二至第八出均演此事。道光四年《庆升平班戏目》已有著录。

此戏演石秀与杨雄结义后寓居其家,为杨雄开设肉店。杨雄之妻潘巧云,与海阇黎通奸,被石秀觉察,以告杨雄。杨雄醉后归家,潘巧云趁机搬弄是非,反诬石秀行为不端。杨雄信以为真,乃与石秀绝交。潘巧云对石秀百般嘲笑侮辱,将其赶出门外。石秀含恨将海阇黎杀死,并获奸情凭证。杨雄这才相信妻子与海阇黎通奸属实,遂与石秀定计,将潘巧云诓至翠屏山杀死。

谭鑫培曾与田际云合演此戏。田际云唱梆子,谭鑫培唱皮黄。谭氏饰石秀,手持账本出场与杨雄见面时的各种态度,后被婢女迎儿所骂,用左脚将大带往肩上一踢,双手往膝盖上一扶的动作,都极为自然。"十三郎"一段[慢板],句句翻高,均有佳腔。酒楼所耍六合刀,技艺不凡。酒保催石秀走,谭鑫培坐在桌子左边,左手扶住桌子一头,右手连刀将桌子抬起,面朝外双目一对,满脸立变杀气,其变化之速实在惊人。

谭鑫培经常演出、反复加工的剧目远不止上面这些,譬如《天堂州》(即《当铜卖马》)、《八大锤》(即《王佐断臂》)、《四进士》也是他的绝活。

谭鑫培系由武生行起而归于老生行。梨园界论老生一门，分为安工、衰派、靠把三种。安工以唱为主，如《天水关》、《二进宫》、《除三害》；衰派纯粹做工，如《状元谱》、《天雷报》、《桑园寄子》；靠把则重武功，披甲执戈，气象威猛，如《战太平》、《定军山》。但安工多失之拘谨，靠把病在粗豪，工衰派者往往有神无韵，形容过分令人生厌。谭鑫培才高艺博，能兼三长，而又融会贯通，不拘一格，无上述之弊病。如他演《举鼎观画》，以安工而兼衰派；演《碰碑》以衰派而兼靠把；而《坐楼》、《汾河湾》则在衰派、安工之间，独饶奇趣；《卖马》、《琼林宴》于靠把、衰派之外独创新声，左右逢源，头头是道，可谓剧中圣者，伶界奇才。

谭鑫培搭三庆班时间很长，但他并不仅仅学程，而是广采博取，没有任何门户之见。从剧目来看，《碰碑》、《珠帘寨》、《桑园寄子》、《打棍出箱》、《定军山》均学余三胜；《乌盆记》学九龄；《状元谱》学程长庚；《镇潭州》学姚起山；《天雷报》拟周长山，而身段汰其冗拙；《空城计》仿卢胜奎，而声韵更为悠扬；其白口科介等剧，如《盗宗卷》、《清官册》、《一捧雪》等，用张二奎之意而变化之，去其粗粝，取其肫切；《空城计》一出，甄择孙小六之腔，而融以己意，遂成新声；《探母》一折本于张二奎规范，并旁引王九龄，但又融入独到的体验，克服了呆滞毛病；《打鱼（渔）杀家》虽王九龄、卢胜奎、刘桂庆、张奎发、冯柱儿、黄月山皆演，但均不带"杀家"，仅姚起山有之，谭鑫培便向姚学"杀家"。《汾河湾》刚出时，李顺亭演薛仁贵，颇有观处，谭鑫培便请他说戏。谭鑫培学长庚，但长庚无武剧，不善扎靠，而谭鑫培身手灵捷，武功精熟，举世无偶。相比之下，月楼、月山亦嫌逊色。

谭鑫培肯学人，能学人，会学人，且善于变化，这正是他人所不及处。有的人因循保守，有的人骄傲自大，永远也看不到自己的不足和缺陷，学不到有用的东西，吸收不到有益的营养。但如果只是学下来，不善于变化，所谓食古不化，囫囵吞枣，那么任凭怎样博学，也不会有什么成就。谭鑫培不论学谁，都认真地学，并加以变化，最后变成自己的东西。有时候不专取一人，而是吸收几个人的营养，凝聚若干人的长处，杂糅锤炼，自成一家。

谭鑫培之所以取得成功，固然得力于他的天赋，同时也离不开他的勤奋刻苦。不要说儿时的幼功，科班的学徒生涯，跑粥班时的艰辛，入京后的遍学名师；即便到了中年，他依然是专心致志，毫不松懈。一次，有人请他演《二进宫》，但他未曾演过，便将剧中词句腔调悉心揣摩，朝夕不肯放松，一个月后便登台演出，一鸣惊人。当时，有人问叫天近况，名丑王长松调侃道："叫天这些日子，吃也是《二进宫》，拉也是《二进宫》，话也不讲，刻刻都想进宫!"由此可见一斑。

谭鑫培老生艺术的突飞猛进，离不开别人的帮助，除了名师外，对他帮助最大的要属鼓师和琴师了。光绪十三年(1887)组建同春班的时候，鼓师是李大、何九，琴师是王云亭。入宫承应前，鼓师便换成李大之弟李五，琴师换成梅雨田。

谭鑫培从长期艺术实践中，深深懂得场面的重要，打鼓佬尤为重中之重。因为打鼓佬是场面的领袖，是一台之主，他的坐处叫九龙口。演出尺寸的快慢、气氛的渲染、情绪的烘托，都由打鼓佬统领，他必须对整个文武场面了然于胸，有全盘的掌握，同时还要对演员的表演风格十分了解，与演员息息相通，才能得心应手。

谭鑫培曾经吃过场面不硬的亏。一次演《南天门》，鼓师刘顺因故未到，临时找了位未曾与谭合作过的鼓师代打。陈德霖扮的小姐在帘内唱完了一句[导板]"急忙忙走得慌"，场面按例应起[乱锤]，谭鑫培扮的曹福跟着"哐哐"的锣声，紧张地上场，先向前一扑，小姐把他搀住，他接唱下句"虎口内逃出了两只羊"。但打鼓的不知是懵了还是忘了，给谭鑫培起了个"长尖一收"，使得谭鑫培出不了台。鼓师瞧曹福不上，情知不妙，心慌意乱中又改打了一个[冲头]接[丝边]。谭鑫培窝在台帘里只是摇头，还是出不来。后台的人慌了手脚，忙提醒鼓师"起[乱锤]"，这才使谭鑫培出了场。

还有一次，谭鑫培演《四郎探母》"回令"一场，太后赦了驸马，按照常例，驸马该进去更衣。鼓师此刻却未能打相应的锣鼓点，谭鑫培正背着脸坐在垫子上，听着不对劲儿，忙冲着场面低声说："阴锣! 阴锣!"经过提示，鼓师才醒过来。

李五在当时的打鼓佬中堪称佼佼者，其特征是鼓点简洁大方，不落俗套，与演员的唱念做打趁节赴拍，动合自然。他仰慕谭鑫培的艺术，但却有高傲的性格，表面上彼此互不请教，可是到了台上，则打的唱得如胶似漆、黏合无缝。不论谭鑫培怎样唱做，李五的鼓均能指挥若定，操纵驾驭着整个舞台。

琴师梅雨田，小名大琐。梅巧玲的长子，梅兰芳的伯父。兰芳少孤，由他抚养长大。梅雨田生得肥胖而肤润，能以手发音。他的耳音极好，乐感极强，闻声即能模仿，而且无不惟妙惟肖。他能吹昆曲四百余出，胡琴拉得尤好。几十年来，他被誉为京师第一琴师，高下宏纤，无不如意，凡是人的歌喉所能唱出来的声音，他的琴弦全都能达到，而且丝丝入扣。谭鑫培好创新声，往往别出心裁，不落前人窠臼。别的琴师虽竭手足耳目之力难以胜任，惟梅雨田之琴能紧紧相随。所以，几十年来，谭鑫培视雨田如左右手不可一日离开。所以，著名票友、京剧音乐家陈彦衡在

《旧剧丛谈》中说:"自雨田、李五为鑫培专司琴鼓,正如左辅右弼,缺一不可,一时称为双绝。"

谭鑫培与鼓师和琴师几乎是天天在一起研究琢磨。我说这句该怎么唱,你说胡琴应该怎样托?怎样补?他则说鼓该怎么加点,段段好腔往往就是这么产生的。

谭鑫培是名角,鼓师和琴师也都是名手,三人各有各的高招,旗鼓相当,谁也不肯听命于人,谁也不愿附和于人,有时候讨论半天也没有一个结果。但是,三个人都有很强的判别鉴赏能力,又都视艺如命,执艺如痴,从善如流。所以,一到台上,又能配合得十分默契,真是令人叫绝!

谭鑫培改戏、磨戏讲究的是戏理、戏情,为了使剧情顺畅、人物合理,他时常改动剧本情节,改动唱词,改动唱腔。谭鑫培的每句唱腔都是经过反复琢磨、精心设计的,决不以卖弄技巧取胜。最典型的一个例子是《四郎探母》。他既承继张二奎的唱法,又不死守前人窠臼。在《出关》一场,四郎有句名唱是"泪汪汪哭出了雁门关",张二奎唱时拉长腔。谭鑫培认为,四郎此刻探母心切,行色匆匆,拉长腔不合理,便改用急促的短腔。一次堂会上,达官显贵们纷纷要求谭鑫培按照张二奎的唱法来唱这一句,以过过戏瘾。谭鑫培婉言谢绝,说道:"唱戏得讲戏情戏理!"

谭鑫培对装扮、服饰也很讲究,符合戏情戏理,紧紧围绕着人物。无论所演袍带戏、扎靠戏或衰派戏,朝靴云履,均求大小适足。演古戏,衣式必择与古制相合者,决不追求流俗,将时样彩绣,屏置不顾。有人讥讽他老气横秋,他听后笑道,"旧不旧,老不老,不在于表面的式样和颜色,我谭鑫培不过是一介伶工,怎么敢矫情违众?但只要我登台献技,就化身为戏中人物,他们各有各的身分,各有各的制度,我怎么能为了取媚于流俗就一味地踵事增华,不顾戏情戏理呢?"

自然,由于谭鑫培从小家贫,没有正经念过书,有时难免心有余而力不足,甚至闹出一些笑话。如在《连营寨》中,把"洗颈待戮"的"戮"字误读为"戳"字,遭到人们的讥笑。在《张良进履》中,把"圯"字读成"吉"字。修改戏词时,有时难免自作聪明,《探母》《汾河湾》的改词中,也有不符合剧情、经不起推敲的漏洞。

谭鑫培中年成名后,很快意识到这些缺陷,开始识字念书,学习字韵,常和票界考究字韵的文士共同研究。在中州韵的基础上,以湖广音结合中州韵的方法,以字行腔,既畅晓又动听。

第七章　多事之秋

一、宫廷内外

19 世纪末叶是个多事之秋，更是中华民族灾难深重的年代。1894 年爆发中日战争，最后以大清朝的惨败而告终，签订了屈辱的《马关条约》。痛定思痛之下，以康有为、梁启超为首的知识分子试图变法维新，但新政仅实行百余日，就被慈禧血腥镇压，"戊戌变法"旋告失败。中华民族眼前依旧一片黑暗。

梨园界除了极少数人如田际云曾为光绪帝采买新书，为维新派人士传递信息外，绝大多数人都不曾真切地感受到这次变法。民籍艺人照样入宫承应，照样赴堂会演出，戏园子里照样是急管繁弦，紧锣密鼓。

谭鑫培是一位爱国的、有正义感和是非观念的民间艺人。他对黑暗政治不满，对黎民百姓同情，但对慈禧的知遇和提携又感恩戴德。面对变幻的时代风云和复杂的人情世态，他难免感到困惑和迷惘，思想处在矛盾之中。为了排除苦恼和惆怅，他只能潜心于戏。不停地学，不停地改，不停地磨，不停地演，不停地提高自己的修养，使自己成为文武昆乱不挡的全能型演员，摸索着创建全能型的表演体系。只有这样，他才能自立于梨园，自立于社会，生存下去，并求得发展。所以，处在这种风云变幻的多事之秋，谭鑫培的演出反倒更加频繁。这不能怪他不关心社稷，不关心黎民。作为一名艺人，朝政离他太远，变法离他太远，人生道路和职业身分决

谭鑫培便装照

定着他的生存方式和活动方式。他是一个艺人,而不是启蒙者、先驱者,他信奉靠本事吃饭的信条,清清白白地唱戏,老老实实地做人。

慈安太后去世后,光绪和慈禧的关系还比较密切而融洽。帝、后经常在一起观剧,但他们所喜欢的伶人却不一样。慈禧喜欢杨月楼父子、谭鑫培等人,而光绪最喜梆子艺人侯俊山、田际云。

维新思潮兴起后,帝、后之间的隔阂越来越明显,矛盾日益尖锐,在一起看戏少了,有时还借着看戏发泄情绪。这一年,光绪庆寿,在宫中演戏,太后故意点了《造白袍》(即《连营寨》),全堂行头包括桌围、椅披都是新做的,崭新一堂白。谭鑫培扮刘备出场,看到满台白色,心里

直犯嘀咕:"庆寿怎么点这出戏呢?下面就接《白帝城》(刘备归天),该有多丧气!看来,传说两宫不和是有由头的。"

还有一天,宫中演《天雷报》,谭鑫培扮张元秀,小生鲍福山(艺名鲍黑子)扮张继保。鲍福山把继保中状元后忘恩负义的神气演得十分逼真,慈禧传旨打张继保的板子。当然,只不过像戏里一样,象征性地假打。一边打,鲍黑子嘴里还哼哼着,假装疼痛。等打完了,又赏鲍福山十两银子。慈禧这样做并不是发疯,而是借此扫光绪的脸面。因为光绪不是她亲生的儿子,是她把光绪推上九五之尊的,光绪不仅不报恩、不听话,还听信维新派的话,打她的主意。光绪和康有为商量变法时,太后曾在背后骂光绪是"夜猫子"(猫头鹰),又对身边太监说:"我把他拉扯大啦,他跟我不掏良心。"一怒之下,折断了葱管似的长指甲。

尽管不受光绪皇帝待见,谭鑫培却很佩服光绪,对光绪帝推行的新政很赞成,对光绪帝被囚瀛台更是充满了同情。他心想:太后与皇帝本有姨甥骨肉之亲,共同护守着大清江山,一荣俱荣,一损俱损,有什么事情不好商量?有什么过不去的坎儿?他担心慈禧太后与光绪帝之间闹出乱子,希望帝、后和睦相处,大清江山永

固。天下太平了，他们唱戏的才有好日子过。

谭鑫培没有田际云那样的眼光和胆略，敢和维新派人士有联系，替光绪帝传递信息。他怕得罪慈禧，所以，尽管同情光绪，也只能采取他所能用的方式表达自己的意愿。这天，慈禧命谭鑫培等连演关张遇害、刘备伐东吴、陆逊火烧连营、蜀军大败、刘备白帝城托孤这一段故事。谭鑫培饰刘备，演至火烧连营翻吊毛时，他故意以额角触地，鲜血直流，做出昏厥的样子。他想用这种表演使正在看戏的慈禧震惊，产生联想，引发恻隐之心，宽宥同为帝王的光绪。

聪明的慈禧早从谭鑫培的眼神和动作里领略到他的一片苦心和用意，但她仍心硬如铁，佯装不解，始终不为所动。只是夸谭鑫培演得好，散戏后赏银两百两，供他养伤，其他只字未提。但慈禧在心里却十分欣赏谭鑫培的这种"优谏"的古风和智慧，为他的一片忠心所感动。所以，对谭鑫培愈加宠爱，更加频繁地召他进颐和园演戏。

除了伺候慈禧，谭鑫培还要伺候朝中权贵。有一天，那琴轩（那桐）相国派人来，约请谭鑫培到金鱼胡同他的府宅叙话。谭鑫培与那相国交谊颇深，过从甚密，立即命人套车前往。不一会工夫，就来到金鱼胡同那宅门前。

门人将谭鑫培引至书斋坐定，早有仆人捧上香茶。寒暄已毕，那相国说："谭叫天，明天庆王爷堂会，由我来做戏提调，你的大轴，还请多卖力气。"

"不知有哪些戏码？"谭鑫培问。

那相国扳着指头，边想边说："有汪大头的《文昭关》，余玉琴的《能仁寺》，路三宝的《双钉计》，老俞的《挑滑车》，孙菊仙、陈德霖的《朱砂痣》和《卖子》，再就是你的《定军山》了。"说着，取出戏单递给谭鑫培。

谭鑫培看了看说："既然相国吩咐，哪有不尽心的道理。"

次日，庆王爷堂会演毕，已是掌灯时分。谭鑫培到烟房抽烟去了，但庆王及各位王公大人兴犹未尽，都想让谭鑫培再演一出，又觉得不好启齿。杨吏部走到那桐相国面前，笑道："大家不尽兴，想请谭叫天再唱一出。要请叫天，只有您有面子！"

"是啊！"大家附和着，"那相国，再烦劳一次吧！"

那桐见大家兴致这么高，慨然答道："好吧！"于是走进烟房，见谭鑫培正躺在烟榻上喷云吐雾，笑道："叫天，你今天可真受累了！"

谭鑫培摇摇手说："没什么。"

那桐夸道："手、眼、身、步、法，样样全好，各位大人没有一个不佩服的。但本家王爷还不大尽兴,没过够戏瘾,想请您再来一出怎么样?"

谭鑫培这时已经抽了几口,感到疲劳解除,浑身通泰,精神慢慢恢复过来了,笑道:"相国有命,我怎敢不遵呢?只是明天颐和园听鹂馆的戏最为吃紧,倘或误了差事,我可担待不起呀!您瞧着办吧!"

"不要紧!"那琴轩笑道,"明天说明天的,今个儿说今个儿的。庆王爷等着您呢,您还得多受累,听说您的《打棍出箱》又有了点新玩艺儿,干脆就演这出吧!"

谭鑫培听他点《打棍出箱》,不由得暗暗叫苦,说道:"呵,我的大人!您这个戏提调可真会点戏呀!"他想换一出,但那琴轩硬磨软泡,非要让谭鑫培唱这一出不可。谭鑫培没有办法,只好答应下来。

谭鑫培这天晚上演《打棍出箱》时,运用《恶虎村》走边之身段,脚往内拐,手往外转,快如风车,绝不一边顺。见煞神时,惊惧之极,头发随心而转动,利落无比。滚背、吊毛、踢鞋上头、甩发、眼神、髯口,无不玲珑如意,唱腔尤为入耳。

演完戏,洗完脸,卸完装,那相国陪谭鑫培一同来到烟房吸鸦片,仆人送上香茶及各种精细小巧的点心和干鲜果品。谭鑫培连演两场,十分疲乏,随即躺下吸烟,烟童侍立一旁。

吸完烟,谭鑫培的精神渐渐恢复过来,一边吃茶,一边坐起身来和那琴轩聊天。从秦腔梆子班聊到跷功,从诸葛亮的靴子聊到萧恩的靸鞋,直到凌晨才眯了一阵,天亮赶紧洗漱梳理,乘车往颐和园而去。

进了东宫门,绕过万寿殿、玉澜堂,穿过长廊,来到听鹂馆,已是卯时了。大总管李莲英早等得不耐烦了,因为早该谭鑫培上场,今天他演《伐东吴》(《大报仇》)之黄忠外带《起箭》。

李莲英见谭鑫培姗姗来迟,吩咐张凤岐垫上一出《反西凉》,好腾出时间来让谭鑫培扮装上场。他以为谭鑫培故意迟到,不无怒气地说:"好你个小叫天,真是胆大包天啊!早给你捎信了,还来这么晚,故意误差使。今个儿可是老佛爷点的戏,回头奏明老佛爷,你就等着瞧吧!"

谭鑫培也有点害怕了,忙哀求道:"请大总管多多美言,多多美言。"

正说着,只听太后一边看戏,一边赞不绝口地说:"小张七(即张凤岐)唱得真不含糊,你瞧他,从桌子上旋风似的蹦下来,还转了一个身,带着椅子走趋步,真叫不容易!"

"是啊!是啊!"李莲英赶忙来到太后身旁,一边附和着,一边侍候着。

慈禧突然扭过脸，问李莲英："这出戏是垫的吧？"

"是！"李莲英还没有反应过来，顺口答道。

"这是谁的主意？"慈禧的口气里带着明显的不高兴。

李莲英见事情不妙，支支吾吾地说："这个嘛……也是没有办法的办法。"

"大概是小叫天来晚了吧？"慈禧又问。

"可不是嘛！我足足等他一个时辰！"李莲英哪里肯替谭鑫培说半句好话！

慈禧听罢，好像有些生气地说："等唱完了，把他叫来，我要亲自问话。"

"喳！"李莲英立即答应，脸上掠过一丝得意的笑容。

《伐东吴》刚完，李莲英就飞步来到后台，叫道："小叫天，老祖宗叫你呢！快快洗脸，跟我走。"谭鑫培抹了把脸，急忙随李莲英来到慈禧寝宫乐寿堂，跪在丹墀之下。

"小叫天！"慈禧太后问道，"你今天怎么来迟了呢？干什么去了？"

谭鑫培不敢说出实情，又怕撒谎露出破绽，灵机一动，说道："奴才蒙老佛爷天地之恩，宫内承差，碎身难报，怎敢无故误差？实在因为昨夜吊嗓，今天贪睡，为黄粱扰，天亮才醒。奴才罪该万死，请老佛爷治罪！"

梨园迷信，有约定俗成之规矩，台前不言"更"，台后不言"梦"，以"金"代"更"，以"黄粱"代"梦"。所以，谭鑫培把为梦所扰说成"为黄粱扰"。

慈禧又问道："知道你今日进宫，难道家里人不叫你吗？"

谭鑫培把头低得更低了，小声说道："奴才家教素严，儿辈不敢惊醒，以致误事。"

没想到慈禧听罢不但不加罪，不震怒，反而对大总管李莲英及左右笑道："你们瞧瞧，他一个唱戏的，家规倒很严呢！你们呢，也学着点儿！"回过头来，又对谭鑫培说："姑念初犯，不宜加刑。家规素严，齐家有方，赏银五十两，锦缎两匹。"

"多谢老佛爷龙恩。"谭鑫培又惊又喜，叩头领赏而退。

慈禧陶醉于谭鑫培的技艺，更欣赏他的为人。谭鑫培是一个既有心眼又不惹事的名角。

若论玩艺儿，慈禧也很欣赏梆子名旦田际云（想九霄）、皮黄名丑刘赶三。田际云光绪十八年（1892）就入宫承应，扮相美似天仙，名噪京沪。但戊戌变法前后，田际云同情维新派人士。他听说太后与光绪有矛盾，光绪喜欢看书，便四处购买新书进呈。康有为、梁启超知田际云胆识过人，见闻广博，便通过他传递信息。戊戌变法失败后,田际云因参与谋反,逃往上海。守旧派大臣非常恨他,后奉太后懿旨才赦免其罪,仍命他回宫供差。但无论如何,佛缘大不如以前了。

名丑刘赶三与黄三雄、杨鸣玉同负盛名,曾做过精忠庙庙首,名列《同光十三绝》图谱之中。他一身是胆,铁骨钢肠,以敢言时政而蜚声梨园,却故意以"保身堂"命其宅名。处在内忧外患、丧权辱国之时,他效法古代优人诡谏,放言无忌,借题发挥,于嬉笑怒骂之中巧呈辩才,对腐朽黑暗的朝政大张挞伐,使匹夫扬眉,庶民吐气。

譬如,咸丰帝(文宗)驾崩时,赶三正在阜成园演《南庙请医》。人们都知道咸丰帝是因花柳病而丧生的,为尊者讳而谎称死于天花。当时谁也不敢说出真相,赶三却在演剧中借题发挥,借医生之口说道:"东华门我是不去的,因为那门儿里头有家阔哥儿,新近害了病,找我去治。他害的是梅毒,我还当是出天花呢!一剂药下去就死啦。我要再去东华门,被人家瞧见,那还有小命儿吗?"东华门即是皇宫所在,台下听戏的人无不咋舌,有人说:"刘赶三是不是疯了?不疯,怎么那么大胆子?!"

有人劝他:"咸丰皇帝是一国之君,作为臣民应为尊者讳。幸亏这戏园子里面没有皇亲国戚,否则,你还有命吗?"

刘赶三却正颜厉色地说:"咸丰在位,不思拯民救国,却花天酒地,酿成恶疾,实在是祸由自取。秃子头上的虱子明摆着,可以蒙蔽一方,但不能欺骗天下人。"

刘赶三被召为供奉后,一天,慈禧命他演《十八扯》。赶三饰皇帝,临入座,忽吊场念道:"你看我为假皇帝,尚能坐,他那真皇帝却天天侍立,何曾坐过?"赶三这样说,显然有所指。原来慈禧太后与光绪结怨,待光绪极为苛刻。每次观剧,慈禧坐在后堂中,而令光绪立于一侧,视同仆人。赶三在舞台上为光绪鸣不平。慈禧为了掩住众人之口,从此之后,每次看戏都给光绪赐坐。有人评价这件事情说:"赶三的吊场词编得好,巧妙地刺中慈禧,又使她欲怒无从,欲责无由。赶三真有古代优孟之风啊!"

刘赶三敢于把矛头对准最高封建统治者,更毫不留情地大胆揭露"一人之下,万人之上"的权贵们。甲午战争后,权倾内外的李鸿章代表清廷签订了《马关条约》。都人议论纷纷,怀疑他有不臣之志。一次,李鸿章为招待外宾演堂会戏,赶三饰《大名府》之李固,在台上借李固之口讽刺李鸿章说:"如今这份家私,可要算是我姓李的了!"顿时,全场哗然。另一次演《鸿鸾禧》,赶三扮丐头,当移交替人时,掷帽中所插草把说:"拔去双眼花翎。"又脱其衣说,"剥去黄马褂!"显然是讽刺李鸿章的,因为当时慈禧为找替罪羊,转移国人视线,欺骗舆论,拔去了李鸿章的花翎,脱去了他的黄马褂。

李鸿章的侄子也在台下看戏,十分恼怒,命人将赶三送往官府杖击四十。后来,待舆论平息后,慈禧又恢复了李鸿章的花翎和黄马褂。对此,赶三在演《丑表功》时,借鸨儿之口插科打诨道:"你别瞧我鸨儿不起,我还是钦赐黄马褂、赏赐双眼花翎的全权钦差大臣呢!"

还有一次,刘赶三在宫中演《思志诚》,扮妓院老鸨。当剧情进展到嫖客进院时,适逢惇王、恭王、醇王进场看戏。惇王行五,恭王行六,醇王行七,就在三位王爷将要落座之际,赶三随机应变,大声高呼道:"老五、老六、老七,出来见客呀!"台下哗然,哄笑不止。

像刘赶三这样大智大勇、锋芒毕露的名伶,慈禧当然不会喜欢。

慈禧太后最为赏识的是杨月楼、谭鑫培这样规规矩矩、埋头从艺、安分守己、从不惹事的名伶。

杨月楼死后,其子小楼入宫。其扮相英伟,说白有韵致,举手投足莫不中节。慈禧因思月楼而特别宠爱小楼,不叫他小楼,而叫他"小杨猴子"。因为他也像乃父一样擅演猴戏,在《水帘洞》中饰悟空,身手矫健灵活,亚赛真猴。一天,小楼在宫中为慈禧和光绪演《长坂坡》。看着台上赵子龙于万马丛中单骑救主的神威,想想国势日危、朝中无人的现状,慈禧不禁忧从中来。她回过头来看光绪,光绪也是一脸愁容。看着看着,两行清泪不觉地从眼角流了出来……

比起杨月楼父子,谭鑫培的佛缘更大。譬如前面所述,谭鑫培误了差,不光没受罚,还受到封赏,这对于一般艺人来说实在是难以想象的事情。李莲英本想借机整一整谭鑫培,以泄半天苦等之愤,没想到老佛爷如此开恩,他心头老大的不痛快,话里话外地嘲打谭鑫培。谭鑫培深知李莲英心狠手辣,得罪不起,再三感谢李莲英的关照,并特地请李莲英到大外廊营本宅吃饭,请名净黄月山(黄三)、名旦陈德霖(石头)及杨大人、魏大人作陪。

席间,李莲英举起酒杯对谭鑫培说:"嘿!叫天!你可真有造化。误了差使,老佛爷不但没降罪,反倒夸奖你半天!"

听那酸不溜的口气,谭鑫培忙笑道:"就凭我一个唱戏的,能到这个地步?还不是全仗着大总管您的关照?"

"得啦!"杨大人说,"既然托大总管老爷的福,还不好好地谢谢他老人家?!"

"那是一定喽!"谭鑫培说,"可怎么谢呢? 要说送东西,大总管老爷什么好的东西没见过? 就连那古月轩的鼻烟壶,上面还有郎世宁的画片,都是老爷赏给我的呢! 要说送绸缎吧,绫罗绸缎之类,老爷子都穿腻了,更不用提吃的、喝的。您说,我拿什么孝敬他老人家?"

谭鑫培一边说着,一边笑眯眯地看着李莲英那张不男不女、深不可测的肥脸。

大概是因为听到许多颂扬的话,李莲英显出几分高兴的样子,指着谭鑫培说:"好你个瓷公鸡,一毛不拔,反倒说得头头是道。得了,你别挨骂啦,吃菜吧! 我本不能喝酒,刚喝了五六盅,横竖快成了老阿拉吧!"

谭鑫培端起一盅酒送到李莲英面前,说道:"何至于此! 谁不知道您的海量,再敬您一盅,请您赏脸。"

杨大人、魏大人、陈德霖也都站起来说道:"一人敬您一盅!"

唯独黄月山坐在那里,低头不语。

"你们这是成心灌我呀! 那可不行。"李莲英说是这么说,酒还是照喝。平日他倒不怎么饮酒,今日酒瘾上来了,想喝个痛快。

等喝完酒,吃罢饭,饮茶抽烟的工夫,李莲英猛抬头一看钟,叫道:"呵! 坏了! 今儿我要误差了!"说罢,立刻起身,吩咐套车,匆匆而去。

杨大人对谭鑫培说:"你真行,请他吃饭,他居然来了,可不容易呀!"说到这里,咬住谭鑫培的耳朵,低声说,"你可也太坏了! 不住地敬酒,他八成要误差了。"

"大人言重了,我哪敢呢!"谭鑫培眼光中流露出一丝不易觉察的狡黠,杨大人会意地哈哈大笑。

又过了两天,慈禧太后命艺人们在宁寿宫戏楼演戏。谭鑫培早早地来到了,问李莲英:"什么戏码?"

李莲英把两手一摊,双肩一耸,说道:"我也不知道哇!"

谭鑫培盯住他的脸,仿佛要从上面读出什么来,试探说:"老爷子您反正知道一点儿,您要疼我呢,就透个信儿;如不疼我呢,我也不敢再问了,反正在您手心里头呢,是不是?"

"你呀!"李莲英有吃逗吃捧的毛病,听谭鑫培这么说,反倒乐了,说道,"真是个精明鬼,嘴头儿真叫甜。反正我不告诉你,叫你着一阵急。"

谭鑫培心里有了底儿,继续恳求道:"您行行好吧! 告诉我,不就踏实了?"

"告诉你也可以,你怎么谢我呢?"

"请您吃饭好不好?"谭鑫培故意装出一副真诚严肃的样子说。

"呸!"李莲英陡然变色,怒道,"还提吃饭呢! 那天只顾在你家喝酒,误了差,叫老佛爷好一顿剋。"

"是吗?"谭鑫培故意吃惊地说道。看着李莲英愠怒的样子,想起杨大人的话,不禁心头一阵窃喜,但他努力克制着,不敢流露出一丝一毫。若是让李莲英看破,那可就有罪受了。

谭鑫培接着软磨李莲英,后来,李莲英也耐不住了,说道:"我真服了你的这份磨功了,好吧,告诉你吧! 老祖宗叫你先演《盗魂铃》,你去八戒,接着反串《溪皇庄》,你的贾亮。"

谭鑫培听了,心头一怔,不由得叫出声来:"两出全不是本工,要了命了!"

李莲英不无讥讽地说:"都说你谭叫天聪明绝顶,文武昆乱不挡,这回就看你的了。"

谭鑫培突然意识到:今天这戏码说不定是李莲英给老佛爷出的谋。明明知道我不会,故意让我唱,这不是有意让我丢丑现眼,报那日敬酒之仇吗? 想到这里,不免憋了一口闷气。

谭鑫培想去求李莲英改改戏码。但稍一转念,便觉不妥。老佛爷点的戏,说不会也不行,那叫抗旨不遵。老佛爷怪罪下来,可不是闹着玩的。没有法子,只得领旨,准备演出。

紧急之中,谭鑫培想到常演大狮子的王长林,恰巧今天他也入宫了。谭鑫培急忙找到他,问《盗魂铃》中的八戒怎么演法? 王长林常和鑫培同台演出,交情不错,抓紧时间说了个大概。刚说完,开戏的锣鼓就敲起来了。

《盗魂铃》是《九狮岭》的一个片断,是以武旦为主的闹妖戏。说的是九狮岭上有九头狮子,兴妖作怪,残害生灵。他们闻知唐僧取经路过这里,就准备利用"魂铃"这个法宝去劫取唐僧,吃唐僧肉,以求长生不老。所谓魂铃,就是系在狮王颈下的铃铛。早年演出时,先要"跳形",上九只狮子。而后"坐洞",上小妖,议论如何劫取唐僧,下边接着就是八戒探路、遇妖、盗铃、擒妖开打。八戒被女妖引进洞中,看到女妖有只一摇就能摄人灵魂的宝贝魂铃。但他盗铃不成,反被追赶,多亏悟空赶来降伏妖魔,才解了围。这是一出以猪八戒为主要角色的闹戏,以丑角应工,没有大段唱。

谭鑫培没有完全按照旧路子演,没上场之前,就先来了个"龙凤阁内把衣换"的[西皮导板],先声夺人,别开生面。上台后,接着就是东一句、西一句的[原板],只要押韵合辙,不管是什么戏里的,就给唱上了。加上表情、身段、把子的配合,声情并茂,别具一格。

见到狮子后,谭鑫培加上一大段"先瞧头,后瞧脚,再看模样好不好"的数来宝。后边开打更是既滑稽又火爆,从三张桌子上翻下的"台蛮"令人心惊。由于谭鑫培有武丑、武生的底子,要唱能唱,要打能打,竟把这折戏给演绝了。

慈禧一边看,一边大笑不止,对各王妃命妇们说:"这反串怪有意思,大花脸愣学小媳妇,扭扭捏捏的真好笑,真痛快,回头得多吃上两碗。"回头又对李莲英说,"一会儿赏这出戏的人,不论是谁,有一个算一个,每人十两银子,一匹宫绸。"李莲英连连答应,正待要去,慈禧又吩咐道,"你把谭叫天叫出来,我另给赏赐!"

等把《溪皇庄》唱完,李莲英把谭鑫培带到慈禧住处。

谭鑫培跪到丹墀之下,听慈禧说道:"今天真难为你了! 两出戏都不是本工,可是唱起来不觉得怎么不像。八戒是你独创一格,贾亮的口白、神气、武工,俱都佳妙。"

"老佛爷谬奖了!"谭鑫培伏在地上说。

慈禧仿佛没有听到他的话,接着问道:"我问你,开初你是演哪一工的?"

李莲英怕谭鑫培没有听清楚,重复一遍,催他"明白回奏"。

谭鑫培一字一句地回奏道:"奴才起先学'开口跳'(即武丑)和武生,演了几年开口跳之后,改演武生,走外埠多年。后入三庆,从程长庚学老生,演武老生和老生。蒙老佛爷恩典,赏奴才大内当差,供奉演戏,实在是天地之恩,奴才祖上福荫所致。"

慈禧闻言大悦,笑道:"好,好! 你总算没有白受苦楚。"当下,除赏赐金银、绸缎外,加赏两个古月轩鼻烟壶、红青宁绸袍料四件、四喜白玉搬子两个、炭胆文具一份。

对于谭鑫培在《盗魂铃》中的别具一格的表演,慈禧没有说他是"外道添魔"、"胡诌八扯",反而认为很符合八戒游山玩水的心情。西太后一夸奖,这种演法就算固定下来了。以后再唱此戏都宗法谭鑫培,八戒以生行应工,以"戏中戏"的形式演出。到后来,《九狮岭》只单唱《盗魂铃》一折了。就这样,一出以武旦为主的戏,变成了一折以老生为主的戏了。

李莲英见慈禧越来越器重谭鑫培,也不敢急慢。当下留谭鑫培用饭,以笼络感情,并说:"说明白了,我可不是还席。"

谭鑫培看出李莲英的用意,说道:"老爷子赏饭,这是我的造化。今天托福,尝尝玉液琼浆。"

说着,小太监已将酒菜摆上,二人对面而饮。一边对饮,一边聊着梨园的掌故。什么祖师爷是谁啦?唐明皇是不是老郎神啦?为什么说唐明皇是最早的丑角啦?什么叫九龙口?梨园有哪些忌讳?二人谈到更深夜静,李莲英留谭鑫培住下。临睡前,谭鑫培偶然发现书架上有满洲文零本的书,顺手翻看起来。又发现一本满汉合璧的音韵书,上面详细注着尖团字,十分周密,不觉大喜。躺在床上,仔细看了起来,也不知看到什么时辰,才进入黑甜乡中……

二、清歌漏船

大清的局势一如既往地恶化下去,先是义和团,再是八国联军,不得消停。

就在这种情势下,清廷上下照样寻欢作乐。八国联军打进北京城,慈禧和光绪两宫西狩前夕,升平署照样唱戏,民籍艺人照样入宫承应,北京城里的戏园子、堂会里照样是丝竹之声不绝于耳。

清末,北京城有"东富西贵,南贱北贫"之说[1]。东城多住巨商富豪,西城多居簪缨贵胄,北城偏僻人烟稀少,南城则是市井百姓,三教九流。清廷明文规定:"内城道近宫阙,例禁喧嚣。"内城不许开戏园子、会馆和妓院,所以大批戏园子建在外城,其中以南城最多。

南城的广和楼十分有名,它坐落在前门大街肉市中间路东,有小巷可通大街。广和楼历史悠久,原为明代富商查氏所建茶楼,开始仅供私人享用,世称查楼,入清后才成为营业性剧场,称广和查楼,后将"查"字去掉,称为广和楼,四大徽班的名伶都曾在此演过戏。

广和楼坐东朝西,四四方方,门前两根柱子各挂一副木制油漆楹联。上联是"学君臣、学父子、学夫妇、学朋友,汇千古忠孝节义,重重演出,莫道逢场作戏",下联是"或富贵、或贫贱、或喜怒、或哀乐,将一时悲欢离合,细细看来,管教拍案惊

---

[1] 民初又有"东贵西富、南贫北寒"之说。

奇"。拱匾上书:"盛世元音"。据说出自同治年间状元、后成为宣统皇帝溥仪老师的陆润庠的手笔。

走进戏楼,可以看到,戏园分为上、下两层,度中建,对台为厅,三面皆环以楼。戏台前端两柱对联为:"一声占尽秋江月,万舞齐开春树花。"戏台前的空地为池子,摆放着长条桌、长板凳,桌上放着茶壶、茶碗,茶房随时来沏茶、续水,观众一边喝茶,一边听戏。观众有的人能正面看戏,有的人则只能背着身或侧着身看戏,所以,池内坐者,多是市井细民,楼上观众谑之曰"下井"。

舞台两边叫做两廊,池子后面叫后排,楼上正面叫散座。两旁则称官座,即"包厢",以木板间隔之,每间为一厢,皆衣冠者所坐。舞台后面楼上也卖座,叫"倒观",那儿的观众就只好看演员的后背了。楼近台之右边为上场门,左边为下场门,下场门尤为贵重,大多数为佻㒓风流的少年观众所预订。后台南角供老郎神龛香案,两旁置放祭器,俨如祠庙。

广和楼在中国戏曲史上占有重要位置。康熙年间,京师"内聚班"为剧作家洪昇祝寿,曾在查楼演出名剧《长生殿》,结果惹出一场轩然大波,"可怜一曲《长生殿》,断送功名到白头"[1]。

乾隆年间,江南塞北的菊部名优多在查楼演出过,《宸垣识略》[2]引乾隆年间魏之琇《广和楼观剧诗》云:"春明门外市声稠,十丈轻尘扰未休。雅有闲情徵菊部,好偕胜侣上查楼。红裙翠袖江南艳,急管哀丝塞北愁。消遣韶华如短梦,夕阳帘影任勾留。""红裙翠袖江南艳"当指昆曲,"急管哀丝"当指秦腔、梆子及乱弹。皮黄兴起后,名伶谭鑫培、王瑶卿、杨小楼等均在此演出过,富连成科班更把这里作为实习演出场所。

与广和楼并称齐名的是月明楼,此楼建于清初,旧址在宣武门外椿树地区永光寺西街。清代有"康熙私访月明楼"的传说,曲艺、杂剧、小说,流传甚广,妇孺皆知。

乾、嘉之后,北京的酒楼、戏园层出不穷。进入极盛时期,多集中在京城南大门的前门地区,包括前门外侧的大栅栏和东侧的肉市、鲜鱼口一带。这里虽属外城,却临近内城,商贾、平民居住集中,官员、吏属出城逛市、娱乐也很方便。酒楼及戏

---

[1] 清梁绍壬《两般秋雨庵随笔》。

[2] 《宸垣识略》,清吴长元辑,根据康熙时朱彝尊编的《日下旧闻》和乾隆帝敕编的《日下旧闻考》增删编写而成。

园以前门外的商市为基点,向南扩展到珠市口、天桥,向西扩展到宣武门、虎坊桥。特别是前门外西侧的那一块地方,被称做妓女、戏子集中的"京都八大胡同"[1],更是畸形繁荣,青楼连着酒肆,到处人满为患,笙管笛箫,歌舞彻夜。

清末,北京的戏园多达十几家,除前门一带的广和楼、天乐园(鲜鱼口路南)、中和园(粮食店北口)、广德楼(大栅栏西口路北)、同乐轩(大栅栏内门框胡同路西)、三庆园(大栅栏东头路南)、庆乐园(三庆园斜对门)、大观楼(大栅栏中间路南)、裕兴园、庆和园、广兴园、隆和园、芳草园、德胜园外,还有西珠市口路北的文明茶园、紧靠皇城根门旗练兵场的吉祥茶园、北城鼓楼附近的天和园、鼓楼东大街的天汇园、阜成门外桥头路西的阜成园、宣武门大街路西的庆顺园、西四牌楼新丰市场内的庆升园、西安门外的西庆轩茶园、西四北的万兴园、护国寺街的和声园、西单牌楼的春仙园等。

除了戏园、酒楼、茶楼外,还有不少会馆演出场所,如阳平会馆戏楼、正乙祠戏楼、三晋会馆戏楼、浮山会馆戏楼、嵩云草堂戏楼、广东会馆(芥子园)戏楼、浙绍乡祠戏楼、梨园会馆戏楼、湖广会馆戏楼、安徽会馆戏楼、江西会馆戏楼等。

清廷对戏班演戏规定很严,除注籍于内务府的戏班可以轮流在以上老园子演出外,其他各班则只能在天桥及崇文门外的戏园唱戏,所以,很多戏班都想挤进大栅栏一带戏园演出,以抬高自己的身价。

麇集于天桥游乐场附近的戏园子有天乐、万盛行、桃园、吉祥、小小、丹桂等,它们大多是从上午辰时开锣,到晚上酉时散戏,早、中、晚"三开厢"。除演皮黄之外,还演梆子、评剧、曲艺等。说是戏园子,其实成为百艺杂呈的民间杂耍场,如有相声场、三弦拉戏场、拳场、戏法场、摔跤场、落子场、河南坠子场、说书场、跑马卖解场、盘杠子场、说西游卖糖场、高跷戏场、开路耍叉场、双石会场、抖空竹场、耍花坛场、莲花落场、中幡场、大鼓书场、竹板书场、滑稽戏场、练武卖膏药场……这些杂七杂八的技艺表演虽属下九流,却自然形成一系列"明星",人称"天桥八大怪"。清末八大怪就有:说单口相声的"穷不怕"、"韩麻子",表演口技的"醋溺膏",敲瓦盆唱曲的"盆秃子",练杠子的"田瘸子",说化装相声的"丑孙子",用鼻子吹管儿的"鼻嗡子",以掌开石的"常傻子"。

---

[1] 所谓"八大胡同",指的是陕西巷、韩家潭、石头胡同、胭脂胡同、皮条营、百顺胡同、王广福斜街、大李纱帽胡同。

和"天桥八大怪"相比,谭鑫培是一颗更加璀璨明亮的新星。平日,他除了入宫承应外,经常在广和、中和、广德楼、湖广会馆、丹桂园等戏园演出。围绕着什刹海的几个王府,如恭亲王府、醇亲王府、庆王府、宽街的大公主府及金鱼胡同那相国府邸,经常举办各种堂会,谭鑫培屡被邀请。即便在庚子(1900)那年,八国联军攻陷京师,前门大栅栏一带失火,数座戏园被烧,三千多梨园弟子失业,在此情况下谭鑫培仍然是天天都有戏演,有时甚至一天两开厢。

谭鑫培的技艺越来越精,迷谭的人也越来越多。通州鸣晦庐主人即是"谭迷"的代表。很长时间以来,他时时刻刻关注着谭鑫培的行踪,不放过任何一个观赏谭剧的机会,简直到了愁雨愁晴、患得患失、寝不安席、食不甘味、如饥似渴、如醉如痴的程度。谭鑫培能戏三百多出,鸣晦庐主人弗懈弗止,想方设法,四处追踪,一一毕聆其妙。他在《闻歌述忆》中详细记载了从光绪到民国年间谭鑫培在京师的戏剧活动,以及他对谭艺的痴迷和陶醉。

鸣晦庐主人家学渊博,淹通文史,虽然不能粉墨登场,但深谙戏中三昧。他对谭鑫培的唱、念、做、打均有十分独到的赏析。他一向鄙视京师一帮重色不重艺、喜"相姑"而少解曲的看花者,对谭鑫培的玩艺儿格外看重,认为谭的造诣超过当时京师所有伶人。

以成名次序而论,老生中孙菊仙成名最早,汪桂芬次之,谭鑫培最迟,然而世人欢迎之程度,则可谓孙七、汪八、谭九。有人认为谭叫天擅长潇洒自如的巾袍戏,而伍子胥有关的戏则很难与汪桂芬并驾齐驱。一般人认为汪桂芬沉着激昂,最善悲愤之剧。鸣晦庐主人则认为,即使是扮演文山、煌言那样慷慨捐躯的忠烈之士,谭鑫培也优于汪桂芬。谭鑫培总是努力表现出人物深厚的书卷气和充塞天地间的浩然正气,揭示出人物的内心世界,既含蓄蕴藉,又好看好听;而不像汪桂芬那样皱眉努目,粗声恶气。

谭鑫培善于根据自身阅历对角色进行设身处地的体验。譬如在演《宁武关》刻画周遇吉的忠孝情怀时,他就想起自己的父亲。谭志道唱老旦,流落京师,心情抑郁,贫病交加,谭鑫培侍疾搔痒,数年如一日,每逢与人谈及此事,尚泪承其睫。正因为有了深切的体验,他才把周遇吉演得声容并茂,形神兼备。

鸣晦庐主人对谭叫天的仰慕之情难以抑制,终于通过朋友侯连介绍,由朋友吉二陪同,造访了谭宅。

这一天,鸣晦庐主人的车辇停到大外廊营谭宅门口,侍者将他引到客厅说:

"老板刚刚起床,正在盥洗,请稍候!"

鸣晦庐主人一边点头,一边打量谭家的客厅:不像有些伶人的客厅那样珠辉玉朗,古朴堂皇;也不像有些伶人的客厅雅歌投壶、谈棋说剑那般诗情画意。既无文玩点缀,亦无花木掩映,洁白的墙壁上挂满历代贤臣像。简单的圆桌长儿,间列方桌,桌子上张开一部正在浏览的《三国演义》。后门有一个小木匣,匣上安放着一只极小的煤油炉子,炉子上放一把西洋制造的小铜壶,旁边有一把"饮场"用的小茶壶和两只杯子。鸣晦庐主人刚把目光移过来,就见谭叫天的几个儿子——嘉善、嘉瑞、嘉祥、嘉荣、嘉宾等鱼贯而来请安问候,他一一还礼。

片刻,侍儿捧出香茶放到桌上。不一会工夫,随着有力的脚步声,谭鑫培快步走进客厅,与鸣晦庐主人见面后,施礼说道:"劳您大驾光临,有失远迎。"

鸣晦庐主人还礼道:"打扰!打扰!早想登门拜访!"一边说,一边注视着谭叫天的风采,只见他面庞清癯,颧骨微耸,闪闪的目光中透出睿智和机敏,但似乎略有几分疲倦,可能是昨夜堂会散戏太晚的缘故。

吉二在一旁插话说:"特为拜访老板而来,主人佩服老板,天天听老板的戏!"

"是啊!"鸣晦庐主人说,"老板的玩艺儿真是炉火纯青,真不解何以达到这种地步?"

"哪里,哪里!过誉!过誉!我谭鑫培有什么了不起,真感谢你们这些知音偏爱于我。"说着,低声问家人道,"打扫好了吗?"

家人点头答道:"打扫好了!"

于是,谭鑫培邀鸣晦庐主人说:"到里院坐坐吧!"

谭鑫培陪着鸣晦庐主人出了客厅,走进内院。只见上房五间,东西两厢,院落整洁、幽静。

女仆掀帘,谭鑫培带客人进入西偏之曲室。北头是个炕榻,铺着白毯,上置小几,窗明几净。炕榻头的长条桌上摆着玻璃匣儿,里面陈列着一个栩栩如生的泥人。泥人头盘辫结,赤裸着胸臂,正伏在小桌前持箸用餐。桌上菜肴咸具,泥人意态闲适,气韵生动。

泥塑是一种传统久远的民间艺术。俯拾即是的泥土,再平凡不过了,然而经过妙手揉捏,神功赋形,便获得了生机。大千世界展现于股掌之中,形形色色的人物复活于签梗之上。清朝末年,天津涌现出一位杰出的泥塑艺人张长林(字明山),他出生于道光六年(1826),自幼随父张万全靠捏制泥塑为业,十八岁成名后,常与文人画家来往,赋诗论画。道光二十四年(1844),京剧泰斗余三胜到天津演出,轰动一时,画家、艺术家纷纷为余老板画像、塑像,他们大多强调夸张余三胜眉头上的三道皱纹,结果神气呆板,了无生气。唯独张明山的泥塑形态逼真,眉目传情,呼之欲出,表现出余老板的精、气、神,被惊叹为"活余三胜"。从此,人们送给张明山一个绰号:"泥人张"。

谭鑫培见鸣晦庐主人对泥人很感兴趣,得意地介绍说:"这是天津'泥人张'捏制赠与我的。我俩是好朋友。光绪元年(1875),他就给我捏过一个戏像,可惜搬家时砸了。这是光绪十一年又给我捏的,真是一手绝活!"

半晌,鸣晦庐主人又将目光移至壁间镜框里的戏照,那是谭鑫培扮的武侯像。面貌凝静,双目微眯,两颊略红,冠纶巾,着紫袍,挂珠,苍三(黑色髯口),半露羽扇。

谭鑫培对鸣晦庐主人说:"这一幅武侯像也出自名家之手。像倒是像,但比我今天略显胖了点。"

鸣晦庐主人肃然起敬地说:"好!好!"

谭鑫培笑道:"也不过是游戏之作。"

说着进入内间,里面摆着烟榻。谭鑫培指着榻上的芙蓉盘对客人说:"请试一口!"

鸣晦庐主人摆摆手说:"免了!请!"

"那我就不客气了!"谭鑫培说着,就侧卧榻上,二儿子嘉瑞为他准备好烟嘴。谭鑫培一连吸了十来口,立刻显得精神抖擞,谈兴立至,坐起来问鸣晦庐主人:"您府上是通州吧?"

"对!对!"鸣晦庐主人连连点头。

谭鑫培低下头,仿佛陷入回忆,说道:"说起通州,我并不陌生。同治年间,我刚二十出头,曾在通州为徐家护院。这芙蓉烟还是跟徐家二公子学会的呢!起先抽着玩,后来成了瘾,抽几口就来精神,离不开了。这玩艺儿,少抽几口还有用;抽多了,毁身子,玩物丧志嘛!"

"常去通州吧?"鸣晦庐主人问。

"常去,不过好几年没去过徐家了,也不知二公子怎么样了,可真是个好人呐!"谭鑫培由衷地赞叹着。

鸣晦庐主人又问:"去通州演戏吗?"

提起演戏，勾起谭鑫培一段不愉快的回忆，说道："那一年，有个叫韩西泉的，请我到通州无量庵演戏，说是为佛开光。一切都说定了，头一天凌晨我就从城内装束上路。天气阴沉欲雨，到达通州时，刚到辰时，径直来到庵中，不见人迹，只见老僧趺坐于禅室，手捻念珠，诵阿弥陀佛，好像不知有人来到。我问他：'佛爷今日开光吗？'那老僧呆呆地听着，竟不回答。我用手扶住他的肩膀问：'开台了？'他才慢慢睁开眼说：'这里不演剧，看戏的都在西院。'我来到西院，只见几个粗鄙无赖待在那里，见我去，不理不睬，半天才开始收拾戏台。看来果然要演戏，但像他们那样冷慢无礼，不禁令人气恼。这时，天下起雨来。我扭头折回来路，冒雨返回京城。雨越下越大，四处溟濛一片，又找不到跑驴和脚伕，就光着赤脚，卷起裤腿，淋得浑身是水。走到通州西门，仰头见城壁高处贴着'谭鑫培打棍出箱'的戏报，不禁大笑起来，自言自语道：'这样无礼，还想让我演戏？'回到大外廊营家中，雨住了，云破日出，太阳还未偏西呢！说实话，过去总觉得通州人不懂礼貌，今天见到您，才知通州何尝没有知音呢！"说罢，谭鑫培慨然长叹。

过了两天，鸣晦庐主人和几位朋友一起邀请谭鑫培到同半堂饮酒。

正值秋高气爽的日子，皓月中天，谭鑫培由琴师梅雨田陪伴步至酒楼。

谭鑫培瘦削精悍，而梅雨田生得白皙丰满，说起话来轻声细语，颇有书卷气息。

对于鸣晦庐主人的盛情，谭鑫培深表谢意。酒过三巡，菜过五味，谈兴渐浓，由皮黄说到昆剧，谭鑫培说："我曾学过《弹词》、《扫松》、《十面》、《伏虎》。"

主人顺便问："您演过《夜奔》吗？"

谭鑫培是个极要面子的人，他其实并未演过《夜奔》，但碍于情面，遮掩道："记不清了，此戏无味。"

主人见谭老板不感兴趣，便岔开话题。

次日，谭鑫培请鸣晦庐主人观赏《碰碑》，演得精彩之极。散戏后，鸣晦庐主人来到后台，见谭老板正坐在台后中间一张长方桌上卸装。京师名票红豆馆主（溥侗）十分恭谨地侍立一旁，双颊微红，笑而不语。

鸣晦庐主人对谭鑫培说："辛苦您了。"

谭鑫培点点头，没说什么。看样子，一场演出之后，的确有些疲乏。他脱下彩裤和靴子，拿起手巾擦拭着额头上沁出来的细汗，半晌才说："对不起，我还得马上进城。"

"是有堂会吧？"鸣晦庐主人问。

"不是堂会,是朋友相约斗蟋蟀。"谭鑫培的口气显得极为认真,神情有些着急。

鸣晦庐主人和红豆馆主告辞而去,谭鑫培说了声"恕不远送",拿腔上韵,四声尖团,浏健动人。这时,他们才知道谭老板还有爱斗草虫的嗜好。所谓"斗草虫"就是斗蟋蟀。蟋蟀,小虫不大,名字却不少,有王孙、趣织、促织、秋虫、蛐蛐等。因为感秋气而生,故谓秋虫。雄性蛐蛐好斗,人们捕养它,观其互斗,很有意思。当时,北京城里斗蛐蛐的风气很盛,上自王公大臣、妃嫔太监,下至普通百姓,都有这种嗜好。还有一批人,专门靠此营生,称为把式。谭鑫培虽然不是把式,但对蟋蟀的熟悉和迷恋程度还赛过他们。

原来,谭鑫培这天要在家中设局、下帖,请当时的名票徐莹甫斗蛐蛐。徐莹甫多才多艺,书法宗虞世南、颜真卿和李邕,围棋是高手,还精通昆曲,善吹笛,皮黄最欣赏谭叫天、王楞仙、罗百岁。同时,他还善于识别蛐蛐,经常和谭鑫培一起斗蛐蛐。

谭鑫培回到家中,见徐莹甫已等候多时了。这次他带来三罐蛐蛐,有白牙青、墨牙黄、白牙紫、正紫等。他是挑蛐蛐的能手,就像古董商一样,很有眼力,他挑的蛐蛐都很能斗。谭鑫培家中大小瓦盆多至数百只,有的是从近郊弄来的,也有从山东肥城一带买来的,价钱都很昂贵。今天,谭家也摆出了三罐蛐蛐,有红牙青、拖肚黄、金束带、青金翅等。

双方很快摆开阵势,一只是同治年间紫红地五彩松竹梅斗罐,另一只是泥胎光素无纹饰斗罐,都是谭鑫培悉心搜罗来的很名贵的斗罐。一一称过蛐蛐的分量,双方只有一盆分量相同的蛐蛐配上了对:谭家的一只是红牙青,徐家的一只是白牙青。

两只蛐蛐被放入紫红地五彩松竹梅斗罐之中,斗罐中有栅分开,各据一边。随着"开栅"的喊声,将栅提起,谭鑫培和徐莹甫各以撵子[1]引逗蛐蛐,将两只蛐蛐引到一起。蛐蛐片刻兴起,便开始拼搏对咬。两只蛐蛐都是上品,久经沙场,平了几十个回合不分胜负。后来,谭家的那只红牙青渐渐不支,被徐家的白牙青咬得蹦起来。白牙青开牙鸣叫,摆出一副胜利者的姿态。

谭鑫培惋惜得直拍大腿,懊丧地苦笑道:"徐二爷,您的蛐蛐真好。我这只红

---

[1] 撵子:用象牙、牛角或竹制成的细签,上安鼠须,用以引逗蛐蛐的工具。

牙青已经斗赢了五场,快要封盆称将军了,没想到败下阵来。"

徐莹甫笑道:"秋虫厮杀,取乐而已,何必认真?"

谭鑫培摇摇头,颇为认真地说:"您哪里知道,我斗蛐蛐如同唱戏,玩得紧张,杀得痛快,不会玩物丧志。"

"这我当然知道。"徐莹甫说,"瞧您刚才那副神情,全神贯注,二目圆睁,满脸是戏,真好像扎靠登场一样。"一句话说得二人哈哈大笑起来。

"知我者徐二爷也!"谭鑫培感叹起来,"唱戏就和斗蛐蛐一个样,相争得激烈呐!"

徐莹甫想了想说:"叫天!您刚才失去一位将军,我现在把这只白牙青送给您,可说是失而复得吧!"

谭鑫培喜出望外,再三道谢说:"多谢,多谢,改日咱们再斗!"

第八章　千锤百炼

一、独占鳌头

清末民初,京师舞台八音繁会,诸腔杂陈。各路艺人群星荟萃,组班之风极盛。班社林立,时聚时散,艺人们朝秦暮楚,流动不息。绝大多数的班社远不如四大徽班、富连成科班那样稳定。不过,这样倒是显得十分热闹,促进了伶人之间的竞争,赢来云蒸霞蔚的气象。

谭鑫培挑头组建了不少戏班,其中时间比较长、影响比较大的是同春班和同庆班。庚子后,同庆班张帜于天和馆,以汪桂芬为中坚。当时能与同庆班抗衡的是刘永春和孙菊仙共同组建的戏班。两下里对峙数月,互不相让。但毕竟谭鑫培正处在上升时期,汪桂芬也咄咄逼人,孙菊仙和刘永春难以抗衡,遂离京赴津,尔后又由津入沪,长住上海。他们从此不进京师,专走外埠,以避谭、汪之锋芒。

论说他们都是朋友,谭鑫培和孙菊仙的交情不是一天了,和刘永春的关系也非同一般。他们曾经同搭永胜奎,同闯大上海,共同组建同春班,可见志同道合。后来也不知道因为什么产生了矛盾、结下仇隙,刘永春曾放出狠话:"谭叫天,你不要太骄纵了,待我艺成,如果相遇,必定报仇!"是个性差异,艺术见解不同,还是其他原因? 这其间的恩恩怨怨,今天实在难以说清。

当众多戏班昙花一现,转瞬星散时,同庆班如日中天,谭鑫培的声望越来越高。

然而,汪桂芬却处境艰难。由于他在上海就受到恶势力的包围,身心受到极大摧残。逃回天津后,又遇上庚子事变,国难家仇丛集一身。事变后回到北京,无处演戏,多亏谭鑫培于1902年荐他入署为供奉,又与他同组戏班,境遇才有好转。不过,心灵深处的创伤难以愈合,他的性情日益古怪乖僻,变得喜怒无常。

开始,汪桂芬的戏还是光彩照人,但渐渐地"回戏"(贴了海报不演出)之事越来越多。一次演《战长沙》,已经勾好关羽脸谱,只因与戏园老板口角几句,他连脸都没洗,就暗自溜走,不再回来。戏园发现后,四处寻找不到,只好全部退票。观众不答应,园方再三道歉,才算平息。

还有一次,某亲王约汪桂芬唱堂会。临到开戏时候,汪桂芬请假不到。亲王大怒,派官员将他抓起来,绑在戏台柱子上,百般侮辱拷打,打得皮开肉绽。但倔犟的汪桂芬不肯屈服,一边挨打,一边大喊:"宁死也不唱!"后经人说情,才将他释放。

另有一次,戏快开演了,汪桂芬却不见了。找来找去,结果在一个偏僻的茶馆里找到他,他正手执胡琴,旁若无人地自拉自唱,被茶客目为"仙人"、"异伶"。

不要说一般演出,即便是慈禧召示,赏赐重金,汪桂芬也想去就去,想不去就不去。后来,索性向宫中报死,慈禧以为他不在人世,就不再征召。不过,由于长期的折磨、畸形的生活,汪桂芬四十几岁身体就极度虚弱,嗓音也有些枯涩,他在舞台上的光华渐渐黯淡下来了……

程长庚、余三胜、张二奎的时代早已过去了,杨月楼早逝了,孙菊仙远走上海,汪桂芬艺术早衰,刘鸿昇虽然有一条好嗓子,但身有残疾。出身票友,不过是"羊毛"(内行嘲笑票友的讽刺语),艺术上也不如谭全面。汪桂芬的私淑弟子号称"伶隐"的汪笑侬尽管轰动一时,更难望谭鑫培项背……偌大的京师舞台,名角如林的皮黄界,谭鑫培不论是资望,还是实力,都可以说是首屈一指,独占鳌头。

曾几何时,程长庚、余三胜、张二奎龙争虎斗,各标赤帜;曾几何时,孙菊仙、汪桂芬、谭鑫培鼎足而三,互争雄长。程长庚的慷慨奇侠,余三胜的幽微婉转,张二奎的宽宏响亮,渐渐化作历史的回声。汪桂芬的唱腔,高处如壁立千仞,低处似万丈深渊;孙菊仙的技艺,如茫茫大海,漫无边际,也都渐渐远去……唯独谭鑫培的艺术,似江淮河汉,川流不息,如江南山水平远秀奇,浮现眼前……

完全从个人境遇来看,庚子后的谭鑫培如日中天,处于巅峰状态。

但是,谭鑫培毕竟是个有血性的男子汉,一个心忧社稷和黎民百姓的艺人。列强入侵,内忧外患,国事一天不如一天。感于时势变迁和人世沧桑,谭鑫培的心境和艺术日益走向哀婉凄迷。外表看去他是大红大紫,但内心深处时时感受到一种难以言传的孤独和寂寞。为了排遣孤独和寂寞,他除了养鸟、养鸽、斗蛐蛐、玩鼻烟壶、跑马外,开始履佛、念佛、朝圣参禅。当然,最能使他忘却苦恼,感到充实和慰藉的还是琢磨唱腔身段,粉墨登场,借古人酒杯,浇心头块垒。

庚子后,谭鑫培经常演出而且唱得最红的是《当锏卖马》、《李陵碑》。《当锏卖马》又名《天堂县》,本事见于《隋唐演义》第六至第九回,《说唐传》第五回。说的是秦琼押解一十八名汪洋大盗,至潞州天堂县投文,不料天气炎热,中暑死亡一名。县令不予批票回文,秦琼困于王老好店中。店东勒索房钱饭钱,秦琼无银可付,忍痛将黄骠马卖与单雄信。后单雄信知卖主为秦琼,遂与之订交。适逢单雄信兄被李渊射死,雄信匆匆借马而去。秦琼长街卖锏,又遇王伯当、谢映登等,因得代索回文,并资助返回山东。

余三胜擅演此戏,谭鑫培承其衣钵,进而加工锤炼,唱做并重,耐人寻味。秦琼有两句唱词:"店主东带过了黄骠马,不由得秦叔宝两泪如麻!"悠扬感伤,不忍邃舍之意溢于腔外,英雄末路的情怀昭然舞台。"店主东"之声,洋洋盈耳,风靡一时,北京街头到处都可以听到。

平等阁人《庚子围城纪事诗》云:"国事兴亡谁管得,满城争说叫天儿。"樊樊山亦有诗云:"叫天歌续崆峒子,流落兵间亦可嗟。此曲怎忘黄米饭,谁家飘荡白杨花?野狐无复随行在,午马何时媚正衙。南府本家俱寂寞,金梁桥畔泣琵琶。"

《李陵碑》前面已作介绍,谭鑫培创造出杨继业与杨六郎离别后的"哭头",极为凄怆,为人久久称服。特别是"叹杨家秉忠心大宋扶保,到如今只落得兵败荒郊"这一段[反二黄三眼],尤为震撼人心。

曾有人在观《当锏卖马》、《李陵碑》两剧之后感怀赋诗,并用秦琼所唱之词入诗:"已无天可叫,凄绝老何砧。犹是当年曲,居然亡国音。碑存谁肯碰,锏当莫沉吟。我亦男儿汉,无钱抱恨深。"

谭鑫培的唱念做打之所以备受当时人的欢迎,一则因为皮黄舞台上须生名角一时间死的死,走的走,青黄不接,人才匮乏;更重要的是由于谭鑫培感时缘事,通过剧中人抒发绝望悲凉的末世情怀,表现出多事之秋的时代色彩和环境氛围,所以在朝野上下、三教九流都引起强烈的共鸣和反响。

光绪二十六年(1901)春天,风云变幻,乍暖还寒。上海马夫阿六所开三马路大新街三庆园,向谭鑫培发来邀请。当时,北京城里乱哄哄的,谭鑫培把大外廊营的家托付给看家护院的张四把,带着妻妾,顶着六月的骄阳南下赴沪。因为天气炎热,七月初方登台,唱了一个月,票房一万两千元。

由于人手多,开销大,收不敷出,一万两千元的包银显得太少。有人提出不如到丹桂园去唱。一来,那儿的位置好,上座和票房肯定好;二来,谭鑫培招赘的女婿夏月润正在那儿掌管前后台的事情,自然会有许多关照和方便。但是,与三庆园签约日期未到,中途改变,如何开口?侯氏(玉儿)提议,不如以赴杭州进香为名,脱离三庆园。大家都以为可行,谭鑫培迫于经济,也表示同意,便将此行计划通知阿六。阿六明知其中有诈,但碍于情面,无法拒绝。

离沪赴杭前,阿六为谭鑫培一行饯行。酒席桌上,阿六忍不住揭了谭鑫培中途毁约的老底。谭鑫培闻言色变,矢口否认,阿六信以为真,坦然不疑。

殊不知,谭鑫培一行到达杭州后,立即致电夏月润,令他通知其兄夏月珊、夏月恒挂牌。夏氏兄弟虽从心里不太赞成谭鑫培的这种做法,但又怕得罪了亲家,便一面挂牌,一面在泥城桥福缘里租定三层楼洋房。小叫天全家由杭返沪后,立即搬进去住。谭鑫培出出进进,众管事及大小角色均在门口鹄立迎候。夏氏兄弟还准备好三辆马车备其出行。三日一小宴,五日一大宴,异常丰盛。

阿六见谭鑫培脱离三庆园,在丹桂挂起牌,埋怨叫天言而无信,便托得力者递呈控告。对此,丹桂早有准备,经人中间调停,让谭鑫培在三庆园补唱三天了事。

谭鑫培在丹桂唱满一月,仍感包银偏低,供给不恭,天仙园园主得知这种情况后,答应为谭提供更为优厚的条件。谭鑫培不便直接离去,效仿上次方式,先由沪赴苏,再由苏返沪,到天仙园去唱。这一来惹恼了夏月珊、夏月恒兄弟二人。天仙园园主自知鲁莽,请薛瑶卿出面调处,一再向夏氏兄弟道歉,并贴还丹桂前次与三庆园的诉讼费。

如果说谭鑫培头一次与阿六毁约还有情可原的话,那么,第二次与丹桂园毁约则令人不可理解。前事不忘,后事之师,与阿六的官司刚刚打完,前后一个月的工夫就重操旧技,这实在不应该是聪明的谭鑫培所做的事情。再者,谭家与夏家有亲戚关系。谭鑫培共生八子二女,长女嫁与武生夏月润,次女嫁给了须生王又宸。夏月润原籍安徽怀宁(今安庆),后迁至上海。其父夏奎章是京剧老生,以演马超享名。月润素习武剧,兼演须生,继承家传绝艺,因而有"活马超"之称。同时他还以《长坂坡》、《挑滑车》、《恶虎村》、《花蝴蝶》等剧驰名,名列上海《同文报》菊榜第一。他的兄长夏月珊、夏月恒也都是上海梨园界很有影响的人物。夏月润十分敬仰老泰山谭鑫培,谭鑫培也非常喜爱乘龙快婿夏月润,在两亲家之间似乎不该发生毁约之事,而且还闹得满城风雨。谭鑫培在天仙园第一场登台唱《定军山》时,海报上故意写道:"刀劈夏侯渊。"其用意在于借"夏"字以泄私愤。夏月恒亦不甘示弱,在丹桂门口挂牌曰:"特编土地捉老谭。"并请扎纸店扎一硕大无伦的纸模纸翁,使往来行人见了,都指指点点,议论纷纷:"这就是被捉之老谭!"

天仙园园主怕事情闹大,请人代叫天道歉,这段公案才算了结。不论怎么说,这么翻来倒去地折腾,谭鑫培在上海的影响扩大了,因而有人猜测:第二次毁约事件是不是翁婿间配合默契的"苦肉计"?既提高了老谭在上海的身价,又冲淡了第一次毁约的不良影响。事实真相究竟如何?笔者岂敢妄断。

谭叫天在天仙园登台时已是十一月中旬,岁暮天寒,卖座并不十分好。叫天心中不安,自请暂停。过了春节,已是辛丑,于正月初三开始补唱。家人怂恿叫天,待天仙期满后再搭春仙。当时上海仅有丹桂、天仙、三庆、春仙四家戏园,叫天已搭了三个,且都是不欢而散,再搭春仙又会如何?谭鑫培对此前改搭之事颇为后悔,便撒了个谎说:"有人为我排了八字,说我流年不利,不如及早返京,免得在异乡被人取笑。"于是,待天仙期满后,已届"七九"、"八九",冰河解冻,南雁北飞之时,谭鑫培再也不想逗留,悄悄返回京师。

第三次赴沪,对于谭鑫培来说是一次不愉快的旅行。若站在今天的角度来分析,之所以造成这种结果,原因是多方面的。谭鑫培在当时的皮黄中心京师,已经是首屈一指,独占鳌头,从宫廷到市井,从慈禧到百姓,莫不对他另眼相看,难免使他及他周围的人产生一种优越感。到了上海,这种优越感得不到满足,便容易产生不满,此其一也。其二,谭鑫培的艺术形成于京师,适应了京师上上下下的要求、眼光和口味,但不一定马上适应上海观众的要求、眼光和口味,所以不一定买账。这种状况既表现出京派与海派之间的差异、对立和矛盾,又暴露出梨园界的弱点和痼疾。不过,由于谭鑫培正处在春风得意的黄金时期,对上海之行的失利并不十分在意,对于与夏氏兄弟的反目也不甚介怀。悄悄离沪返回京师时,仅有沈韵秋父子两人送行,谭鑫培并不感到凄凉,反觉得省心。

有了这次经历,谭鑫培决计不再来上海,他对上海再没有过去的好印象。

二、佛缘有加

庚子(1900)七月,八国联军入城,慈禧、光绪逃离出京,先侨居太原,后转至西安。为瞒住中外耳目,平息舆论,以光绪的名义颁发了几句《罪己诏》。同时调广东督篆李鸿章为全权大臣,会同庆王奕劻与各国议和。辛丑(1901)九月,李鸿章代表清廷与英、美、德、意、日、俄、法、奥、比、荷等国签订了丧权辱国的《辛丑条约》,对国家主权大拍卖,使中国彻底半封建半殖民地化。"量中华之物力,结与国之欢心",清廷简直成了洋人的朝廷。

慈禧太后听说京中已经安靖,宫中储藏宝物亦未被掠去,心中很是安慰。辛丑九月,暑退凉生的初秋,遂挈光绪帝及妃嫔宫人由西安启跸回京。随从众多,沿途供给,备极完美。途经嵩山少林寺时,降香祈祷,见大雄宝殿年久失修,当即允诺回朝后拨银修茸,以报神灵保佑之恩。途中走了两三个月,直到冬季,才抵北京。

两宫回銮后,王公大人和供奉宫中的伶人多往接驾。看到殿下跪满黑压压一片人群,慈禧不禁触景生情,失声痛哭起来,哽咽道:"想不到今天还能和你们见面!"见慈禧伤心,不少人低头垂泪。

慈禧的目光扫过人群,找了半天,没有看到谭鑫培,便问道:"谭叫天怎么没有来?"

已成为内廷供奉的谭小培此刻正跪在丹墀之下,回禀道:"家父染病,故委小培代接。"原来,自春天从上海归来,谭鑫培的身体一直不适,时好时歹,入冬来病情更为沉重了。

慈禧听小培禀罢,叹了口气说道:"知道了,着他用心将养,早日康复,进宫献艺!"

自此,慈禧几乎是每隔一两天便询问谭鑫培病情如何。由于谭鑫培病情颇重,久久不愈,一个多月过去了仍未能入宫。

慈禧听不到谭鑫培的戏,也见不到他的人,颇为恼火,对李莲英说:"叫天儿的病真的还没有痊愈吗?即使不能当差,也该来请安啊!似这等毫无心肝之人,就该把他捉来见朕!"

"喳!"李莲英唯唯而退,准备去捉谭鑫培,但他又一转念,悄悄对管理南府的太监说:"老佛爷一时动怒,下令捕叫天来宫。叫天最有佛缘,人又机灵。万一捕来后,佛爷怒气消释,我等反落不是。所以我想,最好是婉言劝说叫天入宫请安为妥。千万不要为难了他,得罪了他。"

太监领命而去,来到大外廊营谭宅,实情以告。

谭鑫培原以为自己告病即可免去入宫,如今听说太后动怒,不禁惶恐万分,立即叫儿子背着自己入宫见驾,叩头痛哭。

慈禧不由分说地怒斥道:"国家经此巨变,朕以为再也见不到你们了。有幸銮舆重返,朕尚念念不忘尔等,几乎天天询问。朕回宫已有月余,你竟然从未问安,岂不是太无心肝了吗?"

谭鑫培不敢抬头,无言以对,只是痛哭不已。

"掌起面来!"慈禧呵道。

谭鑫培抬起头,但躲着慈禧锐利的目光。慈禧这才看清,谭鑫培满面病容,枯瘦如柴,不禁暗暗吃了一惊,动了妇人的恻隐之心,柔声问道:"叫天,你怎么一病如此?"

谭鑫培见慈禧怒气已息,灵机一动,哭奏道:"两宫蒙尘后,朝夕思虑,生怕不得重睹天颜,所以忧虑成疾,只怕是难以痊愈了。"

其实,谭鑫培的病主要是演出频繁、劳碌过度所致。但如果据实以告,肯定会惹恼喜怒无常、嫉妒心极强的慈禧,说不定会重重治罪于他。他当然没有忘记慈禧的恩宠,但他也知道伶人们不过是帝后消愁解闷的玩偶,无论如何不会对慈禧牵挂到那种程度。所以,他不得不撒谎,这样说其实也是出于无奈,为了保护自己。

慈禧虽然狡黠,但最喜奉承。听了谭鑫培的表白,心中如浸蜜糖,如抚毛羽,乃安慰道:"朕不许你死!今后你尚须尽力当差,让朕再享乐几年。"说罢,即令左右取出几十粒新配制的极为贵重之丸药,交给谭鑫培,嘱咐道:"服后静养半月,百病皆除。"

谭鑫培叩头谢恩不已。

临行,慈禧笑道:"朕乃金口玉言,不要你死,你准死不了。好好将息,快快进宫应差吧!"

其实,谭鑫培的病已经开始好转,得到老佛爷一番优宠,心头十分畅快,又服了贵重药丸,静养几日之后,果然十分精神,立即入宫销假。

慈禧觉得谭鑫培大病初愈,怕累坏他的身子,只命他唱些不甚吃重之戏。

如果说刚开始谭鑫培有意无意地想躲着慈禧,不肯入宫的话;那么,现在他却是被慈禧的恩宠感动了:自己说了言不由衷的假话,慈禧却信以为真,赏赐有加,体贴入微。他不由得感到一丝愧疚,遂自告奋勇,愿以全本《四郎探母》孝敬。慈禧早想听谭鑫培《探母》一折,如今见鑫培要演全本,自然十分高兴。

《四郎探母》是谭鑫培的得意之作。他饰四郎,王瑶卿的公主,陈德霖的萧太后,李云的宗保,谢宝云的太君,贾洪林的六郎,罗百岁的国舅,琴师是胡琴圣手孙老元,搭配齐整,各见精彩。

谭鑫培演得格外卖力,出场引子即与往日不同。"杨延辉坐宫院自思自叹"一段[西皮慢板]令听者无不惊异,不仅韵味不同于往昔,连嗓音也较前浏亮凄恻。许多人都以为谭鑫培大病初愈后元气未复,担心他不能终场,哪里料到这次演唱却是历来效果最佳的一次。

慈禧大喜,当即赏赐。

不久,慈禧又传谭鑫培与孙怡云同唱《四郎探母》。

谭鑫培早早来了,孙怡云因患腹泻,未能及时赶到。慈禧落座便命开锣,谭鑫培一人扮演出场,同时派人出宫催促孙怡云。

后台的人都替谭鑫培捏着一把汗,因为孙怡云离宫好几里路,往返一趟最少也要三刻到一个时辰。即便孙怡云能马上赶到后台,最快也要半个时辰方能扮好,无论如何也要误场。台上的谭鑫培该怎么办?

谭鑫培担心的不是自己,而是孙怡云。他佛缘不大,不怎么受宠,慈禧万一降罪于他,如何是好?所以,必须设法保护他。只要不空场,稳住慈禧,事情就好办。于是,念完[引子]、定场诗之后,从杨令公七星庙招亲起,直念到李陵碑令公进苏武庙。执事暗暗给谭鑫培打了个招呼,暗示孙怡云已经来到,谭鑫培这才开始唱[慢板]转[二六],一连唱了三十六个"我好比"而不错辙。执事又报孙怡云已经扮好,谭鑫培才收住转[哭头]。

终场后,慈禧传谭鑫培问道:"我叫你唱探母,你怎么唱起杨家将来了?临完了,又唱几十个'我好比',这是怎么一回事?"

"太后容禀!"谭鑫培叩头说,"您是行家,我哪敢瞒骗于您,只是怕您干坐着,才这样唱的。"

"如果孙怡云不误场,你还会这样唱吗?"慈禧的口气有些愠怒。

谭鑫培忙解释道:"那当然不会喽。其实,孙怡云并不是故意迟到,他腹泻很厉害,本该早就禀明,又怕扫了您的兴,一切罪过由我担承。"

"好个聪明机灵、代人受过的叫天儿!"慈禧转怒为喜,当即赏银二百两,彩缎两匹。

两宫回銮后,朝政革新,力行禁烟,违反者科以重刑。谭鑫培烟瘾已深,难以戒去。一日传差,刚到后台,烟瘾就发了,浑身没劲,于是向大总管李莲英求情:"让我来几口吧!"

庚子后,李莲英因为有西狩伴驾之功,声势日益煊赫,大小官员、内廷供奉对他都是毕恭毕敬,独有谭鑫培对他敬而远之,不肯依附。对此,李莲英已有所觉察,心中嫉恨不已,总想找机会报复他。此刻,他见谭鑫培烟瘾大发,浑身难受,不禁心中窃喜,皮笑肉不笑地说:"哟!叫天儿身分长了,身子骨这么娇贵。老佛爷有旨,即刻开场,我哪敢抗旨不遵呢?您呢还是快快扮戏上场吧!"

谭鑫培没有法子,只好扮戏,勉强登场,台上涕泗交流,有如大病。刚演完,就再也支持不住,直挺挺地躺到台上,不能起来。众人把他扶起,再三向李莲英求情,方允许他进入烟室。饱吸了一阵阿芙蓉,才恢复了精神。

谭鑫培心里很清楚,这又是李莲英在故意捉弄他。他想起前不久,他与孙菊仙一同应差,戏码已定,李莲英忽然对慈禧说:"他二人的功夫,近来大有长进,且善反串,《探亲》一剧尤为拿手。"慈禧因而下谕,命孙、谭二人反串《探亲》。其实,孙、谭从来也没有演过《探亲》,因此一时手足无措。临时决定谭鑫培扮乡下妈妈,孙菊仙扮城里亲家,仓促登场,连衣服和鞋子都穿错了。临时找一个伶人躲于上下场帘后给他俩提词,对付着演起来。

两个人丑态百出,慈禧笑得前仰后合,一点也没有生气。散戏后,传他们俩问道:"小李子不是说你俩善于反串,《探亲》很拿手吗?"

李莲英连忙打哈哈说:"老祖宗,俺是想逗您开心呢!"两人这才知道是李莲英从中播弄。

还有一次,谭鑫培演《定军山》,戏码排在第一,谭很快扮好等待。忽然奉命改为第二,等到该上场时,忽又改为第三。后来,竟一推再推,直到最后才出场,整整等了一天。当时正值盛夏,长靠戏装终日在身,不能脱卸,热得谭鑫培大汗淋漓,病了一场。

谭鑫培早听人说,阉人阴损狠毒,受过李莲英多次刁难播弄后,算是有了亲身体会。他本想寻找机会,设法报复,出一口恶气。无奈李莲英贼精溜滑,无法下手。况且,慈禧老佛爷对他恩宠日厚,满朝文武谁不怕他?如果得罪了他,终将难逃灭顶之灾。常言道:好人不跟阉人斗,君子不跟小人斗。留得青山在,不怕没柴烧。

权衡利弊,谭鑫培只好忍下这口恶气,逢年过节向李莲英赠送礼物,以博取他的欢心,平日也不再轻慢于他,为的是少惹麻烦。

李莲英见谭鑫培一天天变得恭顺了,也就心满意足了。他知道慈禧很喜欢谭鑫培,所以也不敢拿谭鑫培怎么样。

谭鑫培照样受宠,而且恩宠有加。

一天传差,谭鑫培请病假未到。

慈禧问:"谭叫天得了什么病?"

宫监奏道:"叫天戒烟,精神衰,不能唱戏!"

慈禧听了,不高兴地说:"他一个唱戏的,也不管什么社稷大事,抽抽烟有什么关系,快传他抽足了进来。"

"喳!"宫监刚要走,慈禧又说:"命内务府传话各地方官,以后谭鑫培抽烟,任何人不得干预!"

谭鑫培被传进来,抽足了烟,叩头谢恩。

慈禧特赏大土五只,并说道:"以后,你想抽就抽,谁也管不着,只是戏不能再误!"

谭鑫培连连叩头说:"岂敢!岂敢!"

时间过得很快,转眼就是一年。

这天,谭鑫培没有戏,天气晴好,便到西山潭柘寺礼佛。拈香念经之后,住持请他到方丈处吃茶,并向他介绍了少林寺方丈曾某。

原来,少林寺因大雄宝殿年久失修,需款五万余元,多方募集仅得零头。正在发愁之际,两宫回銮途经这里,慈禧答应回宫后拨银资助。慈禧回宫后,寺中派方丈曾某进京索银,他屡次求内务府转奏,但由于没有银钱打点,内务府官员根本不予理睬。在北京住了将近一年,盘缠早已花光,仍无结果,只好到京师各寺化缘。

潭柘寺住持对曾某深表同情,给他出主意说:"谭叫天在慈禧驾前红极一时,何不请他转奏?"

"我不认识他呀!"

"这好办!"潭柘寺住持说,"叫天信佛,常来寺中礼佛,颇有禅心慧根,届时我将你介绍于他。"

谭鑫培听了曾某的口述,答应转奏。他想:嵩山少林寺乃天下名刹,佛教禅宗圣地,若能为少林寺要到五万两银子,也不枉信佛念佛一场了。隔日传差,演罢戏,

第八章 千锤百炼

139

谢赏时,谭鑫培即将此事面奏慈禧。

慈禧拍着脑门子说:"是有这段香火缘!瞧我这记性,不是叫天提醒,都忘到爪哇国去了。"立即告谕内务府,支取库银五万两赐赠少林寺。内务府不敢怠慢,三日之内便把五万两银子送到。谭鑫培在护院时结识了京师镖行里的人,立即帮助联系镖师,将银两送往嵩山少林寺。

曾方丈在北京住了将近一年,一无结果。没想到谭鑫培几句话就把事情办成了,真使他惊叹不已,感激万分,不知如何回报才好。

谭鑫培说:"我是信佛礼佛之人,为佛办事,岂有回报之理?"

曾方丈总觉得过意不去,便说:"贫僧略通六合刀、撒手锏两套兵刃武功,乃师傅传授,不知对您可有用处?"

谭鑫培闻之大喜,说道:"我正拜师无门!"

于是,曾方丈天天传授。谭鑫培本来就有底子,心性又聪慧,不多日就掌握了六合刀、撒手锏两般兵器的武功,并运用到武戏之中。

谭鑫培信佛之后,千方百计地广结善缘,恤孤怜贫,经常参加各类赈灾义演,帮助别人解忧排难。

一次,慈禧太后召集诸伶训话赏赐后,和颜悦色地问道:"朕数日以来精神疲惫,不知该吃些什么,用来补养?"

一位伶人为了讨好慈禧,不懂装懂地答道:"应该吃茶膏!"

在场的人听了他的回答无不大惊失色,你看我,我看你,面面相觑。因为谁都知道,茶膏性烈,吃了必然腹泻,这不是拿慈禧开心吗?

慈禧也顿时一愣,脸上布满阴云,反问道:"茶膏?"

看到这种场合,谭鑫培急中生智,忙说道:"太后,茶膏就是普洱茶。"

太后这时似乎才听明白,喃喃道:"噢,就是普洱茶呀!"气氛马上为之缓和。

事后,慈禧服用普洱茶,效果果然不差,连夸那个多嘴的伶人。

大家都夸谭鑫培聪明过人,善于随机应变,敢于冒犯天威,为别人解脱困境。

三、炉火纯青

第三次上海之行,使谭鑫培更加眷恋京师舞台。回京后,他的同庆班经常在中和园演出。然而,和他同台演出的却换了不少新人,其中与他合作最多、关系最为密切的是杨小楼和王瑶卿。

杨小楼生于光绪四年(1878),儿时便跟着父亲月楼使枪弄棒,后入杨隆寿创办的"小荣椿"科班,先学老生,后改武生。父亲月楼去世时,小楼刚满十一岁,家境萧条,生计维艰。然而母亲胡氏善于理家,培植小楼无微不至。小楼出科后,母亲千方百计筹措重资为他置办行头和刀枪把子,每晚临睡前必为小楼撕腿,督促小楼发愤刻苦地练功吊嗓。二十岁时,小楼倒仓,唯恐母亲着急,遂约场面傅六先生赴通州友人家暂住,练功百日,恢复了嗓子。返京后又与姚喜珍、何佩亭、迟月亭、张曾明等一起练功。不论是寒冬腊月,还是六月盛夏,他们总到北京南城根窨台的破庙前苦练,有时一练就是一天。饿了啃口凉干粮;累了,就在地上铺条草毡子睡下。持之以恒,武艺渐进。

然而杨小楼毕竟年轻,在戏班里总受歧视。听说天津包银较高,便去投靠其舅父周春奎(奎派老生),经周春奎介绍,搭入天津聚兴茶园义盛和班,充当"打英雄"(即武打班房)。白天要在台上翻筋斗,打下手,没有时间练功。他便趁黑夜或黎明独自来到聚兴茶园后院的空场上,披星戴月地苦练技艺,有了突飞猛进,引起后台主持人的注意,将他提升为"二路武生",扮演《独木关》里的周青、《战马超》里的马岱等一类角色。直到二十八岁的时候,他才成为小武戏的主角。

一次演《白水滩》,舞棒既罢,杨小楼以手遮眼做齐天大圣状。别看他长胳膊长腿,身材高大,没想到演猴王竟小巧灵健,惟妙惟肖,人们便送他一个"小杨猴子"的艺名。猴戏一炮打响,便转赴烟台等地演出。几年后回到北京,仍不能与京中名伶抗衡,他开始匿迹潜修,昼夜练功。一边练一边动脑筋,仔细琢磨,认真吸收。俞菊笙观其剧,爱其才,把他唤至家中,将平生所工之剧和盘托出,全部传授给他,使得小楼的技艺更上一层楼。

杨小楼天赋条件极好,身材魁伟,四肢颀长而匀称,手脚灵活,丰姿翩翩。嗓音清亮高亢,音域宽广,高低自如,立音高而厚,膛音亮而纯,且能发出一种声如裂帛的炸音。不但嗓子本钱好,且善于运用,控制得法,嘴里有劲,咬字准确清晰。他的武功根底雄厚,腰肢柔软,翻扑矫健,一招一式全都边式合度。他的戏路很宽,不仅长靠戏演得出色,短打、箭衣、勾脸、猴戏各种类型的剧目均有独到之处。

杨小楼的父亲杨月楼是奎派传人,舅父周春奎也是著名奎派老生。因此,小楼的唱、念风格既符合俞菊笙的传统,又有浓厚的奎派韵味。此外,还受汪派、谭派的影响。

前面已经说过,杨月楼临终托孤,谭鑫培认小楼为干儿子,一直关注着他的成长。早在光绪二十二年(1896),慈禧就开始看杨小楼的戏,夸他有乃父之风,常常予以赏赐。小楼和谭鑫培一起进宫承应,宫内宫外,两人经常同台演出。和谭老板同台时,小楼的戏码总是排在倒数第二,谭老板唱大轴。谭老板有意让小楼唱大轴子,但小楼怕压不住座儿,始终不敢接受。

这一年春天,小楼搭谭老板的同庆班在中和园演出。三月初二晚上,谭鑫培对小楼说:"明天我要去蟠桃宫,唱完大轴子就晚了,咱爷俩换换吧!"

谭鑫培之所以这样提议,主要是想替小楼捧捧场,同时也不无试他一试的目的。小楼呢,只想到谭老板最喜欢赛马,每年必定去赶这个盛会,所以只好答应下来,并问道:"您瞧我明儿帖什么戏好呢?"

"你就帖《铁笼山》吧!"谭鑫培不假思索地说。他知道小楼的《铁笼山》是跟俞菊笙学的,非常拿手。

"这……行吗?"小楼一时还拿不定主意。

谭鑫培鼓励道:"你就唱吧!"

第二天,谭鑫培在前面唱了《洪羊洞》,彩声不绝于耳。跟着是小楼的《铁笼山》,小楼扮姜维上场。开始起霸、云手、择步、踢横腿、趋步、涮腰、推髯口、搂髯口、跨腿、摇肩膀、晃靠旗,然后亮住,身上敏捷干净,脚下一丝不乱。接着奔下场门,踢四击头,起"走马锣鼓"。开始观星了,突然加进大铙,霎时间轰鸣震响,气氛为之一变。台下观众的情绪陡然沸腾,小楼仿佛也被感染得如醉如痴,上台前的担心、胆怯一扫而光。他铆足了劲儿,使出浑身解数,几乎每一个身段、每一句唱都博得一个好,简直是太"露"(彩声不绝谓之露)了。

小楼并不知道,谭老板唱完后,并没有马上离开后台回家休憩,而是静悄悄地躲在台帘里边聚精会神地瞧完了一出《铁笼山》,禁不住脱口夸赞道:"好小子,不含糊,真是个活姜维!"

当场就有人把谭鑫培的话传给了杨小楼,小楼这才知道老板并没有回去,悟出老板有意提携之意,心中十分感动。

杨小楼卸完装,兴冲冲地回到家中。刚进门,老母亲就告诉他:"谭老板刚刚派人找过你了。"

"是吗?"小楼扭头就走。

母亲在后边叫住他:"天色这么晚了,明天再去吧!"

"不行！母亲！"小楼头也不回，边跑边说，"老板明天还要去蟠桃宫，我等不及了。"

三月的夜，美妙迷人。小楼踏着月光，迎着微寒的春风来到谭宅，被引入客厅。

见杨小楼连夜赶来，谭鑫培十分欣慰。干儿子不负所望，能唱大轴子了。不仅技艺高超，而且知情达理，对前辈毕恭毕敬，没有翘尾巴，这样的后生多么令人喜爱呀！

家人捧上香茶和各色小点心，谭鑫培和小楼一边品茶，一边聊天。谭鑫培见小楼刚唱完大轴子，没有丝毫倦意，依然精神抖擞，半是夸奖半是羡慕地说："正是好年龄啊！"

小楼谦恭地问道："干爹，您看场上没有'砸'（戏中出了毛病谓之"砸"）吧？"

"还'砸'哩，'露'得很呢！"谭鑫培由衷地夸奖道，"不过，《观星》那一场有个牌子，你怎么不唱呢？"

"我不会唱。"小楼老老实实地说，"干爹给我说说吧！"

"好吧！"谭鑫培今晚特别高兴，呷了口香茶说道，"这个牌子名叫［八声甘州］，原是昆曲《麒麟阁》里'扬兵'的牌子，皮黄《美良川》借用了，又搬到这出戏里来了。场面打的叫［三换头］，包括［风入松］［泣颜回］［排歌］三种牌子。去姜维不仅应该会唱牌子，而且要熟悉锣鼓经，身段和唱腔本来就是有联系的。少唱两句可以，但如果根本不会唱，身段就是空的，只能比画两下算事，找不准地方了。来吧，我给你仔细地说说。"

谭鑫培边唱边做，把身段、步位比给杨小楼看。不多时，小楼就学会了，当场表演给谭鑫培看。谭鑫培见小楼悟性这么好，学得这么快，高兴极了。

后来，杨小楼不仅学会了［八声甘州］，并对戏中的各种牌子全都悉心研究。只要是他演的戏，不但什么牌子都会唱，而且唱得十分好听。

光绪、宣统年间，杨小楼名声大噪，被誉为"京师第一武生"，甚至有人称他为"京师第一名伶"。有人想借小楼贬低谭鑫培，小楼每听到这种赞誉总是极力否认，加以辩驳："如果我杨小楼称为第一名伶，把谭老板往哪里摆？谭老板是我干爹，我好多戏都是向他学的。他肚里多宽绰，我差得远呐！"

可是，人情世态错综复杂，有人飞短流长故意挑拨两人的关系，说小楼听人家夸自己是"京都第一名伶"后十分得意云云，使得谭鑫培渐渐产生出一些误会，以为小楼忘恩负义，故意抬高自己，贬低别人。于是，谭鑫培早年在三庆班被压抑的情结和伤痕又隐隐发作起来……

据传一日慈禧传差谭鑫培、杨小楼合演《连营寨》,散戏后下起雨来。传旨命二人便衣入叩,赏赐银锞子。两人戴凉帽,着长衫,登雨鞋,随李莲英上丹墀叩谒,用衣襟兜住银锞子,叩头而退。下丹墀时,小楼滑倒,银锞子撒了一地。谭鑫培冷笑着调侃道:"小人家心眼不好,老佛爷的典,你擎受得住吗?"杨小楼知道谭鑫培是什么意思,叹了口气,没有说什么。

王瑶卿祖籍淮阴,生于北京,比谭鑫培小三十四岁。他原名瑞臻,艺名瑶卿。十一岁起入三庆班"大下处",从著名武生前辈崇富贵练基本功,又拜该班旦角名宿田宝琳学青衣。

光绪二十年(1894),十四岁的王瑶卿登台,挑帘而红,博得梨园内外一片赞许,一时间被列为花榜第一人。他不仅工青衣,而且学刀马旦、闺门旦,戏路极宽,拿手戏是"三关一挑",即《樊江关》、《金猛关》、《雁门关》、《枪挑穆天王》。他多才多艺,不仅能演,而且会编。

光绪二十七年(1998),二十二岁的王瑶卿补时小福之额进宫承差,开始经常与谭鑫培一起演戏,他们演出的剧目有《探母》、《武家坡》、《汾河湾》、《搜孤》、《朱砂痣》、《二进宫》、《一捧雪》等,尤其是《打鱼(渔)杀家》、《宝莲灯》堪称绝唱。

《打鱼(渔)杀家》又名《扣门杀家》、《萧恩杀江》、《讨渔税》、《打渔招亲》、《庆顶珠》。本系同州梆子传统剧目,大净唱做重头戏。早在嘉庆年间,陕西大顺宁部的梆子艺人何玩月就曾在北京演出过这出戏。此戏是根据百回《水浒传》之续书《水浒后传》第九回和第十四回改编的。叙李俊自征方腊回来,不愿为官,遂诈称疯疾,同曹保、倪云一起来至太湖畔,打鱼为生。乡宦豪绅巴山蛇(丁自

《汾河湾》,谭鑫培饰薛平贵,王瑶卿饰柳迎春

蠻)与常州知府勾结,霸占湖面,敲诈渔税。李俊怒砸巴山蛇渔船,痛打其喽啰。巴山蛇与常州太守密谋,诳李俊进城观看花灯,乘机将其捉拿监禁。好汉们即以其人之道,还治其人之身,设计赚出太守,逼巴山蛇吐出不义之财,然后将他们放还,劝其"改过自新,爱惜百姓,上报朝廷"。小说以喜剧性情节取胜,带有调和色彩。改编成戏之后,保留了抗缴渔税的基本情节,重新设置了人物,增添了关目,改变了故事结局,结撰成一出令人扼腕裂眦、可歌可泣的悲剧。

谭鑫培和王瑶卿合演的《打鱼(渔)杀家》,一开场就运用优美简练的唱念和身段表现出渔家生活,舞台上充满了诗情画意。谭鑫培扮的萧恩临下场时唱道:"猛抬头见红日坠落西斜。""斜"字既亮又宽,有如鹤唳高寒,江天舒啸。王瑶卿扮桂英,一边念:"一轮明月照芦花。"一边做摇橹身段,又好似一幅耐人寻味的渔舟晚归图。

第二场萧恩披着蓑衣,从"小锣夺头"里唱[西皮原板]"昨夜晚吃酒醉和衣而卧",那一段唱腔特别脍炙人口,像说话那样自然地表达出萧恩宿醉未醒、懒散抑郁的复杂心情,以苍凉浑厚取胜。

巴山蛇既无圣上旨意,又无户部公文,派教师爷三番五次地率领家奴闯进门来,肆意勒索渔税。在对付教师爷诙谐、机智的对白里,萧恩暗含着忍耐和克制,直到忍无可忍时,唱出的"听一言不由人七窍冒火",炸音突起,犹如焦雷震耳。萧恩几句话就将群丑问得张口结舌,无言以对。几个拳脚便把一群气势汹汹的家丁打得屁滚尿流,衬托出恶奴的不堪一击。

萧恩上堂告状,竟遭到严刑拷打,并逼他给丁府顶荆赔罪。萧恩怒气难耐,遂下了抛家弃舍、杀家报仇的决心。夜色如磐,江流滔滔,萧恩怒火中烧,思绪如潮。他心中牢记着替天行道的誓言,不愿当低眉顺眼的佛老,而要做挺拔而立的金刚。他与女儿含泪诀别,哽咽叮咛,让她在自己假借献庆顶珠、杀了巴山蛇、自刎而死后,戴上庆顶珠投奔婆婆家。桂英念:"孩儿舍不得爹爹!"声音凄厉,柔肠寸断。谭鑫培紧接着安排了一个哭头:"啊啊啊,桂英哪,我的儿呀!"刻画出久闯江湖的老英雄的女儿情长,成功地塑造出饱经风霜、铁骨铮铮而又充满人情味的老英雄形象。

戏中的教师爷是由当时的名丑王长林扮演的。他身上不僵,不靠端架子、出洋相来博取观众廉价的哄笑,而是运用出色的夸张表演刻画人物。他嘴里数着"枪刀剑戟、斧钺钩叉、镗棍槊棒、拐子流星、鞭铜锤抓"十八般武艺,爽脆利落之极,但实际是花拳绣腿,造成一种不和谐的滑稽形态,衬托着萧恩的表演,同时起到调剂的作用。

当时,谭鑫培六十左右,精力还相当弥满,他的年龄和扮相都占优势,适合于扮演老英雄萧恩,显示出一种松柏般的苍劲气韵。王瑶卿方在英年,功力厚实,直欲追步紫云、小福,台下人缘极好。三个人配合默契,真是珠联璧合,满台生辉。

作为同庆班班主,谭鑫培对王瑶卿十分器重,十分关照,经常以王瑶卿主演的《玉堂春》压大轴,并心甘情愿地为他配演蓝袍(刘秉义)。谭鑫培为什么会对一位不同行当的晚辈如此器重呢? 从今天的观点来看,主要是由于两位艺术家在艺术上具有共同语言和共同追求。他俩都是京剧的革新者,被后人称为"梨园汤武":京剧生行、旦行的两位革命家。

谭鑫培对于武生戏、老生戏都有革新创造,特别是对老生艺术贡献更大。老生必以唱工、做派、身段、技术皆有可观可听者方能称为完全人才。四功五法之中,唱工最为重要,唱工也最难,非有胜人佳喉而又对字音、腔调讲求绝精者不可以言善唱。谭鑫培有一条"云遮月"的好嗓子,倒仓后练得更好,能高能低,能狭能广,扬之可以凌霄,抑之可以委地。或曲尽悠扬,或陡然洪放。嗓子在家时,就往高处走;嗓子不在家,就往低处行。特别是到了晚年,虽不唱高亢之音,却显得炉火纯青。谭鑫培的唱集长庚、三胜、二奎、九龄、卢台子、孙小六诸家之大成,突破老生直腔直调、实大声洪的风貌,创造出闪板、耍板和花腔、巧腔,听来委婉多变,悦耳动听。

谭鑫培善于掌握腔调纵横两个方面,给予变化和翻新。纵的方面就是指腔调本身旋律、节奏、色彩的变化。譬如,他将《宝莲灯》中刘彦昌所唱[二黄快三眼]的节奏紧缩,尺寸加快,以符合人物心情。把《打鱼(渔)杀家》中的[西皮原板]改为[中板],尺寸放慢。将《桑园寄子》"叹兄弟"一段的尺寸加快,改为[快三眼]。将《托兆碰碑》中"命七郎"一段的[二黄原板]也改为[快三眼],比起原来唱腔均见佳妙。谭鑫培擅长演唱[快板]、[流水]、[快三眼]。他唱的[快板]及[流水],如骏马下坡,风帆鼓浪,一气奔放,犀利无前,字字清晰流畅,如珠走玉盘。《斩马谡》、《坐宫》、《定军山》、《击鼓骂曹》中的[快板]和[流水]都是驾轻就熟,灵捷无比。[快三眼]在[二黄]中最难见好,老谭独以此负盛名,如《宝莲灯》、《洪羊洞》、《桑园寄子》中的[快三眼]都令人百听不厌,妙在各有分寸,唱来清醇浑厚,苍劲淡远,圆润简净,无美不具。

从横的方面来看,就是善于吸收,变化无端。他广泛地从小生腔、青衣腔、大鼓腔、滦州皮影腔、梆子秦腔、昆曲中吸收营养,别出心裁,融为一体。《奇冤报》中"未曾开言泪满腮"之二黄反调末句"含冤有三载"脱化于小生腔,但不露痕迹。《桑园寄子》中的"山又高,水又深,计可奈"及《连营寨》中的[反西皮]"点点珠泪往下抛"脱化于青衣腔,却不带丝毫脂粉气。谭腔中有刘宝全大鼓的东西,那圆转的歌喉,那种在板上而又似不在板上,自然而又动听的曲调(即耍板),放在腔里很有味道。谭鑫培家中经常摆着一副滦州影戏道具,茶余饭后常常演示。遇有喜寿大事,刘宝全必到谭家唱堂会。谭鑫培与秦腔梆子艺人有很多接触,《打鱼(渔)杀家》中萧恩的[哭头]:"啊啊啊!桂英我的儿啊!"便融化了秦腔《打鱼(渔)杀家》的[哭头]。谭鑫培还善于将[西皮]、[二黄]交融使用,如《南天门》曹福临终前的大段[二六板]之末句"我那小姑娘呀","娘"字下的行腔,完全用《洪羊洞》的[快三眼],增强了艺术表现力,丰富了感情色彩。

谭鑫培具有高超的演唱技巧。他学过昆曲,吐字发音十分讲究,采用湖广韵、中州调,把北京的升降调和湖广的滑音同时并用,读字无讹,发音纯正,顿挫抑扬,圆转自如。其念白要诀是一清、二醒,肖角色之身分,合当时之情境,或者娓娓而谈,亲切有味;或者宏实厚重,堂堂正正;或者侃侃而谈,激昂雄浑。他根据"五音"

《南天门》,谭鑫培饰曹福,王瑶卿饰曹玉莲

（即唇、齿、喉、舌、牙）和"四呼"（开、齐、撮、合）原理，采用阴阳合掺和音腔相聚的技巧，发出"腔音"和"脑后音"，产生出共鸣效果，声音醇厚而挺拔。他还熟练地运用"反切"、"喷口"或"半喷口"技巧，加强字音的劲力和感情色彩。他常对周围的人说："唱戏的吐字，嘴要老，音须嫩，好比猫叼老鼠，要把它咬住，又不能咬死。咬得太松，字音含混。咬得太紧，声音便失去清亮甜润。"他的唱腔以神韵胜，以意生情，以情带声，逼真而有意境，堪称晚清伶界唱念第一人。

谭鑫培善于运气。气是音的主帅，气粗则音不踏实，气弱则音浅薄，气浊则音不顺，气散则音干枯。他用丹田托气，气流充沛流畅。唱［慢板］时圆转放大，唱［快板］时圆转紧缩。长腔中把字咬准后再采用圆转形式运气使腔，唱短腔或入声字时则采用弯曲形式运气，唱平声字时避免把字唱倒，不使声音发直。有人认为，谭腔之所以清丽缠绵，沉郁幽渺，多赖于阴平、阳平声之善于运用。为了换气，谭鑫培还善于在唱词中垫用"哪"、"呢"、"么"、"哇"、"呀"等虚字，不但省力好听，生动传神，而且富有韵味。垫上这些虚字，轻轻换上一口气，以便更有充分的中气再接着往下唱。

在运气行腔的基础上，谭鑫培十分注意掌握板眼。唱［慢板］时抓得紧，唱［快板］时唱得稳，唱［散板］时注意准，"坐稳中眼"，使得唱腔疾徐有度，长短相称。其间错综变幻，气象万千，细按之则丝丝入扣，游刃有余。

谭鑫培革新创造唱腔的态度是极为严肃的。每句腔都经过深入研究，反复琢磨，首先是细致分析剧情，深刻体会人物，譬如同是［二黄慢板］"一轮明月"，因剧情不同，人物身分不同，心情不同，唱法也相应变化。《文昭关》中的伍子胥内心充满了"恨"，因而唱得高亢激昂；《捉放曹》中的陈宫内心充满了"悔"，因而唱得沉郁悲凉。其次注意引耳归音，即每一新腔出现，要让人听了似乎是昔日旧交，却又是新朋友初见，既不全是老腔老调，又不生造与观众耳音四面不靠的离奇古怪的腔调。

在做和打即表演方面，谭鑫培也是一位革新家。他的眼神极为传神，水发功极佳，擅长击鼓，舞六合刀，耍铜，反身接剑，许多特技绝活令人叹为观止，如《探母》之吊毛甩发，《南阳关》之长枪，《打鱼（渔）杀家》之单刀，《琼林宴》之飞履，《王佐断臂》之滚臂，《洪羊洞》、《乌龙院》之髯口，《盗宗卷》之耍纱帽翅……其肩、颈、腰、腿，俱有硬功夫。浑身是技，又俱在戏情戏理之中，而无单纯卖弄技艺之嫌。

王瑶卿仰慕谭鑫培，追随谭鑫培，他也是一位京剧改革家。瑶卿之前，梅巧玲、时小福、胡喜禄也都是兼能旦角家门各行的大家，但他们还未来得及革新便谢世了。王瑶卿非但兼能旦角家门各行，而且贵在推陈出新。为了全面提高旦行艺术，他对许多传统剧目进行校正、打磨，从唱腔、做工到扮相进行改革。他改变了青衣捧着肚子傻唱的状况，加进了做派和各种身段，被人讥为“浪”。他还在梅巧玲草创的基础上，把青衣、花旦、刀马旦唱、念、做、打的特点融会贯通，创造了“花衫”这一新行当。花衫可以饰演多种角色，尤其适应青衣、花旦、刀马旦任何一行都不能以本行表演功能便可胜任饰演的角色。

谭鑫培和王瑶卿密切合作长达五年之久，被誉为“京剧二妙”。还有人把谭鑫培、王瑶卿与谭的琴师梅雨田合称为“梨园三绝”。如果不是因为王瑶卿于宣统二年（1910）突然“塌中”（倒仓），他们还会继续在舞台上合作下去。

当然，这一时期和谭鑫培配戏的并不只有杨小楼和王瑶卿。生角刘鸿昇、贾洪林、李顺亭、王又宸、汪笑侬，武生刘春喜（刘疯子），净角何桂山、金秀山、黄润甫、钱金福，小生德珺如、朱素云、王楞仙、程继仙、陆杏林，青衣张芷仙、陈德霖、孙怡云，老旦龚云甫、谢宝云，花旦田桂凤、郭际云（水仙花），丑角高百岁、张文魁、王长林、萧长华、慈瑞泉、郭春山……都曾与谭鑫培同台演出过，或者配过戏。正由于得到同代（略早或稍晚）众多角色的合作帮衬，才形成花团锦簇、珠璧辉映的局面。

谭鑫培与汪笑侬同台合演一时传为佳话。汪笑侬是满族人，原名德克俊（亦作德克金），生于咸丰八年（1858），比谭鑫培小十一岁。他曾做过知县，因不善逢迎，上司借口他粉墨登场有碍官箴，将他参劾革职，罢官后干脆下海。据说他曾去拜访名伶汪桂芬，请求拜师学艺，汪桂芬笑道：“谈何容易！”所以，他下海后易名为汪笑侬，藉以自励。汪笑侬虽然下海，但实际上还是一个隐名藏身于伶界的士大夫，因而被称为“伶隐”。他博采广学，多才多艺，不仅精通诗词歌赋、书画琴棋、金石篆刻，对医卜星相等杂学以及法律、商业、心理学也有所涉猎。他为人正直热情，慷慨好义，嫉恶如仇，性情豁达。由于心情苦闷，抑郁难申，晚年吸食鸦片，并经常酗酒。

因为汪笑侬是票友出身，师承渊源驳杂，程长庚、汪桂芬、孙菊仙、王九龄都是他学习的对象，所演剧目更是兼容并蓄，丰富多彩而又独出心裁。他才思敏捷，经常自编自演，或改编传统剧目，或编演新戏反映现实生活，借题发挥，嬉笑怒骂，大快人心。他被思想保守的人视为“邪魔外道”的“野狐禅”，但在上海却红透了半边天。

宣统元年(1909),汪笑侬自沪入京,偕梨园界巨富杨小朵组班,在东安市场丹桂茶园演《哭祖庙》《桃花扇》《受禅台》《马前泼水》等剧,唱做动人,别有风韵。后经人撮合,与谭鑫培合演《珠帘寨》,谭饰李克用,早已脍炙人口,汪笑侬则是首次饰演程敬思。二人对唱一幕,各不相让,功力悉敌,博得全场彩声雷动。

谭鑫培没有任何成见,对汪笑侬的玩艺儿极表钦佩,散戏后握住汪笑侬的手说:"您是我平生配角中最为得意者!君之学问,为我辈所不及。咬字之切,吐字之真,亦吾所不及。来日之盟主,实让于使君!"汪笑侬十分感动,真诚地说:"老板真不愧须生界之牛耳!"二人均有相识恨晚之慨,从此成为莫逆之交。

萧长华曾经回忆陪谭老板演《天雷报》的经过。《天雷报》是谭鑫培经常上演的戏,起先在宫内演,多由名丑罗百岁扮贺氏,由于他描摹穷苦老妇神情逼真,遂使这个角色变成老旦、丑行两门抱。后来,谭鑫培在戏园里演《天雷报》,多是名丑王长林或慈瑞泉饰贺氏。宣统二年(1910),在新丰市场庆升园后台,谭鑫培让冯蕙林把萧长华叫到身边,问道:"你会《天雷报》吗?"

萧长华其实会唱,也很想陪谭老板唱,长长见识,但在老辈面前不敢说会,嗫嚅了半天,没说出声来。

谭叫天于是带着开玩笑的口气说:"唉!带蛐蛐罩的王拴子[1]都唱了,你有嗓子,为什么不唱?"

萧长华说:"您哪天有工夫给我说说吧!"

"好吧!"谭鑫培答应得非常爽快,"我天天都在家,就怕你不来。"

萧长华十分高兴,第二天就来到大外廊营谭宅。

谭鑫培坐在炕上,仔细地向萧长华说了老生和老旦对做的身段,甚至把上步、撤步的地方、位置都交代清楚了。萧长华用心地听,用心地记,还不时随着谭鑫培比划着。

"你看过全老旦的贺氏吗?"说完了戏,谭鑫培问萧长华。

"看过,他演得真好。"

"是啊!要学他那分精气神儿。你再仔细琢磨琢磨,过几天台上见。"

几天后,萧长华在庆升园陪谭鑫培演出《天雷报》,获得成功。民国后,萧长华

---

[1] 武丑王长林的诨号,因其所戴马尾编织的髯帽形似斗蛐蛐时用的蛐蛐罩,谭鑫培故作此比喻。

还在总统府陪谭老板演过这出戏,这已是后话了。

谭鑫培对配角的选择极严,这在梨园界是有名的。譬如,有一段时间,遇《汾河湾》非王瑶卿不唱,《乌龙院》非田桂凤不演,《走雪山》必以陈德霖为青衫,《捉放曹》一定是金秀山,《状元谱》离不开王楞仙,《跑坡》则乐与王瑶卿合演……

一般说来,谭鑫培对配戏者特别是晚辈的配戏者都是十分宽厚的。遇到他人台上出错,每每为之涵盖弥合,不肯暴露其短,使台下看不出来,内行称为有戏德。但他对那些不用心、不刻苦的配角,则十分苛刻,或予以调侃,或给以刺激,甚至借题发挥,不留余地,必欲扬之而后快,行话谓之"翻场",使得为他配戏的人时时存有戒心。

一次,谭鑫培与高四保在天乐园演《天雷报》,高四保饰地保,误呼谭鑫培饰的张元秀为周伯伯,观众初不留意,及至老旦(贺氏)说:"外边有人唤你!"谭鑫培才说:"你听错了,不是唤我吧!"观众不禁哗然。等到高四保念到"新科状元像继保兄弟"一句时,谭鑫培又说:"你要看清楚了,不要认错了人!"观众回想起来,又是哄堂大笑。

还有一次演《斩马谡》,谭饰孔明,李寿山饰马谡,问斩下场时莫名其妙地大笑三声,既不合旧规,又不合人物。谭鑫培嫌他胡来,便将他召回,问道:"为何发笑?"李寿山当然答不出来,顿时大窘,台下一片倒好。

另一回,演《回荆州》,穆麻子饰张飞,念白中有"俺大哥去东吴招亲,为何不叫俺老张知道"一句。穆麻子将"道"字念成"大"字,其实台下并不理会,谭鑫培却故意说道:"叫你'知大'也要前去,不叫你'知大'也要前去!"台下这才注意到穆麻子念错了,一场大笑。

再一回,谭鑫培与票友演《捉放曹》,按规矩二人同上赶路。曹操唱完"八月中秋桂花香"一句后,须往左边走一两步,往里往回一绕,陈宫再往前到台脸,接唱"行人路上马蹄忙"。但票友唱完未往左转,立于台脸不动,谭鑫培暗示,他也没有觉察到。于是,谭鑫培便从他袖子下面伸出头去,唱了一句,台下报了倒好。

即便是再有名的伶人也难免台上出错儿,关键是属于什么性质的错。是硬伤,还是无关紧要的小错? 能不能及时巧妙地予以补救? 谭鑫培聪明过人,舞台经验丰富,应变能力极强。

一天演《黄金台》,谭鑫培因为困倦,正在后台狂吸鸦片,蒙眬欲睡,突然听到前台鼓点云锣,仓惶而起,快步上台。慌忙中,他仅仅束上网巾,未加纱帽。台下万目睽睽,正要哗笑,谭鑫培看到这种情状突然清醒,从容地念道:"国事乱如麻,忘却戴乌纱。"顷刻间,四座欢声雷动。人们纷纷赞道:"真是奇才!"

又一次,谭鑫培在某宅唱堂会演《文昭关》,慌忙中竟错佩腰刀,上台后才发觉,但又不能回去,急中生智,改唱道:"过了一朝又一朝,心中好似滚油浇。父母冤仇不能报,腰间空挂雁翎刀。"顿时,一片喝彩之声。

还有一次,演《辕门斩子》,谭鑫培饰六郎,在台上呼焦赞。此刻,饰演焦赞的李连仲正在后台与人闲话,闻声快步跑上,忘记挂髯口。谭鑫培看到,装出生气的样子问道:"你父亲哪里去了? 快快与我唤来。"李连仲顿时领悟,一摸下巴,奔回后台,挂须复出。满园座客为之倾倒。

第九章　迈向巅峰

一、大红大紫

《辛丑条约》签订之后，帝国主义列强采取"以华治华"的政策，加强对中国的政治、经济、文化侵略，从中国攫取了更多的权益。中国的铁路交通、海洋和内河航运、财政金融、工矿企业几乎被帝国主义所垄断和控制，严重阻碍了中国民族资本主义经济的发展，使中国陷入绝境。

列强各国彼此之间在华利益的争夺日趋激化，俄国妄图长期霸占东北，德国把势力伸入长江流域，英国再度发动侵略西藏的战争，英、法共同觊觎西南边疆，中国进一步被瓜分，民族危机日益加深。

戊戌变法中维新派的鲜血惊醒了孙中山等许多志士仁人。改良的道路走不通，要救国只有彻底推翻清王朝。1905年，孙中山在日本联合各革命团体，成立了同盟会，确立了"驱除鞑虏，恢复中华，创立民国，平均地权"十六字纲领，并总结为民族、民权、民生三大主义，即三民主义。就在革命党人前仆后继地浴血奋战之时，全国各地人民不断掀起广泛的反帝反封建的群众运动。如1903年四川人民的保路运动，1910年4月长沙抢米风潮，1905年抵制美货运动，以及山西、安徽、山东、湖北等地的争回矿权的斗争。

在各地武装起义风起云涌的形势下，清王朝为了挽救濒临灭亡的命运，上演了一出"预备立宪"的丑剧,以笼络资产阶级上层人物,消除革命危机。1905 年底,清廷派出载泽、端方等五大臣赴欧美日考察宪政,次年便向清廷提出"仿行宪政"的建议。清廷宣布"预备立宪",颁布了《预备仿行宪政》和《钦定宪法大纲》,以图"皇权永固"。但这既阻挡不住汹涌澎湃的革命浪潮,也减轻不了外患和内乱。

就在这风云变幻的多事之秋,亡国灭种迫在眉睫之际,鼓声咚咚,炮声隆隆。慈禧不思发愤图强,励精图治,深居九重之内,犹恋恋于珠宝珍玩,沉湎于声色犬马,和妃嫔、福晋、太监们浓妆艳抹,泛舟湖中,抹牌听戏。清廷的达官贵人们同样也是醉生梦死,沉溺于歌舞升平的虚假繁荣。

一次,庆亲王给他的一位姨太太做寿,特邀谭鑫培唱戏。谭因病情初愈,答应只能前来助兴,不能登台。当晚,酒绿灯红,奇馔杂陈,脑满肠肥的衮衮诸公、社稷重臣携妻挈眷先后来到,坐满偌大客厅。

眼看申时已过,还不见叫天到来。忽然,一位官员用轻细的脚步走到庆亲王面前,低声报告:"谭老来了!"

庆亲王立刻起身,快步来到仪门口迎接,在座百官也都抬头张望。片刻,庆亲王和叫天携手走进来,文武百官等候着不敢先行一步。庆亲王把谭鑫培带到一间密室,那里摆放着阔绰的烟榻和烟具。侍女迎上,侍候鑫培躺到烟榻之上,烧好了烟泡,让他抽个十足。庆亲王一直守候烟榻旁,等叫天抽足,来了精神,才陪他来到大厅,和文武百官品茗谈天。

庆亲王清了清嗓子,对衮衮诸公说:"谭老板赏光,莅临敝府,实在感激。但是我还想请谭老板再赏个面子,唱两出戏,如何?"说罢微笑着,用一双乞求的目光望着谭鑫培。

谭鑫培呷了口香茶,微微一笑,婉言推辞道:"论说,前来祝寿,理应唱戏;只是我的病刚好,恐怕不便遵命。"

庆亲王显出十分失望的样子,文武百官们本来也都想听叫天的戏,听谭这么说,也不免啧啧有声,惋惜不已。

谭鑫培恐怕在座的不理解,忙申述说:"不是我不肯唱,实在是病体难支。即便是军机大臣下令,也难以从命。"他的口气有点儿硬,客厅里一片寂静,气氛有些紧张。

聪明的谭鑫培见庆亲王有些不高兴,故意调侃道:"除非哪位军机大臣向我跪求,面子上抹不过去,我也就只好不顾性命地唱两出。"

叫天这话不过是为了调剂气氛,极力推脱之辞。不料,话音刚落,就见一位朝衣朝冠的人朝前跨进几步,来到谭鑫培面前,将腿一屈,跪到地下,说道:"请谭老板赏脸!"大厅里顿时响起一片惊异之声。谭鑫培定睛看去,那人乃是军机大臣那相国那琴轩!

"又是这个那相国!"谭鑫培在心中说道。不由想起上次在庆王爷堂会上,那琴轩求他加演《打棍出箱》,因而误了老佛爷唱戏的事情。没料到,他今天又将自己一军!好事的那琴轩的纠缠不休固然可厌,但他当众给自己下跪,也算给足了面子。谭鑫培赶紧上前,将那琴轩扶起,连说:"折杀我也!折杀我也!"

庆亲王在一旁哈哈大笑:"谭叫天,这回还有什么可说?"

谭鑫培没有办法,红着脸,说道:"开戏,开戏!"当晚,他只好唱了两出,才算了事。

这天堂会上那相国跪求谭鑫培唱戏的情形一传十,十传百,很快传遍朝野,传遍京城。谭鑫培的身价骤长,戏份跟着猛涨,从每场一百两增至二百两、三百两,甚至五百两,在那家花园刘宅堂会唱《武家坡》时,票价竟提到七百二十两。

这件事提高了谭鑫培的身价,为他带来了荣誉,同时也增添了不少麻烦,甚至灾难。后来不论谁掌权当政,凡在重要场合唱戏,都必定要点谭鑫培,多难伺候的主儿也得去。当时有句流行的话,叫做"有书皆作垿,无腔不学谭"。"垿"指书法家王垿之,许多店家的招贴匾额之类都出自他的手笔。而在梨园界,自然是"无腔不学谭"了。慈禧太后喜欢听谭鑫培的戏,内廷王公大臣、文武官员也都以学谭为荣,经常有人向谭鑫培请益。民政部尚书、肃亲王善耆被视为明达之士,也嗜戏成癖,和谭鑫培过从甚密,成为莫逆之交。

交谊深了,自然无话不说。一天,善耆又要让鑫培给他说戏。谭鑫培摇头拒绝,善耆问原因。谭鑫培感慨万端地说:"眼下国家多难,你们身为社稷重臣,不去兢兢业业地治理朝政,却成天沉浸在丝竹之中,这样下去岂不要贻误大事?我如不加劝诫,岂不是助纣为虐吗?"

善耆听罢他的话,沉吟良久,叹了口气说:"唉,国事至此,我又有何良策?何以解忧,唯有唱戏!"说罢一阵苦笑。

这天,善耆与名伶杨小朵合演《翠屏山》。善耆扮石秀,小朵扮潘巧云。演潘巧云斥逐石秀时,小朵离开台词,即兴发挥,指着善耆的鼻子说:"你今天就是王爷,也须与我滚出去!"台下听戏的有认识善耆的人,都为小朵捏一把汗,但善耆毫

155

不介意,反而面带笑容,把戏演得更有光彩。有人问善耆为什么不生气,善耆笑道:"舞台小天地,天地大舞台。官场即戏场,何必当真?"

那天,谭鑫培也坐在台下,注意观察善耆的一言一行,连他也没有想到善耆竟如此豁达大度。事后,谭鑫培对善耆大加称赞,说:"善耆真爱戏,能够传我衣钵的,只有他一人。"

慈禧太后究竟看过多少戏,赏赐过多少皮黄艺人,恐怕谁也说不清。但在这些艺人当中,谭鑫培最受恩宠,入宫承应持续时间最长。光绪三十三年(1907),谭鑫培最疼爱的小女儿翠珍出嫁,嫁与自己的徒弟须生王又宸,慈禧特地赠送妆盒,这样的恩宠是艺人们从来没有领受过的。

慈禧直到去世前还在听谭鑫培唱戏,谭鑫培的戏儿几乎成了她须臾不可离开的享受。谭鑫培柔性的歌喉适应了她的欣赏口味,为她带来了快乐,驱走了孤独、寂寞和烦恼。她对谭鑫培则格外恩宠,授予他六品顶戴,允许人们称他为谭贝勒、谭状元、谭大王、谭教主。他可以自由出入大内,和王公大臣们称兄道弟。一时间,富商巨贾、文人墨客争相与之过从来往。官卑职小的人借巴结谭博取衣食父母的欢心,以趋附谭鑫培引起同行的钦羡。寻常百姓中,喜欢谭鑫培的人更多。"谭迷"们遍布京城,遍布朝野;如痴如醉,似癫似狂。那低回委婉、变幻莫测的谭腔,不仅适合了慈禧的口味,也寄托了国人世纪末的情调,宣泄了国人郁结的惆怅和迷惘……

谭鑫培的名声还传到域外,引起西方人士的注意。法国艺人来到北京,和谭鑫培交流声律研究的心得。美国方面来电邀请谭鑫培赴美演出,被婉言谢绝。一次,慈禧太后接待英国使节,命谭鑫培演唱《乌盆记》,一段凄凉的反调唱罢,英使潸然落泪。慈禧太后询问缘故,英使称:"唱词不是太懂,但是感受到一个幽灵在呻吟,因此特别伤感。"慈禧太后闻言大喜,夸奖谭鑫培唱得好,重赏谭鑫培黄马褂一件、金银若干。

谭鑫培有着超越一般伶人的智慧和眼光。不论任何时候,他从不自轻自贱,知道自己的分量和价值。坎坷时,他坚忍不拔,奋力拼搏,默默地等待着成功。竞争中,他知己知彼,扬长避短,充分发挥自己的优势。大红大紫了,仍然头脑清醒,目光敏锐。他深知,从慈禧太后、王公大臣到寻常百姓,大多喜欢自己。但是他也清楚,光绪皇帝就不喜欢自己,权贵中也有人对自己颇有微词,譬如醇亲王载沣就曾对恭王溥伟说过:"我若听叫天,还不及听青衣呢!"百姓中也有人更喜欢孙菊仙和汪桂芬。特别是慈禧去世之后，谭鑫培失去了最赏识自己的靠山，他虽已年过六旬，仍然刻苦地砥砺自己的艺术，不停地磨戏，不断地演出，把好多拿手戏琢磨得更加细致，锤炼得更加精美。他常说："谁也靠不住，还得靠自己的玩艺儿。"

《李陵碑》是谭鑫培的绝唱，从三十岁以后才开始演出。经过不断加工锤炼，几乎臻于化境。

> 《托兆》一场，神色陡变，目光凝练，一线贯注，皓白之须根根震动。摇板无特异之点，唯实而不浮，亦非常伶所能学得。醒来与六郎互证梦景及促六郎上马探信之念白，虽淡淡说来而眉宇间显然有顾恋爱惜不忍生离之情形。最后动以大义，忍痛决断，手挥其行，目不忍睹，令人恻然动天伦之情……三叫头如鹤啸太空，音悲而意远。摇板进场，吐音纯趋于平，塞地孤臣，心灰意懒，此景此情，历历如绘矣！

> 读碑碣时，先以战袍拂去尘土，表明此处漫草荒烟，久无人到，然后前行细看，灰青入目，拭睫再观，更见年代湮远，碑碣为尘土所覆，其作工之精细，岂俗伶所能体贴得到。读碑文二十字，至"卸甲又丢盔"句……拜谢君恩，如杜鹃泣血，碰碑仰跌数次，颠蹶可怜……统观全剧，自始至终，唱白作表，无半点懈怠，无一处不佳。[1]

《失空斩》是谭鑫培常演剧目，经过不断加工，主题更明确，结构更完整，情节更紧凑，人物更鲜明。增添了赵云这一人物，明显地优于老本和汪桂芬本。谭鑫培台步端庄严肃，身段潇洒从容，尤其是最后斩谡的表演更为精彩，把孔明的悔恨、悲伤、痛惜、怜爱的心情表露无遗。言菊朋曾经感慨地说："我看过老谭多次演《空城计》，并且下苦功研究过。但到了台上就不如他肃穆而不板，凝重而潇洒。看来台上方丈之地是有尺寸的地方，你能吃几碗饭，立竿见影地量出来。"[2]按照言菊朋的理解，谭鑫培在塑造诸葛亮形象时，从三个方面把握住了角色的总体气质特点：伐中原前后已进入晚年，所以有点老态，此其一也；其二，白帝城托孤后，加封武乡侯，兵权更大了，所以更要有点吐握风云的气概；其三，孔明原是一位遁迹山林的隐

---

[1] 剑云《谭鑫培之碰碑·哭灵》，见《菊部丛刊》。
[2] 言少明等著《言菊朋舞台艺术》，中国戏剧出版社1959年版。

士,不同于一般主帅,所以特别要透出点秀逸之气。

《太平桥》一剧,谭鑫培在四喜班时曾经演过,经过加工,末场最为精彩。史敬思拉马上椅子,预备过太平桥。左脚刚跨上桌子,桥下躲着朱温的将官卞应遂,突然起来,把枪扎在他肚子上。史敬思扔马鞭,拔宝剑,漫过卞应遂的头。卞踢掉他手中的宝剑,史又扔盔头,起甩发,双手攥住枪头。同时,把蹬在桌上的脚撤回椅子上,往后仰下腰。最后,靴子踢椅子背,身子蹬出去起"僵尸",仰面躺在台上大边。史敬思下腰时,左腿的劲虚着,完全靠右腿使劲。卞应遂也是右腿吃劲左腿虚着,但是检场的却在椅子后边紧紧抓住卞应遂那只蹬在椅子背上的左脚。因为史敬思攥住卞应遂的枪头往后下腰,卞应遂必须顺着他的劲头,一点点往前送,净等他撒手,是一种既往前送,又带揪住的劲头。

谭鑫培扮《清风亭》中的张元秀时,掌握住表现老人体态的基本方法:"三软",即脖颈前曲、腰胯下坠、膝盖前弓,这是由于脊椎弯曲、身体衰弱而形成的体形特征。此外,眼神基本收敛,走路时亮后鞋底,表示抬腿费劲。谭鑫培又根据张元秀岁数的增加,对"三软"体形的尺寸及眼神的收敛程度有所区别。如六十来岁时,"三软"体形只是点到为止,眼神还比较集中、比较充足。七十来岁时,体态龙钟得多了,眼神也比以前收敛。八十多岁时,穷愁老病集于一身,身体虚弱到极点,眼神全部收敛无光。

《乌龙院》是谭鑫培与田桂凤经常合演的剧目,他用"三推磨"来表现宋江与阎婆惜之间的矛盾冲突愈演愈烈的过程,十分精彩。所谓"推磨",乃是戏曲程式之一:两个人面对面地站着,保持着一定的距离和角度,并围绕着一个固定的圆心一起转圆圈。这是表现敌对双方互相窥伺和戒备,蕴蓄力量,时刻准备发起进攻的姿态。三次推磨,各不相同。第一次是矛盾初现,宋江刚进乌龙院,疑虑重重,火气冲天,目光灼灼逼人,从胆壮气粗到逐渐软化。阎惜姣由举止无措、做贼心虚到理直气壮,满不在乎。第二次是在矛盾已经充分展开之后、阎惜姣拿到梁山给宋江来的信,逼宋江写休书,并注明"任凭改嫁张文远"。宋江又惊又恨,咬牙切齿,怒气满腔,两眼喷火,使得有恃无恐的阎惜姣心惊胆战。第三次是在矛盾白热化高潮中,阎惜姣拿到休书之后,仍不肯把梁山给宋江的信还给宋江而且斩尽杀绝,声言要去官衙告状,必欲置宋江于死地。宋江忍无可忍,气得浑身打战,举止失常,终于在阎婆惜的挑逗下举起匕首。

《捉放曹》是老谭晚年常演的戏,刚上场看似平淡,但随着剧情的发展渐入佳境。陈宫路遇吕伯奢时,唱的[摇板]委婉凄楚,身段细腻,与众不同。当曹操剑劈吕伯奢后,谭鑫培用高八度的"嘎调"表现陈宫愤怒的心情,运用脑后音显得十分激越响亮。"宿店"是全剧高潮,谭鑫培唱念愈紧,脸上神情也随着节奏不断变换,如长江大河,一泻到底,神完气足,结构严谨。李五的鼓点和梅雨田的胡琴严密地烘托着唱腔,珠联璧合,回味无穷。

谭鑫培还对《桑园寄子》、《奇冤报》、《琼林宴》、《定军山》等一大批剧目进行了加工,并于1905年秋天将拿手戏《定军山》拍成无声电影。电影《定军山》的拍摄是在北京琉璃厂丰泰照相馆完成的。谭鑫培饰演黄忠,着黄靠,戴白三(髯口),手持象鼻刀,拍摄了耍象鼻刀的片段,为戏曲留下宝贵资料。此外,百代公司还为谭鑫培录制了很多戏的腊筒唱片,包括《洪羊洞》、《卖

《定军山》,谭鑫培饰黄忠

马》、《捉放曹》、《探母》、《碰碑》、《乌盆记》、《桑园寄子》、《战太平》、《打鱼(渔)杀家》等十二面,其中以《洪羊洞》、《卖马》最为珍贵,老谭最为满意,不但唱得好,场面也好。梅雨田的胡琴,李五的鼓,相得益彰。老谭反复地听这些唱片,一字一句地推敲琢磨,颇有点贾岛苦吟的劲头。

谭鑫培嗜戏如命,爱戏如痴,就连择婿嫁女也不忘他的戏。他的大女婿是上海的夏月润,工武生,思想新颖,技艺精良。他赴北平迎娶鑫培长女的时候,谭鑫培令其在中和园演戏三天,以考验其技艺。头一场演《花蝴蝶》饰姜永志,硬罗帽,抱衣抱裤,绦子大带,下水时连翻"虎跳"、"前扑",一个比一个高,一个比一个快,而且落地无声。紧接着走"旋子",左拧几十个,右拧几十个,大显身手,征服了观众,老谭这才满意地点头应允这门婚事。他的小女婿便是他的弟子王又宸,虽然悟性稍差,但对须生艺术十分执著。

谭鑫培幼隶科班,未曾读书识字,所能戏文完全是由师傅或老伶工口传心授。

中年后,他开始接触文人票友,识文断字,切磋音韵。后来专门聘请一位年老书生,日就烟榻,为他讲解戏文,征引经史。谭鑫培开始广泛地与文士墨客交往,谈论绘画、文翰、历史、音乐。陈彦衡、项延煦、孙春山、罗瘿公、梁任公、陈仁、红豆馆主、齐如山等,都成了他的朋友。罗瘿公写下不少咏谭诗,陈彦衡对于谭鑫培老生艺术特别是唱腔更有着深刻独到的见解,后来写成《说谭》。

谭鑫培可以说是一位典型的"京朝派",他的技艺扎实地道,有深厚的传统基础。但他并不保守,去过上海,观赏过南派京剧的时装戏、洋装戏、连台本戏。他对上海现代化的舞台、机关布景、改良戏装、西方面部化妆,以及灯光、幻术、彩头都能接受。辛亥革命前后,由于受到当时政治形势和资本主义文艺思潮的影响,戏曲改良运动蓬勃兴起,编演时装新戏成为一时风尚。早在辛亥革命之前,曾经参与过戊戌变法运动的田际云就积极尝试排演时装新戏,直接讽喻时政。光绪三十一年(1905),杭州贞文女校校长惠兴女士因向将军瑞兴募款兴学被辱,愤而自杀。夏润田据此编出京剧,田际云联合谭鑫培上演此戏,公开揭露瑞兴的罪恶,并把演出所得票款三千六百多两银子汇往杭州,捐赠贞文女校。

谭鑫培酷爱京剧,心系梨园,但他对梨园界的陋习同样深恶痛绝。譬如私寓和站台即是两大陋习。所谓私寓,俗称相姑堂子,里面集中了一批面目姣好的男孩子,兼做两种营生:一是专供"老斗"(男妓的嫖客)玩赏的相公(男妓),二是充当男旦。"老斗"们都是些产生变态心理的色迷迷的淫棍,他们根本不懂艺术,所感兴趣的无非是相姑的色相、肤肌、女儿态等。私寓中当然也有单纯的相姑或单纯的男旦,但更多的则是将相姑、男旦二者兼于一身,类似古代艺色兼优的艺妓。

光绪三十四年(1908)十二月,田际云联合谭鑫培、王瑶卿等提倡废除私寓。呈请还未递上,便被私寓中有势力的人发现,以钱买通御史,上奏田际云勾通革命党,编演新戏,辱骂官府,被步军统领衙门锁去,送交地方审判厅,因查无实据,系狱百日而出。

所谓"站台",就是在开锣之前,演员必须齐刷刷地到前台站立,让所有观众"尽情赏玩",评头品足。无论什么下流的话都可以无所顾忌地说,任何猥亵的动作都可以肆无忌惮地做;而且仿佛越是下流、越是猥亵,越能刺激观众的胃口,吊起观众的兴味。艺人们只能容忍、逢迎,不许拒绝、不许反抗。这种侮辱人格的陋习,使得多少艺人心头充满了无可名状的愤怒和羞辱!

谭鑫培和田际云、王瑶卿等同样力主取消这种愚昧丑恶的演出方式,虽然未能马上奏效,但表达了广大艺人的心声。

光绪三十四年（1908）十月，慈禧太后和光绪相隔一天死去。不满三岁的溥仪继承皇位，改元宣统。由其父醇亲王载沣摄政，隆裕为皇太后。宣统二年（1910），六十三岁的谭鑫培第四次南下上海。这次入沪乃是受女儿和女婿夏月润所求。当时，上海北市大舞台刚刚落成，夏月恒、夏月珊、夏月润兄弟经营的丹桂园全部迁往南市十六铺新舞台，卖座不佳。为了扭转局面，重振雄风，月珊央求弟媳入京，请谭老板南下，到新舞台唱一段时间。因有上次的不快（按：指第三次南下），谭鑫培明确表示不肯，但毕竟经不住女儿三番五次的乞求和相逼，勉强答应去唱二十天。

赴沪的阵容很快确定了，谭鑫培对琴师裘桂仙有些不满意，恰巧遇到了名票、琴师，他的好朋友陈彦衡。

陈彦衡排行第十二，人称"陈十二"或"十二爷"，是票界巨擘。他学谭腔可以乱真，拉胡琴直追雨田。谭腔之妙，纯在字里行间，其密处不能透风，宽处足可跑马。当时，平庸的琴师很少能与谭腔相伴，只有彦衡不仅能托其腔，且能保其韵，实为雨田后一人。谭鑫培多么盼望陈彦衡能为他操琴，但陈彦衡不肯轻易下海。

这一次，谭鑫培又想作一番试探，便对陈彦衡说："我想约你到上海逛一趟，送你千元，聊表微意！"

陈彦衡没有任何思想准备，推托说："让我想一想再决定吧！"

其实，这就是婉言拒绝。倒不是陈彦衡不肯与老谭合作，而是他怕对不起老友裘桂仙，他并不想急于下海去抢老朋友的饭碗。

次日，陈彦衡把自己的想法告诉了老谭。

谭鑫培说："你不必多虑，裘桂仙的包银我照付！"

即便这样，陈彦衡仍然不答应，二人谈得不欢而散，结果还是裘桂仙去了。

10 月，谭鑫培一行启程南下，津浦铁路刚刚修通，他们是第一批火车乘客。

10 月 26 日，谭鑫培在新舞台正式出台，以《空城计》打炮，大获成功。接着唱了《乌盆记》、《天堂县》、《黑水国》、《群英会》、《天雷报》、《状元谱》、《王佐断臂》、《打鱼（渔）杀家》、《黄金台》、《定军山》、《南阳关》、《翠屏山》、《朱砂痣》、《八义图》、《洪羊洞》、《李陵碑》、《琼林宴》、《取帅印》等戏。许多绝活令上海观众惊叹不已，场场爆满，很快唱满了二十天。

夏氏兄弟想请谭鑫培特别加价，续演下去。因北京形势吃紧，催促返回，谭鑫培一行于 11 月 20 日仍乘火车返京。

此前三次来沪，有两次是妻妾同行，这一次却是由儿子陪同。三年前，即光绪三十四年(1907),谭鑫培六十周岁的时候,与他同甘共苦四十余载的结发之妻侯玉儿撒手而去。谭鑫培陷入悲痛之中难以自拔,多亏小孙孙豫升(即富英)降生,才使他露出笑颜。如今,小孙孙已经三岁,活泼可爱之极,谭鑫培在梦中都想着他,念着他。他之所以决定尽快返京,也有想念孙孙的因素。他仿佛看到小孙孙正在向他招手,听到牙牙学语的小孙子唤他"爷爷",他归心似箭!

二、伶界大王

宣统三年,也就是1911年,10月10日,爆发了震惊中外的武昌起义,光复了汉口和汉阳,敲响了清朝统治的丧钟。

由于孙中山远在海外,黄兴、宋教仁分别在香港和上海,原先组织起义的人有的受伤,有的逃亡在外,于是便将清军二十一混成协统领黎元洪推举为军政府都督,废除清廷名号,定国号为"中华民国"。

全国到处燃起革命烈火,各省纷纷宣告独立,形成了武汉、上海两个政治中心,双方争执不下。就在这关键时刻,孙中山回到国内。众望所归,被选为临时大总统。1912年1月1日,孙中山在南京宣誓就任临时大总统,宣布中华民国成立。选举黎元洪为副总统,组成中华民国临时政府。

1912年2月12日,清朝皇帝宣布退位,从此不但结束了清王朝两百六十多年的统治,而且结束了两千多年的封建专制制度。

辛亥革命的风云席卷全中国,也影响了梨园界。辛亥革命期间,潘月樵组织上海伶界配合革命军攻打江南机器制造局。他跪在地上,哭求炮兵开炮,但大铁门没有被击碎。他登上围墙请求守门者打开大门,终于将制造局攻克。不慎左足受伤,血流如注。后来,他辞别新舞台,到湖北充任铁路旅长,被袁世凯下令通缉,经各方援救,才取消通缉,重返舞台,家产损失殆尽。由于潘月樵有功于辛亥革命,1912年受到临时大总统孙中山的接见。

辛亥革命爆发后,谭鑫培不再入宫演戏,田际云告退了升平署。他们主张恢复天赋人权,再次提出禁止私寓,经内务部及外城总厅批准,终于除去私寓营业。

1912年5月,田际云联合杨桂云(杨小朵之父)、余玉琴、王琴侬、孙佩亭等名伶,发起组织"正乐育化会",代替梨园界的"精忠庙"。6月18日召开成立大会,共同选举谭鑫培为会长,呈请教育部立案。黄兴(克强)来京,"正乐育化会"召集大会欢迎,黄兴在会上发表演讲。

这年冬天,梨园界发起为"正乐育化会"募款义演两日,地点在天乐园。

第一天由会长谭鑫培唱《桑园寄子》。当时,梅雨田已经病故,由承办人名票陈子芳(学余紫云)、王君直(学谭鑫培)、丁缉甫(学陈德霖)、李丙庵(丑角名票)等约请陈彦衡为谭鑫培操琴。

青衣金氏由谁来配呢? 其时王瑶卿已经不能唱二黄,被称为"西皮旦"。老谭的调门高,瑶卿够不到,陈德霖又有事脱不开身。君直问老谭:"青衣找谁?"

谭鑫培打着手势说:"到东边去问。"所谓"东边",就是指大外廊营东边的鞭子巷的梅家。

早年,谭鑫培曾兼搭四喜,挑过一些戏的大梁,梅巧玲很是捧谭,鑫培对他的提携十分感激。巧玲去世后,谭鑫培每年春节必到梅家拜年,两家关系一直很好。特别是梅雨田为谭鑫培操琴将近三十年之久,两人之间的友谊更深。谭鑫培之所以想到梅家,一是因为怀念故旧,二是为了提携晚辈梅兰芳。梅兰芳的父亲早逝,靠伯父雨田抚育成人,鑫培提携兰芳也是对雨田的最好怀念。

梅兰芳呢,正值风华少年之时,若能和谭鑫培配戏当然十分荣耀。但他周围的冯幼伟、许伯明、舒石文都很紧张,认为谭叫天生性高傲,名声太大,不好伺候,万一出了差错,会影响梅兰芳的前程。但梅兰芳心里有谱。他在双庆班的时候,经常和贾洪林、李鑫甫唱《桑园寄子》这出戏,都是走的谭派的路子,所以敢答应这件事。

演出前,梅兰芳到后台请谭鑫培对词儿。

谭鑫培问:"这出戏你跟谁学的?"

"吴菱仙!"

"跟谁唱过?"

"贾洪林!"

"那就甭对了!"谭鑫培放心地说。因为早年他在宫中演《四郎探母》时,大半是时小福的四大人,两人配合很好。吴菱仙是时小福的徒弟,路数肯定差不离儿。但过了一会儿,他又嘱咐道:"我的戏都是通大路的,不用对。你到台上放大胆子,我都有肩膀交代清楚,不会出错的。"

果然,一老一少,虽是首次合作,配合得却十分默契。谭鑫培给梅兰芳留下的身段尺寸恰到好处,特别是唱"手攀藤带娇儿忙登山界"一句时,谭一手拉着小孩,一手做攀藤上山的样子,同时甩髯口。李五的鼓点子紧凑地烘托着他的身段,把山

第九章 迈向巅峰

163

路崎岖、艰难跋涉的情景描摹得极为生动。当谭鑫培换手拉小孩的时候,还有个右脚蹬空、左脚一滑,往后一仰的身段,扮小孩的赶紧扶住他的腰,用京白说:"您慢点!"使生活和程式融为一体,极为细腻生动。

唱完了,梅兰芳向谭鑫培道乏。谭鑫培很满意,露出亲切的微笑。

但是,几天以后,报纸上纷纷评论《桑园寄子》,认为谭老板选择配角一向甚严,这次突然挑了个后生晚辈,未免有失身分。

谭鑫培听罢这些议论,颇不以为然地说道:"听拉拉蛄叫还不种地了呢!"

不久,谭鑫培又与梅兰芳合演了拿手戏《汾河湾》。因为有了《桑园寄子》的首次合作,这次合作更加顺畅。

不过,在演出过程中,谭鑫培有时站在剧中人的立场上,倚老卖老地即兴加进一点科诨,来博取观众一笑。如薛平贵进得窑来,跟柳迎春吵完嘴,接着要茶要饭。薛平贵问:"口内饥渴,可有香茶? 拿来我用。"

柳迎春答道:"寒窑之内,哪里来的香茶? 只有白滚水。"

谭鑫培临时加了一句:"什么叫白滚水?"

梅兰芳灵机一动,答道:"白滚水就是白开水。"

谭说:"拿来我用!"就算打住了。因为北京话只说"白开水","白滚水"是上韵的戏词。

薛平贵又要好菜好饭,柳迎春答道:"寒窑之内,哪里来的好菜好饭?"

谭鑫培又跟着加了一句:"你与我做一碗'抄手'来。"

梅兰芳问:"什么叫'抄手'?"

谭鑫培冲着台下观众,指着梅兰芳说:"真是乡下人,连'抄手'都不懂,'抄手'就是馄饨呀!"

"抄手"本是谭鑫培老家湖北的家乡话,所以他触景生情地搞了个小噱头,没有离开剧情,符合夫妻身分,增添了调笑取乐的气氛。

还是《汾河湾》这出戏,不过是在段宅堂会演出,"闹窑"一场"杀过河"时,梅兰芳与谭鑫培里外错走,不免相撞,仓猝之间,本也无人理会。谭鑫培却在念白中忽加"叫他这边躲,他偏往那边走"两句,即景生情,妙趣解颐,不露一点破绽,令人忍俊不禁。

谭鑫培和梅兰芳联袂演出,大获成功,倾倒了京师观众。年近七旬的谭鑫培宝刀不老,威风不减当年,名声更大,人送"伶界大王"雅号。原来默默无闻的梅兰芳崭露头角,时人称为"梅郎"。

也就是在这一年,著名秦腔(河北梆子)青衫刘喜奎应武少俊之邀,由青岛返京,任庆和成主演,与"小香水"等在三庆园第一舞台演出。

刘喜奎祖籍河北南皮县黑龙村,官宦门第,书香人家,幼年丧父,母女相依为命。八岁入梨园行,先习老生,后改花衫,二十岁左右成了角儿,辗转于营口、哈尔滨、海参崴、上海、天津、青岛等地。因她正值青春年少,花容月貌,不少军阀、高官、阔少对她纠缠不休。她为保冰清玉洁,不肯牺牲艺术,得罪了恶势力,身为小职员的爱人被折磨而死,刘喜奎内心深处留下深深的创伤。从此,她更加痴迷于艺术。特别是与杨韵谱合作后,首演新剧,轰动津门。

刘喜奎进京演了两三个月,票房一直极好。因此,当时有人把追谭、梅、刘的观众戏称为"痰(谭)迷"、"梅毒"、"流(刘)行病"。名派之间互相竞争、攻伐,把北京剧坛搅得分外热闹。

"痰(谭)迷"群时间最长,人数最多,势力最大。其中有王公大臣、达官贵人、文人学士、名伶名妓,也有贩夫走卒、普通百姓,五行八作,三教九流无所不包。有的人只是图个好看好听,过瘾痛快,找个乐子;而有的人则是很内行的票友和很有才华的艺人。

迷谭的票友有陈彦衡、王君直、王颂臣、王庚生、红豆馆主等,这里只重点介绍红豆馆主。红豆馆主名溥侗,字厚斋,嗜古能书,尤喜歌舞。虽系清室贵胄,却不惜纡尊降贵,求教于名伶,许多名伶成为他的座上客。举凡生、旦、净、丑,文武昆乱,无一不能。《群英会》学王楞仙,周瑜与蒋干把酒话旧,抚琴击剑即楞仙路数;《挑滑车》以俞菊笙为法;《芦花荡》则系钱金福所授;《战宛城》学黄润甫颇为神似;《金山寺》之白蛇,昆腔出手,能一身兼之。老生则拜谭鑫培为师,一字一腔、一言一笑,及举手投足、神情动作,莫不悉有所本。因他能集其大成,神而化之,故有"票界大王"之称。

一次,某贝子出洋,各亲贵设宴饯行,广召名伶演戏,谭鑫培也在其列。红豆馆主首先串演了三出,一为《金山寺》,其他两出皆系老生戏。鑫培看了又惊又喜,感叹道:"如果伶界有一位溥王爷,我谭鑫培当退避三舍。说真的,我演不了《金山寺》。"

众亲贵请谭鑫培演《恶虎村》,谭鑫培开始答应,后来却临时改为《洗浮山》。一来这出戏大家不多见,二来这出戏在武打之后还要唱一大段反调,这是红豆馆主尚不能演出的。由此可见谭鑫培性格的另一侧面:不肯服输并狡黠多智。

迷谭的名伶有：谭的徒弟王月芳、贵俊卿、王雨田、贾洪林、刘春喜、李鑫甫、罗小宝、吴铁庵、孟小茹、王又宸、余叔岩、言菊朋及儿子谭小培等。这里多说几句贾洪林、王又宸和言菊朋，余叔岩则留待下章介绍。

贾洪林，乳名狗子，初入小洪奎科班时，本学孙菊仙，嗓音衰败不宜继续学孙，改做二路生角。二十岁后拜谭鑫培为师，执弟子礼，改学谭腔。拿手戏有《失街亭》、《打棍出箱》、《宝莲灯》等，但不擅长扎靠戏。嗓子失润后，入同庆班为谭配戏，如《搜孤救孤》中的公孙杵臼、《盗宗卷》中的陈平、《群英会》中的孔明、《状元谱》里的陈志、《捉放曹》中的吕伯奢等，都见精彩。

王又宸早年即追随谭鑫培，基本功较扎实，为人笃诚，所以谭鑫培将小女儿许给他。他的扮相、身段、唱工都不错，《连营寨》、《空城计》、《李陵碑》颇佳，故被称为谭派健将。但也有人认为，他虽系谭氏门婿，但并未得到谭鑫培的亲授，所演各剧纯由剽窃而来，毫无真实传授。并且，字音倒舛，唱腔飘忽。所演《卖马》、《洪羊洞》、《寄子》、《捉放曹》尚大致可观，而《失街亭》、《碰碑》则与谭派背道而驰，《南阳关》、《定军山》几乎一无是处。

言菊朋本系旗籍世家子，少年便酷爱戏剧，省吃俭用也要挤出钱来听戏，最喜欢的便是谭鑫培。只要谭老板出台，哪怕是刮风下雨，他也要脚踏钉鞋，手执胶布大伞，到戏园买最便宜的门票，靠着大墙坐下，过他的戏瘾。但言菊朋从未真正拜过谭，不过是私淑弟子而已。

为了学谭，言菊朋真可谓煞费苦心。每次去听谭鑫培的戏，他都约上好友三四人，来到戏园，占住座位，然后各有分工。有人记"场子"，有人记"身段"，有人记"做派"，有人记戏词。记回来后，凑到一起，认真研究，悉心揣摩，甚至连平时吸烟、走路的种种姿态都模仿老谭。这样的集体观摩和研究不论酷暑严寒，从不间断。

言菊朋不能直接学谭，便千方百计地结识了与谭配戏的花脸钱金福和武丑王长林两位前辈，从他们那里学习谭鑫培的剧本和表演身段。他还向熟谙谭腔的著名琴票陈彦衡讨教，体会谭氏发声方法和如何运腔的妙处。同时还与和谭氏合作很久的杨小楼、王瑶卿结交，以加深对谭派的理解。

言菊朋的旧学根底深厚，对于文学、词曲、徽汉调中的中州韵、尖团音、阴阳反切等都有深入的研究，加上他精心揣摩，几乎是无腔不佳，无腔不精。他的唱腔清越幽闲，沁人心脾，如高山流水，令人悠然神往。因此，有人称他为"旧谭派"。

《珠帘寨》,言菊朋饰程敬思(右一),王瑶卿饰二皇娘(左二)

　　谭鑫培最早的专职琴师是王云亭,入宫承应前换成梅雨田,伴他将近三十年。后来,偶因一次纠纷,雨田悻悻然离去。第二天便是谭鑫培与陈德霖的《桑园寄子》。管事人一大早即到梅家,一来送戏份,二来代表谭鑫培表示歉意,并央求雨田继续与谭合作。但是梅雨田已经听说谭鑫培背后放出话来:"他不拉,我也能找得出人来。万一找不到,就叫我二儿子给我拉!"所以,无论管事人怎样央求,梅雨田都不肯回去。

　　一时间找不到合适的琴师,谭鑫培只好让二儿子嘉瑞(字海清)操琴,然而他的指法平庸,技艺甚拙,实在无法和谭鑫培的唱腔匹配。谭鑫培大受其罪,只好又去求雨田,雨田索性让他吃了个闭门羹。

　　不久,梅雨田死了,谭鑫培特别难过,大有曲高和寡、知音难遇的感慨。

　　民国初年,谭鑫培的琴师是孙佐臣,他是裘桂仙的叔丈人,裘盛戎的外祖父,人称"孙老元"。有一次演《碰碑》,因为这出戏反调多,胡琴的活儿累一些,孙佐臣提出给他开双份才行,并说以后都要给他开双份,多少有点"拿糖"的味道。双方没有协商好,只好分手。

　　这时,谭小培忽然想到徐兰沅。当时,徐兰沅还很年轻,正给富连成科班操琴,每天只挣几十吊钱。

这天,当徐兰沅来谭家吊嗓子时,谭小培当面提出请他操琴的事。徐兰沅感到很意外,半天不敢答应。

"你不要犹豫!"谭小培说,"我让你拉你就去拉,到时候就上场。如果老爷子不满意,拉砸了,你把胡琴撅了,我养活你一辈子。"

"那好,我先试一试吧!"徐兰沅表示。

第一天又是《碰碑》,结果很圆满地拉了下来。谭鑫培很满意,给了徐兰沅五块大洋的戏份,比在富连成强多了。

徐兰沅受宠若惊,从此正式走马上任。徐兰沅牢记前辈的教诲,胡琴称为"随手",其作用是通过衬、托、垫、补把演员的唱腔裹圆,不能独奏。所以他拉得规矩,不乱用"花点",不喧宾夺主,不哗众取宠。

然而,徐兰沅毕竟还很年轻,而谭鑫培已是久负盛名。一次演《南天门》,因里面有五个(回龙)腔,徐兰沅拿不准,来到谭宅,向谭鑫培请教。

谭鑫培正躺在烟榻上喷云吐雾,说道:"《碰碑》都拉了,《南天门》为什么发怵?这出戏哪有许多[回龙],回头给你说说。"

等抽完了烟,精神头上来了,谭鑫培开始正式说戏。只见他手里拿起一只鼓楗子,从小姐帘内[导板]说起,青衣的对白,老生的唱腔,配合身段的锣鼓,从头到尾,一点不落地足足说了一个时辰,吓得徐兰沅从此再也不敢请他说戏。

谭鑫培在京师红透了,红得鲜花着锦,烈火烹油,红得天崩地裂。

民国元年(1912),六十六岁的谭鑫培应上海新新舞台老板黄楚九之聘,乘船南下,随行配角有净角金秀山、武二花金少山、青衣孙怡云、小生德珺如、老旦文蓉寿、小丑慈瑞泉等。遗憾的是琴师梅雨田、鼓师李五均已作古。

轮船抵达上海时,前后台一齐前往码头恭迎。登岸后,各戏园伶班一一请安。寓所安排在小花园西头对面的宝相里,俨如王公大臣排场。包银一万六千元,临时费用两千元,供给及杂项一切均三千元,实在符合"伶界大王"的身价。

民国初年的上海,兰麝烟迷,绮罗云集,被人称为"不夜之芳城,销金之巨窟"。每当上灯时分,车马纷沓,衣香鬓影,令人目不暇赏。舞台上则是革竹金丝,百音齐奏。皮黄界人才济济,争妍斗奇。王鸿寿、潘月樵、孙春恒、李春来、刘永春、周春奎、龙长胜以及已经北上的汪笑侬等皆已成名。后起之秀周信芳、李桂春、林树森、赵如泉、李永利、盖叫天、冯子和、毛韵珂、夏月珊、夏月润崭露头角。并涌现出不少坤伶如恩晓峰、露兰春(工老生)、粉菊花(工武旦)和髦儿戏。新街丹凤茶园及法租界"凤舞台"还开了男女合班合演之风。

上海的南派京剧敢于创新,时装戏、洋装戏很多,而成就最大、影响最为深远的则是连台本戏。通俗易懂,情节紧凑热闹,好比弹词里的长篇书目,让人看了前本还想看后本,如《封神榜》十六本;《汉光武复国走南阳》十四本;《宏碧缘》十六本;《狸猫换太子》三十六本,被人戏称为"狸猫换票子";《济公活佛》二十二本;《铁公鸡》十本等。开始建造现代化剧场,发展机关布景,学习西方的面部化妆方法,改良戏曲服装,发展与机关布景配套的灯光、幻术、彩头。南派唱腔丰富多彩,凡北派京剧有的声腔曲调几乎都有。伴随着连台本戏的发展,为适应连台本戏出奇制胜的需要,又创造了多音联弹的声腔体系,以多板式和多声腔取胜。在表演艺术上亦独具特征,文戏武唱,以杀搏斗狠见长,直接继承了旌阳戏子之遗风,颇多真刀真枪的表演。

谭鑫培还抽暇观赏了女须生恩晓峰的汪派名剧《马前泼水》、《骂阎罗》、《献地图》等,女须生露兰春的《李陵碑》、《洪羊洞》,"粉艳亲王"武旦粉菊花的《泗州城》、《阴阳河》,大饱了眼福。

谭鑫培以"伶界大王"身分莅临上海,做示范性演出,所受到的欢迎与赞扬难以尽表。没料到风波乍起,搅得谭鑫培心绪不宁。事情是这样的:一天,谭鑫培在新新舞台帖《盗魂铃》,这本来就是一出滑稽调笑的闹剧,谭鑫培反串猪八戒,演来很随意,好像在游戏。念白尽量模仿上海话,唱段[二黄]无板无眼,引起台下哄堂大笑。按当时的演出惯例,这出戏最后有上三张半桌子翻台漫的技能表演。谭鑫培爬上了两张桌子,对下面看了看,摇摇头说:"我还要老命呢!"做出害怕的样子,又爬了下来。当即,台下就有人十分不满,高声叫起倒彩。开始几个人叫,霎时全场响起倒彩声。有人起来制止他们,双方扭打起来,戏园子里面乱成一团。郑正秋办的一张石印版的戏剧画报首先披露了这条新闻,接着各报陆续也都有批评的文字。当时上海有个武丑名叫杨四立,常在各戏园搭班唱《盗魂铃》,是翻台漫的能手,有人说:"谭鑫培栽给杨四立了!"论说,花钱买票看戏,谁不想看到扎实的功夫和令人惊叹的绝活,特别是对于"伶界大王",人们抱着多大的希望!谭鑫培漫不经心的演出使观众感到受了欺骗,非常失望,叫倒彩无疑是有道理的。但是,谭鑫培毕竟是年近七旬的老人了,还能像年轻时那样跌打翻扑吗?想当年,谭鑫培的翻跌在梨园界是首屈一指的,不仅能从三张半桌子上翻下来,落地无声,身姿矫健;还能在桌子上做出几种架子,如"台提"(脸朝里,反着往下翻)、"台漫"(脸朝外,扎头,斜着往下翻)、"台扑"(脸朝外,正面往下翻)等,都做得十分在行,而且漂亮,连后台的内行看了都觉得十分有趣。谭鑫培因为反串《盗魂铃》而受到慈禧太后的激赏,这出戏的路数和演法就是他创造的。然而,好汉不提当年勇。他如今这么大的名声,这么大的年纪,还能再冒这样的风险吗?况且,谭鑫培有他自己独到的见解。他认为:猪八戒本来就是个小丑类的人物,脑满肠肥,贪吃懒做,装傻卖愣,滑稽逗趣。这类角色,你说他敢从三张半桌子上翻下来吗?所以,用滑稽姿态演出是有道理的,符合八戒的性格,并不仅仅是由于他年纪大,不肯卖力气。

新新舞台《盗魂铃》演出风波竟然引起诉讼,闹到官衙。谭鑫培据理力争,结果胜诉,十天后重新开台。合同一满,谭鑫培无心逗留,赶紧搭轮船回北京。

第十章 抱恨以终

一、得罪权贵

临时政府成立,中华民国开始,但以袁世凯为代表的北洋军阀却乘机占据了北方,与临时政府形成南北对峙的局面。

说起袁世凯,那可真是个老谋深算、阴险狠毒、居心叵测的野心家。袁世凯是河南项城人,出身于官僚大地主家庭。他从小站练兵起家,培植起北洋军阀。戊戌变法时玩弄阳奉阴违的两面派伎俩欺骗了光绪皇帝,出卖了维新派。宣统元年(1909)被革职后,来到河南彰德(安阳)城外洹上。名为闲居,实则窥伺方向,以求一逞,曾赋诗云:"楼小能容膝,檐高老树齐。开轩平北斗,翻觉太行低。"勃勃的野心暴露无遗。后来,他在北洋军阀和帝国主义势力的支持下,登上清内阁总理宝座。继续玩弄两面派手法,一方面骗得孙中山拱手让出临时大总统职务,一方面向清帝逼宫,同时采取卑鄙的暗杀手段,杀害了政敌宋教仁,结束了南京临时政府,破坏了国民党队伍,篡夺了辛亥革命胜利果实,彻底暴露出大阴谋家、大卖国贼的狰狞面目。

孙中山发起讨袁"二次革命",却因涣散无力、意见分歧而归于失败。袁世凯窃取了中华民国临时大总统,当上了正式大总统犹不满足,竟然丧心病狂地恢复帝制,于1915年12月开始使用皇帝称号,自称中华帝国洪宪皇帝,演出了一场登基的丑剧。然而，八十三天皇帝梦很快破灭，在举国一致的讨袁声浪和护国运动中，洪宪帝制覆灭，袁世凯也一命呜呼。北洋军阀内部分裂为皖系、直系和奉系，继任的大总统黎元洪与北洋军头目冯国璋、段祺瑞钩心斗角，闹起所谓"府院之争"。顽固不化的帝制分子军阀张勋借口调停"府院之争"，带兵进京，宣布宣统复位。北京街头一时间龙旗招展，清廷遗老遗少弹冠相庆，演出了一出"重登大宝"的复辟丑剧。在英、美帝国主义的操纵下，桂系军阀陆荣廷和直系军阀相勾结，使孙中山的"护法斗争"流于失败。段祺瑞突然宣布讨伐张勋，把自己打扮成"再造共和"的英雄，黎元洪只好避到外国使馆，辞去大总统职务。

辛亥革命后，新的权贵们照样像慈禧那样沉溺声色，喜欢看戏。谭鑫培虽不再入宫，但堂会不少，唱戏的机会仍然很多。上海兴起了戏剧改良运动，不少人提出废止旧戏，北京伶业一度为之不振。1912年1月，北京发生了由袁世凯一手策划的"三镇兵变"，前门一带的戏园遭到抢劫，影响了演剧事业，但只要谭鑫培登场，照样场场爆满。

袁世凯五十大寿，设宴庆祝，招在京名伶入中南海唱戏。谭鑫培开始没有去，后来被那相国琴轩强行拉去祝贺。那琴轩陪着袁世凯坐在前排观赏，见谭鑫培登场，便立即不由自主地站立起来，拱手为礼。袁世凯看到这种情况，顿时改容，满座客人都露出吃惊的神色。原来，袁世凯对于伶人打心眼里鄙薄、轻视。他和慈禧很不相同。慈禧不仅爱戏如命，而且十分懂戏。只要玩艺儿好，她喜欢，从来不吝赏赐。特别是对于谭鑫培这样的艺人，更是另眼相看，赏赐有加。袁世凯虽然也爱看戏，但其实并不懂戏，不过是消遣消遣，找个乐子而已，所以，他总爱点些热闹的戏。一句话，袁世凯并不懂谭鑫培，也不欣赏谭鑫培。袁世凯当了大总统之后，公府照例传差谭鑫培。但不论唱多久，唱得多么好，每次仅付二十元，和慈禧太后的赏赐简直不能比。谭鑫培的二儿子嘉瑞曾经发牢骚说："总统府怎么和皇宫一样也要传差？钱又给得那么少？"这背后的牢骚和埋怨，被府内管理剧务的王文卿听到，报告给袁家。袁世凯的大公子袁克定听说后骂道："臭戏子，还挺会摆谱！"

国会初开，因为田际云曾经参与辛亥革命，为推翻满清作过贡献，有人议举田际云为议员。袁世凯听到后很不高兴，对左右说："如果田际云能当议员，我就该把大总统让给谭鑫培了！"有人认为他这番话是抬举谭鑫培，其实根本不是那么回事。他对"伶界大王"谭鑫培的声望颇不以为然，当他听到有人称黎元洪、小凤仙、谭鑫培为"鄂中三杰"时，竟奚落道："什么三杰？三只九头鸟！"

袁世凯不喜欢黎元洪,更仇视孙中山和黄兴,把这两位革命党人视为眼中钉、肉中刺,必欲除之而后快。于是,挖空心思地悬赏征文,命人编写了《国贼孙文》、《无耻黄兴》二书,极尽污蔑、丑化、谩骂之能事,印行十万册,颁发全国。有人为取媚于主子,根据这两本书编成《新安天会》戏文。剧中情节为:孙悟空大闹天宫后逃至水帘洞,被天兵天将十二金甲神人团团围住。孙悟空纵一筋斗云,逃往东胜神州,扰乱中国。剧中的孙悟空影射孙中山,号称天运大圣仙府逸人,连外貌都像孙中山,八字胡两角上卷。其中军官为黄风大王,俨然化装的黄兴。其先锋官为独木将军,与江西都督李烈钧一模一样。最后,弼马温猴头纵一筋斗云十万八千里,逃往瀛洲蓬莱三岛,现出原身。中军官化为肥胖独角猪,前爪缺一指,向泥中将嘴一拱,借土遁而去。先锋官化为前脚狼狗,四足腾空,乘大风避往南洋群岛。

剧本编成之后,总统府便命谭鑫培饰演《新安天会》主角,遭到断然拒绝。接着又逼孙菊仙为主角,孙菊仙亦未答应。袁世凯大怒,派人找到刘鸿昇,刘在威逼利诱下被迫答应下来。袁世凯看罢演出,十分得意,将张广建所进龙袍赐予刘鸿昇,凡参演者每人赐带有袁世凯头像的银元二百元。有的艺人出了怀仁堂便开始抛撒银元,一边撒一边对路上人说:"袁大头落地了!"谭鑫培不肯演《新安天会》,总统府命他改唱拿手戏《当铜卖马》。演罢戏,谭鑫培不辞而去,一路大笑,走出新华门,直到大外廊营方停住笑声。有人问他:"你为何一边走,一边大笑?"谭鑫培说:"我不肯小叫,岂不可大笑吗?"

一天,谭鑫培正在家中闲坐,总统府派来管事的人,对他说:"谭老板,过几天大总统宴请外宾,请你去演戏!"

"演哪一出?"

"《战长沙》。"

"知道了!"谭鑫培答道。他想,过去演这出戏,总是汪桂芬饰关羽,他配黄忠。现在,汪桂芬已死,自然应该由他去关羽了。他特意置办了一身崭新的绿蟒和绿靠,并把整出戏一字一句、一招一式地全都在脑子里过了一遍。几天后,谭鑫培被叫到公府。他来到后台,手执红笔,对镜描画关圣脸谱。管事人走过来劝阻道:"谭老板,您怎么勾起红脸来了?"接着,递过戏单。看了戏单,谭鑫培大失所望,如一瓢冷水兜头浇来。原来戏单上依然是他去黄忠,关羽一角则由当时不甚出名、尚属于晚辈的王凤卿担任。

"为什么不让我去关羽?"谭鑫培不解地问。

管事的说:"大总统当年看《战长沙》,就是你去黄忠。大总统思谋当年绝妙,才请汪派仅有传人王凤卿代汪桂芬去关羽,这岂非珠联璧合?"

"'大头'已死,这个红脸该我唱了!"谭鑫培争辩道。

管事的冷笑道:"这不干小人的事,是大总统的旨意,你看着办吧!"

其实,袁世凯也并没有思谋当年之幽情,不过是借此贬低谭鑫培而已。谁不知道谭鑫培也是能唱红生戏的,他在北京和上海都看过王鸿寿的关羽戏,他的关羽演得也十分生动传神,可以说和汪桂芬各有千秋。

为了实现衰年变法,谭鑫培把这出戏掰开揉碎地琢磨个透,满指望在舞台上一展风采,了却夙愿。没想到不让自己唱主角,白费了一番心血。年近七旬的"伶界大王"还要为晚辈配戏,岂不有损尊严?谭鑫培手握红笔愣在那里,实在是无可奈何。演黄忠吧,不情愿。不演吧,又怕得罪了权贵。锣鼓敲起,戏就要开场。一时间他忘记脱掉自己身上的衣服,就扎上了大靠,扮起黄忠。由于情绪低落,演至马失前蹄时,谭鑫培也不翻抢背,只以一跪了之,敷衍终场而已。

袁世凯父子坐在台下,看出谭鑫培在有意应付差事。又听管事人说,他不肯演黄忠,非要演关羽,连身上的衣服都没有脱就扎上大靠,这不分明是对大总统不恭吗?袁世凯为此事十分恼怒,长子袁克定则声称要将谭鑫培交警察厅严办。

谭鑫培知道惹了大祸,一时慌了手脚,只好四处求人,多方奔走。最后总算没坐班房,但总统府规定:"一年之内,不准谭鑫培演戏。"

王文卿来到谭宅,对谭鑫培说:"您年高艺高,最好保重休养,不宜经常露演。"

谭鑫培当然听出了弦外之音:表面恭维,实则禁演。只好忍气吞声地点头答应。于是,好几个月,堂会和戏园里不见谭鑫培的踪影。当时盛传"保存活国粹"的笑话,便是指此事而言。

论说,六十多岁奔七十的人了,也应该息影舞台了。但是,谭鑫培身体很好,嗓子越老越亮,调门直往上长,完全可以演戏。他视戏如命,戏比天大,不演戏就浑身难受。再者,迷谭的人如饥似渴,望眼欲穿。再者,谭家没房产、没田地、没买卖,就靠演戏吃饭,一家人丁兴旺,费用很大,积攒不多。别看他名字挺响,一旦停止演戏,断了收入,日子也就难过了。

谭鑫培苦撑苦熬几个月,再也顶不住了,只好想法子重返舞台。而要想重返舞台,必须与袁世凯父子和好。这时,有人给他出了个主意:走余叔岩的路子。余叔岩是余三胜的孙子,余紫云的儿子,陈德霖的女婿。生有慧根,十岁学戏,稍加点拨就中节合拍,音韵铿锵。十三岁以"小小余三胜"的艺名登台演唱,名噪津门。

谭鑫培、汪桂芬看了余叔岩的演出,都称赞他是"余家的千里驹"。但天有不测之风云,由于劳累过度,十九岁突然倒仓,竟连一句也唱不出来。倒仓使余叔岩陷入最尴尬的境地,经干爹王文卿介绍,认识了袁克定,在总统府军官团谋到一个少校内尉官的职位。余叔岩对一官半职全然不感兴趣,丝毫未减对京剧须生的热情。他坚持练功练嗓,和朋友们一起创办了"春阳友会"票房,票房内排戏班底大半是当年"同庆班"中陪谭鑫培唱戏的老人,检场刘十也是傍谭多年的老手。民国元年(1912),余叔岩结识了名琴票陈彦衡(陈十二爷),陆续向他学会了谭派名剧《托兆碰碑》、《琼林宴》、《捉放曹》、《卖马》、《桑园寄子》、《连营寨》、《八大锤》、《探母回令》、《武家坡》、《击鼓骂曹》、《定军山》、《战太平》等十几出。他的嗓音幽细,吐字沉着,行腔大方,谭味十足。

民国以来,谭鑫培虽年近古稀,但每月还有几次演出。余叔岩每场必到,以票友身分包桌,并约懂戏的朋友王庚生、关钟霖、王月芳、言菊朋、王君直、王荣山、樊棣生一同观看,帮他记词记腔,自己则注重身段表情。散戏后去吃小馆,彼此印证核对。余叔岩越学越感到谭派博大精深,激起拜师谭门的决心。他屡次托人推荐介绍,但谭鑫培性情高傲,艺不轻传,不喜收徒,没有答应。而且,谭鑫培的戏也越来越难以看到了。

正当余叔岩为拜师发愁时,一天,谭鑫培的二儿子嘉瑞突然登门拜访。余叔岩喜出望外,还没等他发问,嘉瑞先开了口,把总统府禁演的前因后果和盘托出,最后说明来意:"听说总统府管理剧务的王文卿是您的干父,因此想请您出面,从中说和,请总统府收回成命,准许老爷子出来演戏,多多拜托了!"

余叔岩认真听完,不假思索,慨然应允道:"请放心! 这件事包在我身上了。"

当下,嘉瑞命家人呈上礼物,余叔岩无论如何不肯接受,说道:"我崇拜谭老板,能为谭老板效劳,实乃三生有幸。愿立雪谭门,得偿夙愿!"谭嘉瑞见余叔岩情真意切,也满口答应下来。

经过余叔岩的斡旋,袁家父子同意让谭鑫培照常出来演戏。恰巧,袁世凯要欢宴外宾,便决定让谭鑫培到总统府的怀仁堂演《四郎探母》(一说为《珠帘寨》),算是老谭赔礼。谭鑫培饰四郎,朱幼芬饰公主,余叔岩配杨六郎。四郎与六郎对唱时,余叔岩的嗓子勉强够上老谭的软工调,而且唱得格外凄凉,满堂一片叫好声。戏唱完后,身着蓝色总统服、头上戴着插有白缨的蓝色鸭舌帽、胸佩勋章、斜系大绶的袁世凯,把谭鑫培和余叔岩唤到跟前,对他们说:"余三,你今天唱得不错,以后多跟叫天学习学习吧!"

王文卿在一旁说:"那就拜个师吧!"谭鑫培表示同意,不几天就举行了拜师礼,很多谭派票友都来祝贺。

拜师的第二天,余叔岩到大外廊营外的谭宅去看望师傅。谭鑫培躺在烟榻上,刚刚抽足鸦片,对余叔岩说:"听你的嗓子,只能唱王平之类,我给你改一改吧!"于是,拿烟枪当把子,边说边比划《失空斩》,余叔岩聚精会神地学,不到半天就说完了。余叔岩也很快领会了。谭鑫培发现余叔岩武功底子很好,又拿《太平桥》全出教给他。余叔岩举一反三,又很快掌握了。

拜师之后,余叔岩可以公开向谭鑫培请教,不必再偷偷地捋叶子了。可惜谭老板毕竟年近古稀,精力不如从前弥满,教完《失空斩》和《太平桥》之后,就没有再教整出,全靠余叔岩零星请教了。

余叔岩除了在"春阳友会"边学边练外,有空就往谭家走动。有时陪谭老板练练功,有时陪他吊吊嗓,趁谭鑫培兴致好的时候提些问题,常随身带些稀奇珍贵的小礼物奉献给师傅。

余叔岩听说谭鑫培爱玩鼻烟壶,便把家传的鼻烟壶奉献给师傅。谭鑫培接过去,把玩再三,放到多宝格柜橱上。那上面存放着他收藏的各式各样的鼻烟壶,有玻璃的、瓷的、玉的、珊瑚的、琥珀的、玛瑙的、水晶的、石的、木的、漆的、葫芦的、木头的,红、蓝、绿、黑、白,应有尽有,琳琅满目。其中最名贵的是慈禧太后赏赐给他的几只古月轩鼻烟壶。

这天,谭鑫培兴致很好,问余叔岩:"《珠帘寨》你唱过吗?"

余叔岩说:"唱是唱过,但'昔日有个三大贤'一段中,三个'哗啦啦',节节翻高,气口总是不对,不知道是怎么回事?"

前面已经介绍,《珠帘寨》的前身是《沙陀国》,是一出以花脸为主角的戏,老本只演到"搬兵"。谭鑫培在与刘鸿昇对擂斗劲时,把这出花脸为主的戏改造成老生为主的戏,结尾加上"解宝"、"收威"。前面以唱工为主,后面扎靠、开打、对刀,文武并重,李克用从勾脸变成揉脸。李克用的一段唱里有三个"哗啦啦",是老谭精心设计的,很多人都唱不好。

谭鑫培听完余叔岩的话,微笑道:"这一句是不好唱,最要紧的是三个'哗啦啦'的唱法不同。第一个'哗啦啦'三字一顿,第二个'哗啦啦打罢了二通鼓'六个字一顿,第三个'哗啦啦打罢了三通鼓'九个字一顿。这样气口就对了。"余叔岩按照谭鑫培的指点唱了唱,果然立时奏效。

余叔岩又接着问:"我耍大刀的时候,在背后总是打着靠旗,不知怎么才好?"

谭鑫培站起身来,边示范边讲解说:"这很简单,背后耍刀花,只要头稍前低,就不会打着靠旗了。"

余叔岩豁然开朗,连连拍着大腿说:"对,对呀!"

还有一次,余叔岩来到谭宅,趁谭鑫培高兴,问道:"师傅!《清风亭》末场,张元秀手里的竹棍子,是什么时候丢的? 我在台下没看清楚,请您说一说。"当时人很多,谭鑫培笑了笑,没作回答。等客人走光了,才对余叔岩说:"你刚才不是问丢棍子的身段吗?《天雷报》(即《清风亭》)里面要紧的东西多着呢,改天我唱一出你看吧!"

果然,三天后,谭鑫培帖出了《清风亭》,戏园门口也摆上了一座小亭子(模型)。这一天,谭鑫培在舞台上表演得格外认真,让余叔岩看了个够,大饱了眼福。

散戏后,谭鑫培问余叔岩:"看清楚了没有? 张元秀手里的竹棍子,不是故意扔出去的,是因为他下亭子,看到老旦(贺氏老伴)死在亭下,心里一惊,不由自主地撒手,棍子就掉在地上了。"

余叔岩连连点头。他这时才明白,师傅当时为什么不作回答,非要等看完戏再说。舞台上的东西,有时候非要结合具体的情境才说得清,有时甚至是只可感觉、意会,难以言传的。只有像谭鑫培这样功夫深厚、经验丰富的名伶才能说到点子上。

有人说谭鑫培脾气古怪,不肯轻易传艺,这只是问题的一个方面。谭鑫培主张多看多听多琢磨,靠自己多实践多总结。即便对儿子、女婿,他也没有把着手教过,不过偶尔指点指点而已。他经常说:"你们应该用心听我的戏,看我的戏,我唱戏是给你们

《镇潭州》,余叔岩饰岳飞

看的。"

叔岩拜师一年后，谭鑫培对他的恭顺、勤奋、刻苦、悟性、灵气十分满意，越来越喜欢这个徒弟。吊嗓子，不背叔岩，等于直接教授。身段把子，就在烟榻上拿烟枪比划，让余叔岩看得清清楚楚。

谭鑫培曾对余叔岩说："你还年轻，我先教你'五块白'。"

所谓"五块白"，指的是《凤鸣关》、《泗水关》、《太平桥》等五出扎白靠的靠把老生戏，一般都派在开场前三出。遗憾的是，余叔岩只学会一出《太平桥》，谭鑫培就逝世了。

余叔岩拜师时间虽然不长，但从谭鑫培那里学到不少东西。谭鑫培曾对余叔岩说："当年，我学你祖父余三胜不少好玩艺儿，今天教你，正是取之于余而用之于余!"说罢，师徒二人哈哈大笑。

余叔岩虽然学到不少东西，但开始没有真正登台，直到师傅逝世后，才从众多谭派弟子中脱颖而出，并被认为是谭派最优秀的传人。余叔岩家中挂着一块匾额，上书"范秀轩"，谭鑫培的堂名"英秀"，"范秀"者，也就是以谭鑫培为风范的意思，可见他对师傅多么虔诚、多么尊重!

二、面对挑战

清末民初以来，风云变幻，时局动荡，京师梨园界不停地变换着新的风景线。相当长一段时间以来，老生一直主宰着京剧剧坛，流派纷呈，名家辈出。但进入民国以后，旦角演员大批涌现，女伶以不可阻挡之势席卷京师剧坛。特别是田际云继创办小玉成、小吉祥科班之后，于民国五年（1916）又创办了第一个女科班崇雅社，竟开始专门培养女演员。

与此同时，文明戏即时装戏大批出现。梆黄"两下锅"、"两夹馅"、"风搅雪"的演出形式蔚然成风。就连著名的京剧富连成科班，为了使学员出科后适应"两下锅"的演出形式，也教起梆子。至于梆子科班教皮黄、梆子科班演皮黄，更是司空见惯。在这种背景下，数不清的新星腾空而起，其中最明亮、最耀眼的当推京剧的杨小楼、梅兰芳、余叔岩及梆子女演员刘喜奎等。当时有人把杨小楼、梅兰芳、余叔岩称为"皮黄三杰"。

在本书第八章"炉火纯青"一节中，我们已经介绍过杨小楼的成长历程，以及他与谭鑫培之间既亲密又微妙的关系。当时还处于光绪末年，进入民国后，杨小楼的艺术锤炼得越来越精，声望也越来越高。长靠戏《长坂坡》是他武戏文唱的代表作。在这出戏里，他抓住赵云胆大心细、忠义忘我、骁勇无敌的性格特征，从几个不同角度进行刻画，塑造出在千军万马中如入无人之境的"神勇"将军形象。他那磅礴威武的神魄笼罩全场，气贯满台，使敌将显得猥琐渺小，不堪一击，更加烘托出他那骁勇无敌、浑身是胆、凛若天神的"宿将"气概。小楼功夫深，动

《长坂坡》，杨小楼饰赵云（右），钱金福饰张飞

作快，方法巧，举手投足都十分准确，形成"以静待动"、"以简胜繁"、"以准求快"、"以巧泄力"、"以柔克刚"的武打风格。

《铁笼山》也是杨派代表作之一，小楼演的姜维脸谱精细，气魄雄伟，动作稳健，开场起霸时的第一个［四击头］里，就包括了云手、择步、踢横腿、趋步、涮腰、推髯、搂髯、跨腿、摇肩膀、晃靠旗等动作，他的身手敏捷干净，脚步清楚，一丝不乱，动作浑圆，气度威严。《观星》一场在大铙轰鸣之中回身斜望、推髯侧望、挺身高望、按剑仰望……或进或退，或左或右，似雕如塑，动作优美，气势流畅，可以说是动中有静，静中有动，达到如诗如画的境界。

小楼的猴戏也很著名，别看他身材高大，四肢颀长，但在《安天会》里的"偷桃"、"盗丹"两场戏里，不论是坐、卧、蹲、走、蹿、蹦、跳跃、闪转腾挪，全都轻灵迅捷，落地无声，既表现出猴王的机警、幽默、可爱，同时又给人以神通广大、天不怕地不怕的"万猴之王"的强烈印象，不辜负"小杨猴子"、"仙猴"之美称。

小楼的箭衣戏《林冲夜奔》也堪称杰作，无论是山膀架子，左右云手、跨腿、蹦子、三百六十度飞脚、踢横腿、双栽锤等动作和塑形的变化多么复杂，始终不散不

乱,紧凑集中;也无论是正面的侧身、斜行、蹑足潜踪的走边,全都节奏流畅,体态均衡,不僵不拙,圆润灵活,高度集中的意念投向辽远纵深的听觉和视觉,表现出夜色的浓重、情势的危急。杨小楼边舞边唱,句句清晰,字字入耳,既不气喘力促,又无荒腔吃字,实在是高难的技巧,美妙的艺术境界。杨小楼既能在《艳阳楼》里塑造好色贪花、淫恶骄横的流氓高登形象,又能在《八大拿》中演活性格复杂的黄天霸。不论是唱念,还是武打、枪花、圆场、水袖全都出色而有绝活,既糅进了武术套数,又渗透出气功功夫,可以说是一位全能型演员。正处于精力旺盛期,真可说是前途无量。

但是,不管杨小楼技艺多高,名声多大,站在谭鑫培面前还是个晚辈。谭鑫培曾经教导过他,提携过他。而且,谭鑫培不仅武功底子极好,并以须生名世。而小楼并不像他的父亲月楼那样武生、须生两门抱。他虽被后人评为"武生宗师",但从这点来说,杨小楼不及谭鑫培全面。

谭鑫培和杨小楼的生活道路不同,年龄相差三十一岁,但两代人却有着共同的精神联系。谭鑫培在广住僧人的西山戒台寺受戒,小楼则到西便门外的白云观受教,他常对别人说:"谭老板和我,乃是梨园界一僧一道。"

杨小楼笃信道教,与白云观老道交谊很深。他家中置有高八尺、宽三尺的木阁,每夜子时起床进木阁打坐,一坐就是两个时辰。不过,小楼打坐并不是把精力完全集中在参禅悟道上,倒是经常集中在对人物、戏情的揣摩上。经常在打坐时悟出戏情戏理,想出身段动作,打坐后便将这些想法与周围人交流。打坐参禅,既是悟道,又是气功。这种气功对于杨派"以柔克刚",注重神韵的武打风格的形成很有帮助。后来,小楼选择环境幽静的京西莲花山盖了座庙宇,供奉起神像。每年夏季前往避暑,吃白斋饮泉水,自得其乐。返回城里,每晚必向西莲花山烧香叩头。莲花山的庙宇遭到两次火灾,小楼出资修葺,平日则像谭鑫培一样,热心慈善事业,经常参加义演,救助穷苦。

民国初年,伴随着旦角的崛起,梅兰芳的演出越来越多。当谭鑫培已有"伶界大王"之称时,梅兰芳还是一名默默无闻的少年。没想到十来年光景,便崭露头角,成为街谈巷议的名伶,"梅毒"与"谭迷"并行于京城了。谭鑫培固然是树大根深,年高艺高,经过几十年的修养、磨练,深得戏中三昧,出神入化而又万变不离其宗,堪称剧坛神品。但是,神品的精妙、渊博,并不是所有人都能领略的。自然规律不可抗拒,随着年龄增大,精力不济,腿脚不灵,登台越来越少,每月不过演三四回而已。现实生活中了解他、喜欢他、崇拜他的人绝对只能是越来越老,越来越少了,而梅兰芳正值青春年少,血气方刚,风华正茂。虽说他的艺术还不老到、精致,但出身于梨园世家,得到名师指点,唱做处处认真,声调神情也颇讲究,也称得上是"能品"了。更何况,他是一名男旦,那姣好的面容、妩媚的姿色、娟秀的气质,令多少人,特别是年轻人心荡神摇啊!多少狂徒对他想入非非,多少文人墨客自告奋勇充当护花者。梅兰芳有的是精力,有的是心气,即令每天三开厢亦不显疲惫。所有这些,谭老板又怎么能比呢?从某种意义上来说,谭鑫培以艺胜,而梅兰芳则以色艺兼备而红。

谭鑫培和梅兰芳各有各的观众群,各有各的知音,各有各的优势。谭鑫培好比是当年梨园李龟年,功深艺纯,唱的是正始之音,如枯干虬枝的苍松古柏;而梅兰芳则如永新、念奴,莺声燕语,浏亮动听,好似娇娆妍丽、芳香扑鼻的春花。"谭迷"们每每为谭鑫培捏一把汗,担一片心,特别是上演那些身段较难、唱腔较繁的戏目,需要翻扑跌打,或唱到极难落板、极难转折,需要充沛气力时,台下的"谭迷"们甚至比台上的谭鑫培还要紧张,暗暗替他使劲,为他祝福。而年近七旬的谭鑫培每每显得精力弥满、神色泰然,不因年迈而露出衰颓疲惫,似乎是随意唱来都能中节合拍,气韵贯通,似勒老马于绝壁危崖之上,挥巨舵于波涛翻滚之中,显示出他"久经沧海难为水"的老到和深厚。谭鑫培年纪老了,但他的艺术似乎不会老,永远焕发出迷人的魅力。每逢这种场合,叫天感到自豪,目光炯炯,面色红润。"谭迷"更感到欣慰,常在庆幸、崇拜、骄傲的复杂心态中,大喊几个"好"!

名伶的生命总要流泻在舞台上,光华总要闪耀在舞台上。一般说来只有多演戏、常演戏才能让观众永远对你保持新鲜记忆,缩短双方之间的距离。"谭迷"们大多都有这种迫切的愿望,希望能经常看到老谭的身影,听到老谭的声音,"一日不见如三秋兮"!但是,这对于年近七旬的谭鑫培来说,显然是不现实的,也是不明智的。

聪明的谭鑫培心中明镜儿似的:已经功成名就,达于巅峰,就要爱惜自己的羽毛,决不能拼上老命。经常演戏,偶一不慎,一次失利就会毁掉自己在"谭迷"心中的形象,前功尽弃,以扫兴而告终。但是,总不演戏、不露面也不是上策。当时还没有音像设备,演出是一次性的,不可能保存下来,重复观赏。时间久了,观众就会淡忘,自己就会被新人取而代之。所以,还是要争取演戏,不能离开那一亩三分地,不能不站到台中央。不能不听那铿锵的锣鼓和悠扬的丝竹,不能不看到台下目光闪闪,万头攒动。这对于唱了几十年戏的一代名伶,对于老之将至的谭鑫培是多么充满诱惑与困惑的事情啊!每每想到这些烦人的事情,谭鑫培也不由得喟叹不已,叹青春难再,叹人生黄金岁月的短暂!他仿佛看到自己即将从巅峰上滑落下来,他是多么无奈,又是多么不甘心啊!谭鑫培是一位命运的抗争者,一位有心气、有毅力的人。想起父亲一生默默无闻,抱恨而终;想起自己几十年的沉浮、转徙、拼搏,他不由得一阵激动,他感到自己还有力量。没有毛病,身体尚好。戏中三昧,深得于心,似乎可以随心所欲,自由驰骋,超乎万象了。你杨小楼年富力强,是一只"仙猴"、"神猴",你梅兰芳青春焕发,是一位"天孙",我谭鑫培却是一匹识途老马,"老骥伏枥,志在千里"。必须要主宰自己的命运,始终立于不败之地!

每当陷入深沉的思索,谭鑫培就倍加怀念程长庚。当初,他曾对程长庚有些不满,不满长庚没有让他及早改唱老生,没有把三庆交给自己管理,对自己缺乏理解和信任。但是,随着时间的推移,他对程长庚的不满越来越淡化了。深长思之,他越发感到师傅程长庚没有让自己及早地改唱老生是对自己的激励;如果早早改唱老生,凛遵师傅风格,挂了头牌,还不一定能闯出谭派路子来呢!他再把自己与月楼相比,感到自己与月楼的差距,也许师傅把三庆交给月楼的决定是公平而正确的。反思使他不断增加对程长庚的敬畏,敬畏师傅的人品、眼光、预见性,师傅对自己的预言不是全都一一应验了吗?他更加追思、心仪程长庚的风采:终生一直处于菊坛顶端,执须生之牛耳!高山仰止,景行行止,虽不能至,心向往之!过去的岁月一幕幕从眼前闪过,谭鑫培忘不了师傅在度过辉煌之后,为维护三庆所付出的心血。

尽管程长庚被人誉为"天上的星,地下的精"、"生行中全能的上帝",被冠以"异伶"、"鼻祖"等桂冠;尽管三庆班的牌子是那么光闪闪、硬邦邦、响当当,但到后来也还得精心筹划,惨淡经营。杨月楼执掌三庆班后,由于长庚年老,不肯经常演出,看客极少,每日仅卖座百余人。三庆执事万不得已的时候,便跑去告诉程长庚:"快要断炊了,您若再不出台,众人怎么办?"程长庚于是吩咐道:"明日帖某戏!后天帖某戏!"红单一出,举国若狂,场场爆满,园中拥挤,无立足之地。然而,毕竟程长庚年纪大了,体力难支,不可能一帖就唱,总是帖三四次,他才登一次台。时间长了,观众知道三庆的惯技了,即使帖程长庚的戏,也无人买票了。观众摸准规律,要等程长庚帖三四次,才去买票看戏。

一次,程长庚又帖一戏,按时登台,演他拿手的戏。但看一看台下,不过百余人,程长庚不禁十分懊恼。但又从心底感激台下这一百多个知音,便站到台前,对观众说:"我程长庚虽说有点小名气,每逢登台,客必满座。然而那些慕名而来的人不过是慕我'程长庚'三个字而已,不过是凑凑热闹,哪里像在座的各位,是为戏而来,称得上是我的真正知音。今天,尽管人少,我也要竭尽全力,唱完这出戏,让诸位高兴过瘾,也算酬答了你们的一份爱意。我可以演两出戏,戏码请你们指定。"座客们听程长庚这么说,惊喜过望,共同商定两出戏码,程长庚欣然同意,演得十分认真。

次日,这消息传遍九城,有戏瘾的人莫不懊丧后悔之极,以为失去了极好的机会。三庆班抓住时机,利用观众心理,又帖程长庚的戏单,人们争相拥进戏园。但程长庚有时候根本不登台,有时候来到戏园,仅在台帘内略一露面,故意让观众看到,然后就悄悄地回去了。观众见程长庚来了,争相转告:"程老板来了,今天必有好戏听了。"但演到最后,仍不见长庚出台,只好大呼受骗。

程长庚并不想欺骗观众,他之所以这样做实在是不得已而为之。不用这种办法招徕,许多观众不买票,三庆班就快要断炊;另一方面,程长庚认为那许多慕名而来者并不是真正懂戏的知音,他不肯为他们唱。长庚晚年坚持出台唱戏,决不是为了沽名钓誉,更不是为了钱财。当时,各种堂会都以无程为缺憾,纷纷邀他出演。但程长庚为了保住三庆班,一再声明:凡召个人一概不应,若去必与三庆班同去,千方百计地为三庆班争取地盘。他常说:"我不愿意自己吃饱,看着大家饿肚子。"

历史常有惊人的相似之处,程长庚的当日就是谭鑫培的今天。谭鑫培晚年在梨园界的地位比起程长庚有过之而无不及。于是他也模仿、采用起师傅的策略:最后几年,不再经常演出,一个月最多演三四场,有时仅一两场;有时几个月才登台一次,演四日即停;有时挂自己的牌,让徒弟贾洪林代替自己演出。

在第九章的"伶界大王"一节中,我们已经对贾洪林作过简单介绍,这里还要补充几句。贾洪林自入谭门之后,一言一动,一颦一笑无不极力模仿谭鑫培,而且颇为神似。他对于谭派的做派、场面烂熟于心,深得其中三昧。他的嗓子虽不太好,但善于运用,并致力于做工,用做工弥补嗓音之不足,别成一种格调。有人说他喜欢"洒狗血",过分卖力讨好观众,其实是冤枉了他。他不论扮演何种角色都很入戏,十分卖力,所以"谭迷"们都很喜欢他,认为他的水平和价值在刘鸿昇之上,不愧为二路角色,看不到谭鑫培的戏,能看到他的戏也很过瘾。

由于谭鑫培不经常出演,观众的期望值越来越高,谭鑫培的票价也越来越涨。但由于"谭迷"们望眼欲穿,反倒场场爆满,谭叫天的名声从来没有跌落下来,玩艺儿也越来越有看头。

一天,谭鑫培在天乐园帖出很少演出的《举鼎观画》,小生为张宝昆,售票一千四百张。谭鑫培仪表庄重,举止老到,唱念兼优,极有相爷风度,最后的[哭头]与众不同,简练中别有情趣。

一次,谭鑫培同贾洪林合演《搜孤救孤》,谭扮程婴,贾洪林扮公孙杵臼。程婴在公堂上唱完"手执皮鞭将你打"一句,照例要打公孙三鞭子,每打一鞭,他摔一个屁股坐子。这个身段要全身跃起,两股落地,身子跟着鞭子起落,姿势十分好看。这种身段比《状元谱》里程伯愚打程大官的板子还难做,没有幼功底子是办不到的。但由于两个人精神一贯,所以做得很成功。

一回,谭鑫培与老旦谢宝云合演《骂曹》,谭饰祢衡,谢扮旗牌。《打鼓》一场,祢衡出场前,谢宝云先念一句"鼓史进帐"的道白,在"帐"字后面还有一个"啊"字,既干脆又响亮,台下马上响起满堂彩声。谭鑫培帘内答应一声"来也",紧接[倒板]"谗臣当道谋汉朝",唱到"朝"字,拖一个长腔,一边唱一边走出台帘,台下又是一个满堂好。

"谭迷"们把谭鑫培的演出看作难得的学谭机会。一次谭鑫培与陈德霖在吉祥合演《南天门》,徐兰沅操琴。当时,吉祥还是茶园式,可以包桌,每桌六人。余叔岩、王君直、莫敬一,全在台下听戏,同包一桌。陈德霖的闷帘[导板]"急急忙忙走得慌",嗓音脆亮,满宫满调,得了一个满堂彩。大家都觉得老谭怕要相形见绌了,哪知道老谭在"虎口内哦逃出了两只羊"这一句特别铆上了,使了个炸音,声如裂帛,高亢雄健,出人意表,结果彩声超过前面的[导板]。

王君直扭过头问余叔岩:"这一句你能来吗?"余叔岩连连摇头说:"这得多足的本钱呢!我可不敢照师傅这么唱!"

又过了一会儿,曹福唱到"轻轻刺破红绣鞋"时,仓促间王君直有几个字没有听清楚,余叔岩得意地说:"我听出来了,是'好把路挨',这四个字加得好,不修腔儿,收得有味,并且把刺破绣鞋为了赶路的道理也讲清楚了。"王君直一边点头一边说:"你真是个有心人,不愧为谭老板的徒弟!"

民国四年(1915),谭鑫培在天乐园帖《辕门斩子》,这本是刘鸿昇的拿手戏之一,谭鑫培好长时间没有演过了。大家知道老谭好胜,必有好戏看。许多研究谭派的人,如红豆馆主、陈彦衡、言菊朋等,都到场观摩,叔岩也约了恒诗峰同看。那天,谭鑫培的唱腔和做工都异常精彩。更重要的是,许多唱念做派都与刘鸿昇不同,与自己过去的演出也不完全一样。如见宗保、见八贤王、见佘太君、见穆桂英的神情变化层次分明,并且处处顾及杨延昭的元帅身分,使大家觉得耳目一新,应接不暇。这说明,谭鑫培一回演出一个样儿,总是在不断地琢磨、修改。看完戏,余叔岩约恒诗峰到正阳楼小吃,一边心不在焉地吃着,嘴里一边哼着。

恒诗峰问:"你在琢磨什么呢?"

余叔岩说:"刚才师傅唱的'叫焦赞和孟良急忙招呼'一句,我觉得'和孟良'三个字的腔儿很熟,仿佛在哪儿听过,但一时又想不起来"。

恒诗峰说:"谭老板的腔千变万化,神妙莫测,哪儿说得清呢?"

"是啊!"叔岩颇有同感。

吃罢饭,回到家中,躺到炕上,余叔岩还在翻来覆去地琢磨那句腔儿。

第二天,恒诗峰又来余家串门,叔岩见到他的第一句话就是:"昨天师傅唱的那句腔,我找着准家了。敢情就是《珠帘寨》里李克用唱的'千里迢迢路远来'的腔移过来的?!"

恒诗峰也是个"顾曲周郎",轻轻哼了哼,拍着脑袋说:"不错!不错!就是这句变过去的。"

"师傅拆用巧妙,把七字句的末三个字的腔挪到十字句当中,所以不好找。"

"妙啊!"恒诗峰赞叹着,"真是妙不可言!"

梨园界的人都知道谭鑫培和梅兰芳在天乐园合演《四郎探母》那桩事。戏报已经帖出去了,但谭鑫培当天起床后便觉得身体不太爽快,饭后试试嗓音也不大得劲。他想回戏,派人到戏园接洽,但戏园说票已卖出,已经满座,不好回了。谭鑫培失望地叹了口气说:"真要我的老命了!"当天晚上到了戏园,谭鑫培精神不大振作。

"可要对戏?"梅兰芳问。

谭鑫培心想,已经不是头一回同台了,又是大路戏,有什么好对的?便说:"用不着了。"

梅兰芳心中底数还是不大,请求道:"到了台上,您老得兜着我点!"

谭鑫培喜欢兰芳的虚心和认真劲儿,脸上泛出慈祥的笑容:"没错儿,孩子,都有我呢!"

上场后,谭鑫培把四郎的大段[西皮慢板]唱完,但台下的反应没有往常那么热烈。

梅兰芳扮的公主盟誓完毕,轮到四郎唱"未开言,不由人,泪流满面"这句[导板]的时候,谭鑫培的嗓子突然暗哑了,哑到一字不出。

突如其来的变化使久经沧海的谭鑫培也措手不及了!他一时急得浑身燥热,冷汗从额上渗了出来。梅兰芳坐在对面,看在眼里,急在心间,也不知如何是好。台下,几千只耳朵听着,几千只眼睛看着,传来交头接耳的议论和一片啧啧之声。谭鑫培如坐针毡,硬着头皮往下演。下面的对口快板一段,演来更加吃力。只看见他的嘴在翕动,却听不到声音,《坐宫》只好草草收场。

多亏谭老板名气大,人缘好,台下的"谭迷"又多,大多对他抱着惋惜和谅解的心情,没有人明显地表示反感,更没有人叫倒彩。谭鑫培受到极大的感动。他想起上海新新舞台演《盗魂铃》,观众叫倒好,互相扭打,酿成轩然大波的教训。另一次在中和园,同样是有人叫倒彩,由于他镇定自若,不动声色,抱定笑骂由人,好戏我自唱之的态度,结果挽回局面,赢得满堂彩声。这一次,观众对他这样友好、礼貌,他更应该坚持下去。

"千万冷静! 不要着急! 无论如何也要把这出戏唱完!"他暗暗地提醒自己。戏接着往下演,唱到出关被擒时,他抖擞起老精神,翻了一个吊毛,既干净又利落,好看极了,赢得一个满堂彩。

然而,毕竟岁数不饶人,见完六郎后,谭鑫培实在唱不下去了,只好半途终场。

谭鑫培踽踽地走回后台,脚步显得沉重。梅兰芳在后台看到他,心里非常难过,可又找不出一句话来安慰他,只好给他递上茶壶,在神色上表示同情。

谭鑫培毕竟是久经沙场的老将了,怎么能让一个晚辈同情自己呢? 卸完装,洗完脸,他拍着梅兰芳的肩膀说:"孩子,不要紧,等我养息几天,咱们再来这出戏!"他的语气很坚定,神态很自如,说明已经下定了挽回失败的决心。嗓子失润是伶人常有的事情,他不相信自己不能再登场唱戏,即令从此以后不再登台,也不能在息影舞台之前给观众留下这样不好的印象。

谭鑫培休息一个多月,没有登台,等他觉得差不多了,便决定在丹桂茶园重演《四郎探母》,并让管事的到百顺胡同通知了梅兰芳。

重新出演那天,戏馆里早就满座了。大家都知道谭鑫培有个好胜的脾气,都想看一看谭老板今天如何出彩,要来赶这一场盛会。

谭鑫培早早来到后台,只见他目光炯炯,精神饱满,脚步轻快。梅兰芳来得更早,已经开始化装。他见谭鑫培走进来,忙站起身来,叫了声:"爷爷!"

谭鑫培含着笑容,仍然拍着他的肩膀说:"你不要招呼我,好好扮戏!"说着,自己也开始化起装来。

不一会工夫,戏开了,谭鑫培随着小锣上场。刚上场,前台就轰地一声来了个碰头好。

接着,全场鸦雀无声。谭鑫培将头一段[西皮慢板]唱得聚精会神,一丝不苟,把积蓄几十年的精华一齐全使出来了。那条"云遮月"的嗓子越唱越亮,真好像一轮圆月从云层中钻出,向大地流泻出悠悠银晖……又唱到"未开言"这句[导板]了,一个多月前,就是在这句腔上砸的。争强好胜的谭鑫培怎能忘却了这个"耻辱"呢?一个多月来,他反复琢磨,反复吊嗓,为这句唱绞尽了多少脑汁!从哪儿跌倒,还从哪儿爬起来。在哪儿砸的,还得打哪儿翻回本来。谭鑫培使尽浑身家(解)数,把这句唱得既大方又好听,其转折锋芒与他经常唱的大不相同。全场都听傻了,连台上的梅兰芳也听出了神,差点儿忘了做戏。接下去"扭回头来叫小番"一句嘎调,一口气唱完。高亢的嗓音中微带沙亮,那样动听。后面的场子,一段紧似一段,严密紧凑,到底不懈,完美地结束了全剧。

戏散了,谭鑫培回到后台,已经是相当疲劳了。但他脸上流露出异常欣慰与满足的神情,他拍着梅兰芳的肩膀说:"孩子,不错吧!"

"真好! 真好!"梅兰芳激动地说。

谭鑫培重唱《四郎探母》的事情传遍京城,"谭迷"们认为谭老板的艺术生活还很旺盛,谭鑫培自己也感到还能在舞台上继续折腾一阵子。他打算跟梅兰芳合作,再演上几个戏。没想到,不久竟发生了一件不愉快的事情。

这天,谭鑫培在丹桂园帖出戏码,准备演一出久不演的重头戏。梅兰芳不知道这个情况,答应俞振庭的邀请,同一天在吉祥园开了戏,无形之中打了对台。梅兰芳用新戏夹着老戏的新花样演唱,剧场爆满,而丹桂园则上座不佳。事后,梅兰芳才知道这情形,觉得很对不起谭老板。自己还很年轻,有的是唱戏的机会,而谭老板年纪很大了,不常登台,偶尔露演几天,怎么好和前辈打对台,客观上造成对前辈的挤兑呢? 但是,事情已经发生了,再说也没有用了,只有选个适当时机解释解释。

转眼到了民国四年(1915)的夏末秋初。一天,梅兰芳在唱戏之余陪朋友骑驴子从西山出发,去逛戒坛寺。他们沿着崎岖的山路来到山门前,下了驴子,缓步前行。老远就望见金碧辉煌的大殿,掩映在郁郁葱葱的苍松翠柏之中。迎面来了七八个游客,簇拥着一位老者。那老者个头儿不高,瘦瘦的身材,身着雪青色长衫,套黄色坎肩,头戴小帽,帽上还缀着一块碧玉,举步轻健,风度飘逸,模样儿和神态挺像谭老板。等走近一瞧,可不正是他嘛!梅兰芳赶紧迎上前去,双手垂下,站到谭鑫培身旁,很恭顺地叫了声:"爷爷!"

谭鑫培端详着梅兰芳,笑着说:"好!你这小子,又赶到我这儿来了。"梅兰芳红着脸,不知说什么才好。

谭鑫培又说:"一会儿去我那儿坐坐。"说着,指了指偏院。梅兰芳明显地感到谭老板不如过去那么亲切,话里有话,准是还记着吉祥园唱对台的那档子事呢!他想当面向谭老板道个歉,把那天的事情解释解释,于是马上答应道:"好吧!"

谭鑫培是戒坛寺的老主顾,和尚们与他都很熟,专门给他打扫出一个偏院,谭鑫培有空就来这里,一住就是十天半月。每次长住,他都自带厨子自开伙。他还在这里选择有风水的地方做好一个生圹,作为将来埋骨之处。梅兰芳一行稍事休息后便来到谭鑫培住的偏院,谈了一会儿话,解除了误会。正逢吃饭时候,谭鑫培留他们吃饭。因为人多,不便打扰,他们告辞而去。不久,笃信佛教的谭鑫培为了还愿,只身南下,到普陀降香。途经上海,住在女婿夏月润家中。夏月润当时是城里九亩地新舞台的老板,遇到这种难得的机会,不肯轻易放过,再三请求老泰山做短期演出,谭鑫培只好答应。

谭鑫培本来没有打算在上海唱戏,所以一切行头、场面、配角都从当地取材,临时现凑。唱了十天,最后告别演出是《珠帘寨》。剧场爆满,连台上的两旁都摆上几排凳子。按照特厅票价,每位大洋一元,仍然争相抢购,一票难求。演出结束后,人们簇拥着谭鑫培,一路喊着"借光!借光!"的号子,才从人群中穿过,回到后台。回京前,沪上有人知道谭老板嗜烟成癖,送给他不少烟土、烟膏,他还特地购买了一套很漂亮的烟具。

谭鑫培自以为不偷不贩,无非是自己享用,也没有仔细包装,结果在出前门站口时被查获。有人指着他对稽查人员说:"他是谭老板,谭叫天!"稽查人员平常也不怎么爱听戏,哪管这些,吼道:"什么'叫天','叫地'也不行!"当即决定没收烟土、烟膏,并处以重罚。谭鑫培碍于情面,不便多加争执,只好忍气吞声地接受了这个事实。

三、巨星陨落

上海归来后,因在前门车站被查抄罚款,谭鑫培又气又恼,不久便病倒了。家人请来医生,精心调治一番,病情有所好转。但终因年近七旬,整个冬天,病情时轻时重,时好时歹。春天到了,谭鑫培又到香山去降香,却没有能去参加他酷爱的跑马。

北京跑马赛车之风很盛,元宵节的白云观、三月三的蟠桃宫、端阳节的南顶(永定门外)都是跑马赛车的好去处。来自京城内外的各路骑手,会集到一起,马蹄绝尘,人声鼎沸,吸引了无数观赏的游人。参加这种盛会的多半是社会上的名人显要,如皇亲国戚中的涛贝勒、肃王,巨商中的同仁堂乐家等,梨园界就数谭鑫培参加最多,最令人瞩目了。因为他从小练武,跑马场上总是数一数二。只要一上场,观众就叫好不绝。跑马时,他总是头戴黑缎小帽,上缀红结,正面钉一块碧玉,身穿梅花鹿皮坎肩,下穿皮套裤,足登快靴,荷叶袜子(双层布袜,袜上还锁有黑花),腰系"褡包"(即腰带),稳坐在鞍上。只见马尾飘扬,马步匀整,马蹄嗒嗒如同戏台上的快板。那姿势不由得使人想起他在舞台上上马、下马、趟马的动作和姿态。每逢这个时候,两旁观者彩声雷动,谭老板盼顾自豪,多么惬意,多么潇洒!

然而现在,年近七旬之人,又是久病初愈,他既无此雅兴,更无此体力了。"人怎么老得这样快啊?"谭鑫培心头蓦地升起一层苍凉,不由得自言自语地感叹起来。

不能跑马,他就养鸽养鸟。当时北京养鸽之风也很盛,养鸽的阶层很广泛,各档次的人都有,王公贵族、富商巨贾、名优红角中都有养鸟人。有人还雇有鸽子把式,负责看大批鸽子。谭鑫培没有雇人,他亲自养了一些宅鸽,他在鸽子尾巴上系有用竹子、葫芦、象牙雕成的哨子。在院子两头搭起鸽子棚,里面用木板隔了许多鸽子窝。每天早晨起来,他亲自打扫鸽窝,喂食、喂水、放鸽。当他看着鸽群飞出,在天空中变得越来越小,听着鸽哨发出悠扬清脆的哨声时,心境变得平静、澄澈,两眼神光四射,精气内敛。在他的影响下,梅兰芳也养成了养鸽、放鸽的习惯。

入夏,谭鑫培的身体渐渐好起来,他又开始演出了,只是次数越来越少了。民国五年(1916)他参加了第一舞台的大义务戏。

第一舞台坐落在前门外柳树林大街,是由杨小楼与姚佩秋合股兴建的,于民三年六月开张。它的一切建筑、灯光,完全模仿上海三马路大舞台的形制,可容纳两千四百人,并装有转台,当时可称首屈一指的最新式的戏馆。不过,在开张那天,当何桂山正在演出《钟馗嫁妹》时,突然起火。何桂山差点儿葬身火海,幸赖儿子将他背出。虽然保住一条性命,却惊吓成病,再没能起来。

后来,第一舞台得到复修,主要举办救济性质的义务戏。凡有义务戏、赈灾戏,谭鑫培总是尽量参加。这一次大义务戏阵容强大,剧目抓人:开场是董俊峰的《铡美案》;然后依次是许荫棠的《胭脂虎》,九阵风的《泗州城》,时慧宝的《朱砂痣》,俞振庭的《溪皇庄》,龚云甫的《沙桥饯别》,陈德霖、王瑶卿、路三宝、姚佩秋、贾洪林合演的六本《雁门关》,刘鸿昇、谢宝云的《雪杯圆》,杨小楼的《战宛城》;最后由谭鑫培主演大轴《洪羊洞》。谭鑫培演得十分成功,把整场戏推向高潮。

民国五年(1916)梁启超为其父祝寿,在湖广会馆设宴演戏,谭鑫培应邀参加。湖广会馆坐落于虎坊桥路口西侧,原系明万历年间大学士张居正相府。嘉庆年间为联络南北乡谊而集资改建成湖广会馆,道光年间建起戏楼。方型戏台,坐南朝北,台前两边设有台柱,场内除"池心"、两廊外,三面环楼,雕花镂刻。楼角有台阶,可拾级而上。自大戏楼建成后,在京的两湖籍官员及各界人士,每年正月都在这里举行团拜,饮宴酬唱,并邀请名伶演戏三天。清末民初,大戏楼更加活跃,一时名人荟萃,并由票友和戏迷组成"赓阳集"票房,经常在大戏楼排练、演出。谭鑫培、田桂凤、陈德霖、时慧宝、余叔岩、王君直都曾在此粉墨登场。观者如云,盛极一时。

在这次祝寿会上,谭鑫培演出了《一捧雪》,说白、科介俱妙。梁启超十分高兴,表示要向谭鑫培赠诗。鑫培早有准备,命五子嘉宾(艺名小培)取出一轴古色古香的画轴呈到梁启超面前。打开画轴,但见一位渔翁披簑戴笠,神采奕奕,画幅上面已有一些题咏。

谭鑫培对梁启超说:"这是一位丹青朋友为我做的晚年造像,请题诗于上,留下墨宝。"

梁启超略加思索,挥笔立就,诗云:"四海一人谭鑫培,声名廿纪轰如雷。如今老矣偶玩世,尚有俊响吹尘埃。菰雨芦风晚来急,五湖深处一烟笠。何限人间买丝人,枉向场中费歌泣。"

众人看了齐声称赞:"好诗,好诗!"

谭鑫培让小培收起,装裱后悬挂于"英秀堂"中。

《连营寨》,谭小培饰刘备　　　《四郎探母》,谭小培(右)饰杨延辉,张春彦饰杨延昭

　　"英秀堂"人丁兴旺,几代单丝独线之后,谭鑫培生下八个儿子、两个女儿,又有了十个孙子,成为名副其实的儿孙成群、三代同堂的大家庭。儿孙们都很孝顺,兄弟姊娌之间十分和睦,他沉浸在天伦之乐中。但是,作为一代名伶,他多么希望子孙当中成长起像杨小楼、梅兰芳那样的俊才呀!他经常不无感慨地说:"生子当如杨小楼,生子当如梅兰芳。"如果儿孙中有人能继承、发扬光大他的事业,特别是须生艺术,那才是他平生最大的幸福和满足呢!

　　谭鑫培把儿孙们一个个掂量着,儿辈中唱须生的只有五子嘉宾即小培,尽管小培唱戏很认真,但很难达到并超过自己。十个孙子当中,豫升(即后来的富英)最为聪颖可爱。小小年纪就显露出唱戏的天才。他的身材、长相、嗓子都不错,成天向爷爷问这问那,能讲出不少戏的故事,唱起来也蛮有板眼、蛮有味道。

　　谭鑫培把他看成谭家的希望之星,爱愈掌上明珠。每天看不到小豫升,心里头就没抓没挠的,想得什么似的。"这是棵好苗儿,"谭鑫培心里想,"要给他吃点偏饭,多浇点水加点肥。"于是,请来陈秀华先生给他开蒙。

　　拜师那天,谭家准备了丰盛的酒饭,还约请了亲家德珺如即小培的泰山、豫升的外祖,以及陈德霖、金秀山、张琪林等老先生作陪。

　　酒宴上,谭鑫培亲自给陈秀华劝酒,说道:"我这个小孙孙就交给你了!来,请满饮此杯!"

陈秀华忙站起来说:"令孙乃谢家之宝树,只怕我教不好他!"

"哪里,哪里!"谭鑫培说,"小孩子开蒙,只要规规矩矩就得啦。"

豫升天资颖悟,很快就学会了《鱼藏剑》、《黄金台》和半出《文昭关》。陈秀华见他聪明绝顶,不肯严加管束。小豫升正处在贪玩的年龄,只要陈秀华稍一放松,他便跑出去玩耍。

谭鑫培看在眼里,把小培叫到身边说:"唱戏,没有幼功不行。幼工要靠勤学苦练。我从小跟你爷爷学戏,学了几年还是没学出来。为什么?家里学戏管得不严,不规矩。后来入了金奎班,才打下个好底子。你也是一样,从小在家里学,后来还是把你送到杨隆寿的'小天仙'。"

小培马上领会了父亲的意图,问道:"您是想把豫升送进科班吧?"

"对!"谭鑫培点点头,"在家里学戏太自由,这样学不出来,把人给耽误了。"

"您想把豫升送哪个科班呢?"小培问。

"那还用问吗?"谭鑫培说,"如今京城里的科班不就数'富连成'吗?我看那是个出息人的地方,你快去把叶春善先生请来。"

"富连成"的前身是"喜连成"科班。光绪二十七年(1901),皮黄老生叶春善受吉林富商牛子厚之约,到吉林演戏。因病,戏未演成,遂在班中任管事。牛子厚见他兢兢业业,认真负责,便约其成立科班,在吉林与北京两地演唱。光绪三十年(1904),叶春善在北京家中先招了雷喜福等六个徒弟,号称"六大弟子"。次年又招了十几个徒弟。牛子厚汇银二百八十两,仅用其半。牛子厚催得更紧,于是租了宣武门外铁厂七号二十间房子,招了三十多名学生,取名"喜连成"科班,报精忠庙首备案。光绪三十二年(1906)又招了三十多名学生,至此,第一科学生已有七十多名,为梆子、皮黄"两下锅",取名"喜"字级。后又续招"连"字级学生三十多人,扩赁前铁厂八号房子二十间。学生边学边演,除在前门外肉市街广和楼茶园演唱外,还到保定等地演唱。梅兰芳、周信芳等也陆续带艺入科。宣统三年(1911),牛子厚因争分家产,将科班倒与外馆(外行商人)沈昆,改名为"富连成"。不过,叶春善仍为社长,掌管着富连成科班。叶春善不喜钱财,只喜有出息的上进弟子。办事认真而公道,管理有方,组织严密,要求严格,量材授业,团结了一大批梨园界精英,培养出一批批优秀人才,赢得很高的声誉。

小培请来了叶春善,谭鑫培开门见山地说:"我想把小孙子豫升送到你那里,看在老面子上,请你把他收下!"

《战太平》,谭富英饰花云

《捉放曹》,谭富英饰陈宫,王泉奎饰曹操

叶春善怕谭家的孩子娇生惯养,婉言拒绝道:"我那里可是很苦哟,怕孩子受不了!"

谭鑫培说:"常言说得好,自在不成人,成人不自在,想学本事还能怕苦吗?我们家祖祖辈辈都是科班出身,不是少爷,我孙子不能与别人家的孩子两样,只请量材栽培。"

叶春善一向敬重谭鑫培,听他这样说,便痛痛快快地答应下来。

谭鑫培唤出豫升,让他给叶春善叩头请安,并当面叮嘱他入班后要严守班规,绝不可自视特殊。回头又对叶春善说:"该打就打,该骂就骂,严师才能出高徒,一切拜托了。"

民国六年(1917)二月,豫升入了富连成,取名富英。叶春善觉得他是谭老板的爱孙,特地把他安置在萧长华屋里。

萧长华本系名丑,与慈瑞泉、郭春山并称"丑行三大士",技艺精湛,饮誉大江南北。自二十七岁应"喜连成"之邀,出任总教习后,便以科班为家,宵衣旰食,全抛心力。他以"传道、授业、解惑"为己任,传艺无私,授业有方,爱惜人才,善于识拔人才。叶春善这样安排,是想让萧长华给富英吃点偏灶。谭鑫培知道后,一方面感激叶春善的厚爱,一方面又觉得不合适,便让孙子要求搬出来和其他生徒同住。

民国六年(1917)一月底,因为勉强演出,谭鑫培旧病复发。这一次病势凶猛,咳嗽不止,卧床难起。

家人请来名医周立桐。望闻问切之后,周立桐嘱咐道:"安心静养,不要活动,千万不能生气,无论如何不能再唱戏,过了春天就会慢慢好起来。"

一家人这才放下心来,儿孙们照顾得十分周到,谭鑫培的病情渐渐稳定下来。

这天,富英回家看望爷爷。他坐在爷爷的病榻前,替爷爷轻轻捶背。

谭鑫培以慈祥的目光看着孙子,颇有兴致地问:"你在科里都学了些什么戏?"

"跟师兄雷喜福学了《仙圆(缘)》《宁武关》《弹词》。"富英回答说。

"好!好!"谭鑫培边说边抚摸着富英又黑又亮的头发,"昆曲打底子很好,你要好好用功。等爷爷全好了,给你说两出昆曲戏。"

祖孙正拉话间,一个戏提调来到,说是要请谭鑫培唱戏。

谭鑫培说:"大夫让我静养,恐怕不能再唱戏喽!"

戏提调摇唇鼓舌,说得天花乱坠:"谭老板,这次唱戏可不同往常啊!江南的陆干卿来京,江宗澄发起,借金鱼胡同那相府演戏欢迎。"

"陆干卿是什么人?"谭鑫培问。

戏提调吭哧半天也说不清楚,最后吹嘘道:"反正是位贵人,听说当年他曾反对袁大头当皇帝。"

一听说陆干卿反对袁大头,谭鑫培有了些好感。他当年受过袁大头的气,所以将反袁的均视为同道。于是想了想说:"那好吧,等我的病情痊愈,一定去唱!"

戏提调走后,适有朋友来探望,谭鑫培顺便问起陆干卿是何许人也。朋友告诉他:陆干卿名荣廷,本是拥兵自重的广西军阀。在反对袁世凯称帝的护国运动中迅速崛起。袁世凯死后,他与北洋军阀分庭抗礼。张勋复辟时,他宣布反对,但由于段祺瑞捷足先登,他没有捞到什么好处。张勋复辟失败后,段祺瑞企图用武力统一南方,他受到威胁,便与湖南军阀唐继尧联合起来,谴责北洋军阀解散民元国会、破坏民元约法,否认段祺瑞政府的合法性,遂形成南北对峙的分裂局面。他表面上愿意追随孙中山,实际上不过是想借孙中山的威望实现自己的目的而已。

"如此说来,这个陆干卿也不是什么好人?"谭鑫培又像是发问,又像是自言自语地说。

那朋友说:"是啊!军阀们你争我夺,杀人如麻,哪有什么好东西?"

说到底,谭鑫培不过是一位凭玩艺儿吃饭的名伶,他在舞台上能够搬演军国大事,计谋韬略;但对于当时波诡云谲的政局、错综复杂的人际关系并不清楚。他原以为反对袁世凯的陆干卿是个好人,所以答应病好之后演戏欢迎;没想到陆干卿竟和北洋军阀是一丘之貉!他有些后悔,心中闷闷不乐。心情不佳,病情也就出现了反复。

很快到了三月初,那个戏提调又登门了。说是陆荣廷已经来京,准备在三月八日正式演戏。谭鑫培以病未痊愈为由,没有答应。戏提调回去复命,江宗澄不相信,又接连数次派人来到谭家。谭鑫培均婉言谢绝。

来宾中多是"谭迷",均以没有谭老板的戏而惋惜。江宗澄更是个好面子的人,怕老谭不来"栽"了他的面子,恼羞成怒,决定派官警押车,拘谭到场。

三月八日,一辆金鞍玉珮、风铎响铃的豪华骡车驶进大外廊营谭家大门。江宗澄从车上跳下来,口气骄横地说:"陆干卿派我请谭叫天来了!可别敬酒不吃吃罚酒!"

谭家子女见来者不善,慌忙迎接。

谭鑫培从病榻上坐起来,脸色灰暗,喘着粗气说:"我病成这个样子,你们还要我唱戏,岂不是要我的老命?!"

江宗澄恶狠狠地冷笑道:"不要危言耸听了,我倒要看看你的命有多么值钱!"

小培上前求情说:"即便去了,也没法登台呀!"

"少啰嗦!"江宗澄叫道,"今天是去也得去,不去也得去!"

谭鑫培见非去不可了,便命儿女们退下,说道:"要走就走,你们可真看得起我呀!"

谭鑫培和家人默默告别,被搀扶上骡车,缓缓驶出了谭宅。

"快点!"江宗澄不耐烦地催促着。

车把式炸了个响鞭,随着一阵嗒嗒的马蹄声,骡车一溜烟地驶向金鱼胡同……

这条路对于谭鑫培来说是多么熟悉呀!哪一次到那琴相府唱堂会不是从这条路上经过!然而今天这一次,他却是被押解上车的!作为一个名伶,难道还怕唱戏吗?但唱戏与唱戏不同啊!

一路的颠簸,使得微微发烧的他直觉得头晕眼花、恶心欲吐,四肢醋一样酸,铅一样沉。到了相府,见戏码已经排定,他的戏是《珠帘寨》"收威"。这出戏唱做俱重,特别是"收威"的"起霸",极需功力,病中的谭鑫培哪有气力去演呢?

谭鑫培提出换戏。戏提调见谭鑫培有气无力,神色不佳,也从一旁帮忙说话,最后,答应由谭鑫培自定戏码。谭鑫培不假思索,定下了《洪羊洞》。这出戏又名

《孟良盗骨》、《三星归位》，也是他最负盛名的拿手戏之一。描写的是杨继业死于北国，遗骸藏于洪羊洞中，继业向六郎托梦，嘱其取回骨殖。孟良在盗取骨殖时，误伤焦赞，自刎而死。六郎得报后，惊悼成疾，吐血身亡。一剧之中，三位英雄命归黄泉，充满了浓重的悲剧色彩。

开戏时辰已到，谭鑫培匆匆扮装登场。他从病房开始唱起，霎时间感到自己和六郎融为一体。他仿佛不是在演戏，而是现身说法，向台下、向世人诉说着世道的不平和人生的艰辛。从满清的王公贝勒到北洋军阀和官僚，他们有权有势、作威作福，不好对付，更不好得罪。他们异口同声地传说着"无谭不欢"、"非谭莫乐"，但为了自己的享乐，哪管艺人的死活？他们高兴起来，要你连演双出，反串行当，只许你卖命，不准你违拗。从表面看去，谭鑫培好象很红火，很风光，有唱不完的堂会，赴不清的邀约。但这样下去，早晚有一天，会气死、累死在戏台上。想到眼下这种境遇，谭鑫培不由得气愤填膺，老泪纵横。六郎的一段［二黄快三眼］，素来是谭鑫培最叫座的一段唱，清醇浑厚，苍劲淡运，圆润简净，无美不具，令人百听不厌。然而今天，谭鑫培却唱得如泣如诉、若断若续，不似原来尺寸。

下面该接唱［摇板］了，谭鑫培突然间面色大变，哇哇地吐血不止。鲜血染红了髯口，染红了征袍，洒上氍毹。顿时，满台皆惊，乱成一团。人们将谭鑫培扶下台去，戏草草收场。

谭鑫培被送回家中，仍然吐血不止，病情急剧恶化。家人一边延医诊治，一边向上海发电报（当时已有电报业务），催促正在上海演出的长女及女婿夏月润、幼女及女婿王又宸火速来京。

名医周立桐又被请来了，听罢家人的介绍，气愤地说："老先生若能静养，何至于此？军阀们只图自己享乐，不顾他人性命，哪里还有一点人性?!"

谭鑫培悲愤地摇着头，用断断续续的声音说："伶人命苦！命不值钱啊！"

重病之中，最需要心境安静。周立桐后悔自己刚才不该在叫天面前发火，勾起他的愤怒，他怕叫天过分忧愤，加重病情，忙宽慰他说："也别光想眼前的事情，当年您入宫承应，老佛爷赏赐五品顶戴，待您不薄啊！"

听了这话，谭鑫培脸上闪过一丝惨然苦笑，叹了口气说："唉！过去的事提它做甚，老佛爷把伶人当玩物，袁世凯、陆荣廷这些军阀和他们手下的奴才们连老佛爷都不如！"

周立桐好容易才把谭鑫培的情绪稳定下来，细细诊过脉，然后离开病榻，来到外间。看着他那紧锁的双眉、凝重的表情,家人的心头笼罩着不祥的预感,忙问:"怎么样?"

周立桐忧心忡忡地说:"年岁大了,又受到一连串刺激,病势危重,恐怕急难奏效。"

果然,经过几天治疗也不见好转。

又请来名医蔡希民,依然医治无效。接着请来日本原田医士、川田医士会诊,病情同样不见减轻。谭家笼罩在一种不祥的气氛之中……尽管病情不断加重,但谭鑫培的神志一直十分清醒,他见儿女们心事重重地守护在跟前,从容地说:"你们都是孝顺的孩子,有你们我知足了。不要再请大夫了,我的病恐怕是很难治好了。"

"不!阿爸!"儿女们说,"病还是要看,药还是要吃,会慢慢好起来的。"

"你们的孝心我知道了。"谭鑫培和蔼地说,"那一天唱《洪羊洞》,我就有一种预感,这是我平生最后一次登台唱戏了。当年,程大老板最后唱的一出戏便是《洪羊洞》,我不知怎么也选了这出戏。我要去找他老人家去了……"

儿女们听到这里,不禁心头一悸,赶忙岔开话题。

谭鑫培说得累了,闭上眼睛,喘着气。一会儿,重又睁开眼睛,看着身边的儿女、媳妇、孙子们。他的目光在寻找着,寻找着富英。富英连忙走近病榻,拉住爷爷的手。

"你进富连成,爷爷就放心了。可是,爷爷不能再给你说戏了!"谭鑫培的语调由平静变成伤感。

富英不知道说什么才好,小培忙接过话头:"阿爸,等您养好了身子,让他天天跟您学戏!"

忽然,谭鑫培问道:"月润、又宸怎么还没有来?"

小培说:"电报拍过去了,我想他们正在路上。"

话音才落,就听家人跑进来说:"大姑娘、二姑娘,还有两位姑老爷从上海赶来了!"

说话间,夏月润夫妇、王又宸夫妇风尘仆仆地走进来,扑到父亲病榻前,问候着,诉说着。小女儿翠珍抱住父亲的头,呜呜地哭起来。

"别哭别哭!应该高兴才是!"二子嘉瑞提醒着小妹。

翠珍一边抹着眼泪,一边理着父亲稀疏的白发。

儿女们全来了,谭鑫培显得十分高兴,病情好像也轻了一些。

七个儿子(七子嘉瑚早逝)、七个儿媳、两个女儿、两个女婿,十几个孙子、孙女,围着谭鑫培,坐了满满一屋。一时间,谭鑫培感到极大的慰藉。

谭家几代单丝独线,门孤势单。如今,儿孙满堂,人丁兴旺,全家以戏为业者多达数十人,可以说是梨园界最为繁盛兴旺的家族了。当年,四处流浪,跑粥班,衣食难周;如今,大外廊营置下了一片房产,积攒下一笔财产,自己在伶界备受尊崇,执须生之牛耳,也算上对得起列祖列宗,下对得起儿孙后辈了。但是,世事如棋,生计维艰,若想让子孙后代永远能过上好日子,还要善于筹措、周密安排才行。

想到这里,谭鑫培语重心长地对儿孙们说:"人常说吃不穷穿不穷,谋划不到必受穷。我风烛残年,在世日子不多了。我不能再为你们唱戏挣钱了,也不能看着你们过日子了。我给你们留下这一处院宅,数千银两,够你们住,够你们生活的了。可是,要知道,咱们谭家是大家庭,人口多,用项大,进项小。在一起够住、够用,如果分开居住,自立门户,不光房子紧巴,钱财也不够用。我曾听外面有人议论:谭家等叫天死了之后,儿女们肯定要分家单过。如果你们果真要走那一步,肯定难以维持生活,希望你们牢牢记住这句话。不然,我死难瞑目哇!"

一席话说得儿女们鼻酸泪落,弟兄几人一齐跪到病榻前,起誓道:"请阿爸放心,我们兄弟七人一定照您老人家的话去做。"媳妇们中原来想分家另过的也都愧疚地低下头去。

看到这种情况,谭鑫培瘦削的面庞上泛起笑容。几十年来,靠着他的刻苦、勤奋、机警、拼搏,经历了由少到多、再由博返约的探索和追求,他登上须生行当的巅峰,夺取"伶界大王"宝座,成为谭迷们崇拜的偶像。尽管在晚年,他也曾有过危机感、失落感,但直到临终前,在须生行当中,还没有人能望其项背。不论什么行当,梨园界还没有人能达到他那炉火纯青、出神入化的境界。谭鑫培不仅把毕生的智慧和才华献给了京剧事业,还辛苦缔造、惨淡经营了谭氏家族。为了这个大家庭,他不知经历了多少坎坷,流下多少辛劳的汗水。他不仅是儿女们的靠山和摇钱树,而且成为儿孙们的精神依托和支柱。他得到儿孙们的孝敬和崇拜,使谭家成为梨园界少有的热气腾腾、温馨和睦的大家庭。他多么希望这个大家庭永远地传下去,成为他灵魂的归宿和精神的家园!现在,有了儿孙们的保证,他感到放心,感到欣慰,不论是从艺术上、事业上,还是人生上、家庭上来说,他可以说是福寿同归,没有多少缺憾了。他可以带着无比的骄傲、自豪离开人世,跨进另一个世界了!

慢慢地,他眯上那双机警、智慧,充满感情的双眼。此刻,他显得无比安详,眼眸中漾出温柔、慈祥甚至是圣洁的光晕……

儿孙们怕他太累,除去轮班守护的,都悄悄离开了。

迷蒙中,他耳边又响起熟悉的紧锣密鼓、急管繁弦,响起震耳欲聋的喝彩声,赛马场上嘚嘚的马蹄声,鸽群清脆的哨子声,潭柘寺、戒台寺悠扬的晨钟暮鼓,还夹杂着慈禧老佛爷的夸奖声、大总管李莲英阴阳怪气的笑声……渐渐地,这些声音越来越细微,越来越模糊,越来越飘渺,最后只剩下《洪羊洞》哀婉的[二黄快三眼]:"自那日朝罢归,身哪染重病,三更时梦见了年迈爹尊。"他谭鑫培,像戏中的六郎一样,也梦见了爹爹谭志道。

"鑫培!"他分明听到爹爹在呼唤他,看到爹爹在向他招手。

"阿爸!"谭鑫培想抬腿迎着父亲跑去,但不知为什么,腿脚动弹不得。他痛苦地挣扎着,抽搐了一下,眼里不禁涌出一行清泪,就觉得沉入无边的黑暗之中……谭鑫培的灵魂离开了肉体,在春天澄碧的晴空中飞升!

这一天是民国六年三月二十日,即1917年5月10日。

一颗巨星陨落了!谭鑫培走完了七十一年的峥嵘历程!

丝竹断,锣鼓歇,各戏园暂停唱戏。京城肃穆,梨园同悲。接连好几天,数以千计的"谭迷"们涌向大外廊营谭宅吊唁,道路有时为之堵塞,哭泣声响彻南城。

灵柩停于家中三期二十一天,然后按照他生前的遗嘱迁于戒台寺的松筠庵。

发葬之日,葬仪队伍连亘数里,童男童女列阵在前,车马用黑绒制成,孝衣孝服,白幡白花。谭鑫培的灵柩安放在苍松翠柏之间,他长眠在那山水灵秀之地。

他留给人们的是一批无比宝贵的艺术财富!他将引起后世无尽的追思和仰慕。

无论怎样评价他,都不能否定这样的事实:谭鑫培使京剧走向真正的成熟,他是京剧发展史上划时代的巨擘。

1996年夏初稿于北京
2012年冬修订于北京

附录一 谭鑫培艺术年表

宋学琦

1847 年(清道光二十七年,丁未)

4 月 23 日(农历三月初九日),谭鑫培生。

谭鑫培名金福,堂号英秀,小名望仲,鑫培是他的号口。父因其"五行缺金",小时体弱多病,恐其难育,故名、号均用"金"字。他初入宫廷演唱时,呈上名单,西太后不识"鑫"字,问李莲英:"为什么取这么个怪名呢?"李说为五行缺金的缘故。太后说:"何必要三个金呢?有一个金就够他吃了!"因此,宫中称他谭金培,《升平署档案》中即作谭金培。

谭氏是湖北武昌府江夏县(跨武汉)宾阳门外(令大东门外)田家湾人氏,前辈开米粮店为生。谭鑫培的祖父谭成奎,曾在县衙当差,乃捕快出身。谭鑫培父名志道,生一子,即谭鑫培。谭志道生于 1808 年,非科班出身,由业余爱好戏曲下海为楚调(汉剧)演员。应工老旦,也能演老生,因其声狭音亢,犹如鹨鸟鸣叫,鹨鸟俗称"叫天子",遂得艺名"叫天"。谭志道之"叫天",称呼意义和后来人们对谭鑫培"小叫天"的称呼有些不同,颇含贬义。

谭鑫培的母亲熊氏,操持家务。

1853 年(咸丰三年,癸丑) 7 岁

太平军攻占武昌,该地遂为战场,演戏困难,谭志道偕妻及子鑫培,由水路乘船至天津一带跑帘外。谭鑫培开始随父在戏班中学戏练功。

1854 年(咸丰四年,甲寅) 8 岁

随父在天津郊区一带"跑帘外"。

1855(咸丰五年,乙卯) 9 岁

在家正式学戏,老叫天对子管束很严厉。

杨月楼入张二奎"忠恕堂"为弟子。

1856 年(咸丰六年,丙辰) 10 岁

在家中向其父学戏。

著名梆子演员郭宝臣生。郭艺名元元红,山西人。曾与谭鑫培跑帘外,对谭有一定影响,后与谭齐名。

1857 年(咸丰七年,丁巳) 11 岁

入金奎科班坐科,习文武昆乱老生(一说习武丑)。同科学友有叶中兴等。

1862 年(同治元年,壬戌) 16 岁

于是年"出师",初在天津唱老生和武生。

琴师孙佐臣生。孙乳名老元,初名光通。早年演小生,后改名与许荫棠操琴,又改随贾洪林。谭鑫培闻其名而慕之,乃托太监总管明兴刘祥王请孙为己操琴,后孙随谭很久。

1863 年(同治二年,癸亥) 17 岁

与其父进京,在广和成搭班演出,拜在余三胜门下。

与侯氏女玉儿结婚。玉儿少谭二岁,为后来的老生侯爷之姊。

1864 年(同治三年,甲子) 18 岁

仍在广和成搭班演出。始演"院子"、"过道"等角色,但他始终没有间断过练功,一边养嗓子,一边在武戏上下功夫。

1865 年(同治四年,乙丑) 19 岁

搭"吴四阎王"所组的乡班,在农村流动演出,经常在马兰峪一带唱戏。他和同班的何桂山在演出余暇时,经常向柏如意求教。同班的还有李顺亭、钱宝丰等人。

是年1月(农历甲子十二月),著名老生张二奎卒。

1866 年(同治五年,丙寅) 20 岁

跑乡班,曾一度到遵化演出居住。

1867 年(同治六年,丁卯) 21 岁

回京搭永胜奎班演出,不久倒仓。据说倒仓那天谭鑫培演出《银空山》,唱至"自从盘古立天地"句,竟哑得一个字也没有出音,招致了全场的倒彩,当时难过得无地自容。

倒嗓后,曾向杨隆寿、黄月山等学习武生戏。

1868 年(同治七年,戊辰) 22 岁

因倒嗓又回乡班中。凡是他所搭的乡班,深受各乡村市镇观众的欢迎。他演出的收入也比在北京永胜奎班当配角时充裕。

1869 年(同治八年,己巳) 23 岁

年来由于乡班散伙,因其娴熟武功,由人介绍投丰润县史家为护院,曾用六合刀打退盗匪。

梅雨田生。江苏泰州人,乃梅巧玲长子,梅兰芳之伯父,曾长期为谭鑫培操琴,为谭派唱腔的形成贡献卓著。

1870 年(同治九年,庚午) 24 岁

年末返京,入三庆班。自此谭鑫培遂日以摹仿程长庚为职志,时犹专演武生,如《大神州擂》、《白水滩》、《三岔口》、《攻潼关》、《金钱豹》、《黄鹤楼》等。稍进乃演《定军山》、《阳平关》等。因身法敏捷,脚步玲珑,人称"单刀小叫天"。

初在三庆班演戏,每日仅得车钱二吊。

三子谭嘉祥生。字芸荃,唱青衣、武旦,中年发胖后,改小生。

1871 年(同治十年,辛未)　25 岁

在三庆班演武生,兼武行头目。当时程长庚常演《樊城》、《昭关》等剧,皆长庚杰作。谭鑫培追随长庚,此等戏已尽学会,但当时不能演出。

1872 年(同治十一年,壬申)　26 岁

在三庆班花名册中已列生行第三位(首卢胜奎,次殷德瑞)。

汪桂芬十二岁出台,演于三庆、四喜两班。初演之戏有《昭关》伍子胥、《醉写》李太白、《挡谅》康茂才、《戏凤》明正德、《五台山》杨延昭。

1873 年(同治十二年,癸酉)　27 岁

在三庆班演戏。

老生贾洪林生。贾号朴斋,北京人,原籍江苏无锡,其祖父贾增寿为咸丰时名昆曲小生,父贾润亭为场面。贾十二岁入陈丹仙寻茂堂学老生,嗓音圆润有味,少年时即出名,时人评其唱做身段均不劣于谭鑫培。变音后困嗓音未得恢复,遂向做工方面发展,多为谭鑫培配戏。

1875 年(光绪元年,乙亥)　29 岁

是年在三庆班,戏份乃时钱四吊至八吊。

谭鑫培有革新意味的唱腔并未受到社会承认。一提起谭鑫培,大家都很鄙视,说他唱得纤巧没出息。此时谭鑫培对腔调研究得非常之细,在闪板、赶板、垛板等地方,比前人精致得多。

1876 年(光绪二年,丙子)　30 岁

《都门纪略》刊行增补本,武生戏下录有:小叫天——《大神州》王永、《金钱豹》猴儿、《攻潼关》二郎、《黄鹤楼》赵云。泥人张(张明山)到京,曾为谭捏像。形

神俱足,栩栩如生。

1877 年(光绪三年,丁丑) 31 岁

嗓音恢复,但仍受歧视,遂接受教科班之聘,先在京学曲牌,做准备工作。班主是京东三河县一位姓温的地主。

1878 年(光绪四年,戊寅) 32 岁

与父同到京东三河县教科班。父教老生、老旦,他教武生、武老生。上海有名的"武之祖"李春来就是这个科班的学生,称老叫天为老师,与谭鑫培同辈。

12 月,由程长庚等呈请,徐小香、杨月楼被保选为精忠庙首。

1879 年(光绪五年,己卯) 33 岁

上半年,在乡间科班执教,下半年回京,仍搭三庆班。

9 月 4、5 日(农历七月十八、十九)两日,三庆班应石宅堂会,谭鑫培演出《伐东吴》、《一门忠烈》、《定军山》、《状元谱》、《御碑亭》等。

是年初次赴上海演出。应上海金桂园之邀,同去的有孙彩珠等。演出五十余日,所演各剧,文武昆乱俱全。如《挑滑车》、《冀州城》、《长坂坡》、《琼林宴》、《盗宗卷》、《王佐断臂》、《空城计》、《李陵碑》、《汾河湾》等。但知音者稀,遂怏怏回京。谭鑫培在沪受到孙小六(孙春恒)的指点帮助,对他在艺术上的发展启发很大。

1880 年(光绪六年,庚辰) 34 岁

年初,由沪回京,仍搭三庆班。遂请人向余三胜说情拟学《卖马》、《桑园寄子》、《捉放》等三出戏。余说:"必须正式拜师始可,因为并非教匠也。"于是叫天正式磕头拜师。

1 月 24 日(农历光绪五年十二月十三日),程长庚卒,年七十岁。程卒后,精忠庙首一职由徐小香等保四喜班的王九龄继任。

重镌《都门纪略》所载戏班及角色里,三庆班中有谭鑫培:小叫天,武生。孙菊仙用孙初之名,列于嵩祝成班第一名,祝应作处,都人称票友之专用字。

王瑶卿生。王名瑞珍,字楳庭,又号菊痴。生于北京,原籍江苏淮阴。父王彩林,初演青衣,后兼演刀马旦,王曾融汇青衣、花旦、刀马旦表演艺术形成"花衫"一

行,又以善创新腔著称。曾与谭鑫培合作演出,时称珠联璧合。

1881 年(光绪七年,辛巳)　35 岁

仍搭三庆班唱武生。辛巳岁乙亥科团拜,与俞菊笙各演《挑滑车》争胜,他高超的演出令人惊叹。

3 月,慈安太后死,"国丧",于四义轩清唱。

1882 年(光绪八年,壬午)　36 岁

国丧开禁,改入四喜班,与孙菊仙互唱大轴,逐渐以演须生戏著名。

6 月 21 日(农历五月初六日),在广和楼与刘明久、王桂亭、慕凤仙演出《鱼肠剑·刺辽》。

8 月 16 日,在三庆园与慕凤仙等演出《断密涧》。

退庵居士文瑞图接办四喜班。由时小福充班主。孙菊仙曾入四喜。

谭鑫培《鱼肠剑》画像

1883 年(光绪九年,癸未)　37 岁

兼搭三庆,花名册名列生行第二(首为杨月楼,后为卢胜奎、殷荣海)。

又组胜景班,长与时小福、余紫云、杨桂云、杨隆寿、姚增禄等同演。

孙菊仙又改搭四喜班,并约谭鑫培搭班演出,孙、谭曾合演《斩黄袍》。

五子谭嘉宾生。原名椿福,因与父同名,改为椿寿,艺名谭小培,乃"小荣椿社"第二科学生。该科班散后,改搭"小洪奎社",不久变嗓。于是改行,进"汇文学院"学英语数年,成绩颇佳。后他嗓音恢复,又回到本行。

谭小培曾参加同盟会,自父亲去世后,觉得儿子太小,自己非唱戏不可,于是刻苦练功,向老友学习,温旧习新,由徐兰沅操琴,开始演唱。

1884 年(光绪十年,甲申)　38 岁

10 月,二次赴沪演唱。大奎官同行,搭入新丹桂茶园。

12 月,由沪归京,专门搭四喜班演出。

1885 年(光绪十一年,乙酉)　39 岁

9 月 15 日(农历八月初七日),恭亲王府堂会,四喜班及外串有谭鑫培与陈德霖、金秀山、刘七合作演出的《战太平》,谭鑫培与王楞仙、黄三合作演出的《八大锤》。

是年在广和楼曾与花旦余玉琴演出《翠屏山》。

再次请泥人张为自己塑像。

7 月 30 日(农历六月十九日),老生王九龄卒,年六十九岁。

1886 年(光绪十二年,丙戌)　40 岁

2 月 9 日(农历正月十六日),在安徽会馆,兰庆班请票外串、带灯演出。谭鑫培与王桂农合演《雄州关》,与桂官、宝峰、桂庆、曹六台演三、四本《取南郡》,与小福、顺保、玉保合演《寄子》。

在文田三宅堂会演出《翠屏山》,饰石秀,田桂凤饰潘巧云,余玉琴饰莺儿,余大傻子(余庄儿之兄)饰潘老丈。

3 月 9 日(农历二月十五日),孙菊仙与二李及时小福,并被选入升平署,每赏与李燕云同。虽入署,而外则搭四喜如故。

1887 年(光绪十三年,丁亥)　41 岁

与周景奎、王八十等同组同景班。班中有旦角田桂凤(小桂凤)、花脸黄润甫等人。

《都门续略》(一名《朝市丛载》)改用谭叫天名,老生,与孙菊仙并列。

父谭志道卒,享年七十九岁,鑫培悲痛至深。谭志道葬永定门外河南岸,谭家坟地。

1888 年(光绪十四年,戊子)　42 岁

1 月 25 日(农历丁亥十二月十三日),与周景奎所组同景班,正式具甘结报呈精忠庙,并由庙首杨久昌(杨月楼)、刘宝山(刘赶三)、俞光耀、时庆加甘结,并报呈升平署备案。

收入增至一百二十吊。

12 月 9 日(农历十一月七日),杨月楼由长保荐,被召入宫为供奉。慈禧亦极示优宠。

汪桂芬常到外埠演出。

1889 年（光绪十五年，己丑）　43 岁

演《定军山》黄忠，《阳平关》、《黄鹤楼》赵云，《挑滑车》高宠，神完气足，时誉最佳。

5 月 13 日（农历六月十五日），杨月楼卒。杨卒，三庆班遂散。

1890 年（光绪十六年，庚寅）　44 岁

7 月 6 日（农历五月二十五日），与老旦孙秀华、青衣陈德霖、小丑罗寿山等同被正式选入升平署，作内廷供奉，赏食六品（或云四品俸）。首演《翠屏山》，慈禧太后见其一趟单刀耍得纯熟，因赐名"单刀叫天儿"。

演戏，约李奎林司鼓。

二女谭翠珍生，后为老生王又宸之妻。

1891 年（光绪十七年，辛卯）　45 岁

秋，在庆和园演《定军山》。

秋，于北京东四牌楼四条胡同锦佩卿宅演出《金雁桥》，同演者有钱宝峰、姚增禄、吴连奎等。

园份二十四吊至四十吊，堂会十两。

四喜班改组，仍倚重菊仙为主角。

1892 年（光绪十八年，壬辰）　46 岁

与王楞仙、陈德霖等集资恢复三庆班。

谭鑫培的鼓师为郝春年，琴师为梅雨田。后鼓师易为李五，李、梅二人于谭为左辅右弼，缺一不可，当日称为"双绝"。

与田桂凤等首次在京演出《战宛城》。

为湖北人进士黄某邀，为"壬辰团拜"演出《文昭关》。

1893 年（光绪十九年，癸巳）　47 岁

3 月，于庆亲王府演堂会《恶虎村》。由谭自饰黄天霸，黄润甫（即黄三）饰濮天雕，韩乐卿（即韩二雕）饰伍天虬，李顺亭（即大李五）饰李公然，德子杰（即廊德子）饰王梁，朱德山（印朱二锁）饰王栋，刘宝山（即赶三儿）饰濮妻，李燕云（俗称小

不点)饰伍妻,华福山(即华虎儿)饰丁三己,郝长利(俗称郝大个子)饰郝文。并由张洪林(即长保)、王槐卿(即八十儿,系蕙芳之父)、陈桂宝(即牛儿)、董凤岩(即升儿)分饰李公然手下之四嫖客,袁增福、李顺德(亦称李七,乃顺亭之弟,非李寿山之李七也)、余灵芳等人分饰反面角色。似此配搭为外间戏园演出所罕见。

12月20日,在庆和茶园演出。

谭鑫培个人风格突出,表演艺术已誉满京津。

由谭鑫培等人恢复的三庆班,入宫演唱数月,旋因故中散。

谭豫智生。其乃谭鑫培之孙,谭嘉祥(鑫培之三子)之子。后学文场、武场。

1894年(光绪二十年,甲午)　48岁

日演两剧,收入逐日见昂,表演注重人物性格刻画。

10月,在慈禧太后办"万寿"时曾进宫演戏,演出《宋世杰》,扮演毛朋一角。

1895年(光绪二十一年,乙未)　49岁

开始步入艺术事业的鼎盛时期。

十二月初二日,入选进宫者有:老生曹永吉(别名曹羊儿)、小生马全禄、旦角孙怡云、老旦熊连喜、花脸穆长久(别号小穆)、丑角王长林(又称王拴子)等六人。

1896年(光绪二十二年丙申)　50岁

搭入王楞仙、朱四十、田际云等再立的三庆班,同时还兼搭王福寿、陈永久共立之喜庆班。此时郝春年、李奎林、王景福为其鼓师,梅雨田、孙佐臣为琴师,汪子良为小锣,浦长海为月琴,锡子刚为弦子,潘寿山为三锣。此乃名伶自带鼓师、琴师等场面随手之始。

3月(农历二月),丁丑同年团拜在湖广馆公璇昆中堂堂会,演《定军山》,与田桂凤演《乌龙院》。

与刘永春重组同春班,只几月因故遂散。

1897年(光绪二十三年,丁酉)　51岁

7月,赴津演出,在津曾与汪桂芬、孙菊仙合演《文昭关》,当时年方九岁的盖叫天看了他的演出。角色搭配是:汪桂芬饰伍员,谭鑫培饰皇甫讷,孙菊仙饰东皋公。

12 月 21 日(农历十一月二十八日),在颐年殿与李永泉演出《盘河战》。

1898 年(光绪二十四年,戊戌)　52 岁

1 月 27 日(正月初六日),在颐年殿与王桂花演《群英会》。

2 月 3 日(正月十三日),在颐年殿演出《卖马》。

2 月 8 日(正月十八日),在颐年殿与龙长胜演《定军山》。

2 月 24 日(二月初四日),在颐年殿演《一门忠烈》。

9 月 21 日(八月六日),戊戌变法失败,慈禧幽德宗于瀛台,谭鑫培曾有"戏谏"之举,传说慈禧对此有所察觉,但未质问。

4 月(闰三月),汪桂芬始由沪回京,为陈德霖、于庄儿所挽,入福寿班演唱。

1899 年(光绪二十五年,己亥)　53 岁

2 月 19 日(正月初十日),福寿班外串代灯,谭鑫培参加演出几天。

3 月 27 日(二月十六日),在颐年殿演《战太平》。

4 月 3 日(二月廿三日),同庆班甘结呈文,庙首加结中有谭鑫培署名。(其他三位庙首为余光耀、时庆、田际云。)

5 月 17 日(四月初八日),在纯一斋与罗寿山演《群英会》。

5 月 24 日(四月十五日),在纯一斋演《乌龙院》。

8 月 2 日(六月廿六日),在纯一斋与王桂花演《镇潭州》。

8 月 12 日(七月初七日),在纯一斋与陈德霖演《宝莲灯》。

11 月 11 日(十月初九日),在颐年殿与李永泉演《打严嵩》。

12 月 11 日(十一月初九日),在颐年殿与陈德霖演《御碑亭》。

12 月 13 日(十一月十一日),在颐年殿演《平顶山》。

12 月 17 日(十一月十五日),在颐年殿与李永泉演《打严嵩》。

1900 年(光绪二十六日,庚子)　54 岁

1 月 15 日(农历光绪二十五年十二月十五日),在颐年殿演《琼林宴》。

1 月 31 日(正月初一日),在宁寿宫与于庄儿演出《梅龙镇》。

2 月 3 日(正月初四日),在颐年殿与陈德霖演《戏妻》。

2 月 12 日(正月十三日),在颐年殿与王桂花演出《群英会》。

3月8日(二月初八日),在颐年殿演《清官册》。

3月15日(二月十五日),在颐年殿演《战太平》。

4月1日(三月初二日),在颐年殿与于庄儿演《乌龙院》。

4月8日(三月初九日),在颐年殿与刘永春演出《天水关》。

4月14日(三月十五日),在颐乐殿与罗寿山演《天雷报》。

4月27日(三月二十八日),四喜外串,与黄润甫、张永清、徐殿甲、汤明亮、钱金福、杨万清、沈易成、侯春菊、董凤岩、刘升云、朱玉康、方德享、田桂凤(田桐秋)、胡素仙、王长林合作演出《战宛城》(《盗双戟》)。

又与田桐秋、路玉珊、曹文奎、罗寿山、黄金桂、高玉宝合作演出《翠屏山》带"杀山"。

还与张淇林、张永清、李顺德、董凤岩、黄润甫、李顺亭、王楞仙、金俊亭合作演出《八大锤》。

再与钱盘福、刘春喜、杨万清、徐殿甲、金秀山、沈易成、朱玉庚、李三官、俞菊笙合作演出《阳平关》。

4月29日(四月初一日),在颐乐殿演《天雷报》《乌龙院》。

5月9日(四月十一日),在颐乐殿演《天雷报》《琼林宴》。

5月13日(四月十五日),在颐乐殿演《庆顶珠》。

5月14日(四月十六日),在颐乐殿与刘永春演出《捉放》。

5月29日(五月初二日),在颐乐殿与王桂花、孙菊仙演《群英会》。

8月11日(七月十七日),清波府杀大臣立山、徐用仪、联元等人,与路三宝等到法场送行。立山尚出呼叫天:"尔前来,我语汝。"叫天答:"到此时候,尚有何言,请大人早升天。"刽子手等索银四百两,叫天言一切唯我是问,事毕,袖出二百两。

8月,慈禧等西逃,八国联军陷京师。宫内无复承应,外面难以演出,演员生活困难。高四保卖点心,陆砚亭、贾丽川卖酱肉,福寿班武行到天桥卖唱,孙菊仙、刘永春到上海,侯俊山(十三旦)随慈禧去西安。

劫后,曾在元明寺、天和馆等临时演戏场所演出。在元明寺与田桂凤演出《战宛城》,黄润甫饰曹操,又演《探母》《碰碑》等戏。在天和馆演出《桑园寄子》《朱砂痣》等戏。

庚子乱中,曾赴津演出。

庚子乱后,谭鑫培之名更隆,他所在的"同春班"改名为"同庆班",经常与田桂风合作演出。万人空巷,人满为患。

组同庆班时,约萧长华参加,萧配演《审头刺汤》《清风亭》等戏。

樊樊山在庚子有诗:"叫天歌续崆峒子,流落兵间亦可嗟。"

园份七十吊至一百吊,堂会二十两。

1901 年(光绪二十七年,辛丑)　55 岁

8 月,第三次赴沪演出。时上海仅有丹桂、天仙、三庆、春仙四家戏园,谭鑫培已搭其三,所受待遇殊厚。

狄楚青庚子困城诗中有"国自兴亡谁管得,满城争说叫天儿"句。

1902 年(光绪二十八年,壬寅)　56 岁

3 月(农历二月),由沪返京。回署供职,于外则加入同庆,为时亦久。

秋,王瑶卿补时小福进宫承差,经常与谭鑫培演出《牧羊圈》《南天门》《金水桥》等戏。

时精忠庙四个庙首是谭鑫培、俞润仙、田际云、余玉琴(慈禧"回銮"后补时小福的缺),母堂郎中是庄五(庄山弟),升平署总管是魏成禄,内廷总管是李莲英。

5 月 15 日(四月初八日),在宁寿宫演《探母》。

5 月 20 日,在宁寿宫演《戏妻》。

6 月 6 日(五月初一日),在宁寿宫与穆长久演《捉放》。

6 月 9 日(五月初四),在宁寿宫与于庄儿演《乌龙院》。

6 月 10 日(五月初五),在宁寿宫演《定军山》。

6 月 11 日,汪桂芬与周长顺、钱长永等,同被选入署,每演得上赏,多为四五十两之数。据云:谭鑫培悯汪桂芬穷无所归,乃贡内廷,汪为内廷供奉,且谭有促其夫妻团圆之举。

6 月 22 日(五月十七日),在宁寿宫演《琼林宴》。

6 月 29 日(五月廿四日),在宁寿宫与孙怡云演《戏妻》。

7 月 5 日(六月初一日),在宁寿宫演《樊城》《昭关》。

7 月 10 日(六月初六日),麻花胡同某继子受侍郎宅堂会,演出《定军山》,并与罗百岁演出《问樵闹府》。

7 月 23 日(六月十九日),在宁寿宫与郎得山演《捉放》。

7 月 24 日（六月廿日），在宁寿宫与陈德霖、郎得山演出《二进宫》。

7 月 28 日（六月廿四日），在宁寿宫与孙怡云演《戏妻》。

7 月 31 日（六月廿七日），在宁寿宫演《探母》。

8 月 4 日（七月初一日），在宁寿宫演《打严嵩》。

8 月 29 日（七月廿六日），在纯一斋与杨德福演《乌龙院》。

9 月 14 日（八月十三日），在颐乐殿与陈德霖、孙怡云演《探母》。

9 月 15 日（八月十四日），在颐乐殿与周长顺演《一门忠烈》。

9 月 16 日（八月十五日），在颐乐殿演《琼林宴》。

9 月 17 日（八月十六日），在颐乐殿与郎得山演出《捉放》。

10 月 2 日（九月初一日），在颐乐殿演出《失街亭》。

10 月 16 日（九月十五日），在颐乐殿与孙怡云演《牧羊圈》。

11 月 1 日（十月初二日），在颐年殿演《琼林宴》。

11 月 3 日（十月初四日），在颐乐殿演《庆顶珠》。

11 月 5 日（十月初六日），在颐乐殿演《乾坤带》。

11 月 6 日（十月初七日），在颐乐殿演《黄鹤楼》。

11 月 7 日（十月初八日），在颐乐殿演《探母》。

11 月 9 日（十月初十日），在颐乐殿演《状元谱》。

11 月 11 日（十月十二日），在颐乐殿演《平顶山》、《定军山》。

11 月 12 日（十月十三日），在颐乐殿演《阳平关》。

11 月 30 日（十一月初一日），在颐乐殿演《一门忠烈》。

12 月 16 日（十一月十七日），在颐乐殿演《牧羊圈》。

12 月 23 日（十一月廿四日），在宁寿宫演《乌盆记》。

谭鑫培外串戏份为五十两。

1903 年（光绪二十九年，癸卯）　57 岁

1 月 6 日（农历壬寅十二月初八日），在宁寿宫演《戏凤》。

1 月 13 日（壬寅十二月十五日），在宁寿宫演《戏妻》。

1 月 28 日（壬寅十二月卅日），在宁寿宫演《取帅印》。

2 月 1 日（正月初四日），在宁寿宫演《打严嵩》。

2 月 5 日（正月初八日），在宁寿宫演《骂曹》。

2 月 6 日（正月初九日），在宁寿宫与王桂花演《群英会》。

2 月 7 日（正月初十日），在宁寿宫演《卖马》。

2 月 14 日（正月十七日），在颐年殿与汪桂芬演《战长沙》，演出《一捧雪》。

2 月 15 日（正月十八日），在颐年殿演《空城计》。

2 月 16 日（正月十九日），在颐年殿演《琼林宴》。

3 月 1 日（二月初三日），在颐年殿演《庆顶珠》。

3 月 14 日（二月十六日），在颐年殿与杨得福演《乌龙院》。

4 月 1 日（三月初四日），在宁寿宫演《乌盆记》。

4 月 27 日（四月初一日），在纯一斋演《阳平关》。

5 月 14 日（四月十八日），在颐乐殿演《状元谱》。

5 月 27 日（五月初一日），在颐乐殿演《洪羊洞》。

5 月 31 日（五月初五日），在颐乐殿演《琼林宴》。

6 月 10 日（五月十五日），在颐乐殿演《阳平关》。

6 月 11 日（五月十六日），在颐乐殿与杨得福演《乌龙院》。

7 月 24 日（六月初一日），在颐乐殿演《战蒲关》。

8 月 16 日（六月廿十四日），在颐乐殿与汪桂芬演《战长沙》，汪演关公，谭饰黄忠。

8 月 17 日（六月廿五日），在颐乐殿演《阳平关》。

8 月 24 日（七月初二日），在颐乐殿演《洪羊洞》。

8 月 29 日（七月初七日），在颐乐殿演《战太平》。

9 月 6 日（七月十五日），在颐乐殿演《一捧雪》。

9 月 10 日（七月十九日），在颐乐殿演《伐东吴》。

9 月 22 日（八月初二日），在颐乐殿演《庆顶珠》。

10 月 4 日（八月十四日），在颐乐殿演《一门忠烈》。

10 月 28 日（九月初九日），在颐乐殿演《阳平关》。

11 月 3 日（九月十五日），在颐乐殿演《琼林宴》。

11 月 19 日（十月初一日），在颐乐殿演《定军山》。

11 月 21 日（十月初三日），在颐乐殿演《黄鹤楼》。

12 月 1 日（十月十三日），在颐乐殿演《镇潭州》。

12 月 3 日（十月十五日），在颐乐殿演《平顶山》。

10 月 19 日(十一一月初一日),在宁寿宫与杨得福演出《乌龙院》。

冬,在天寿堂演出《天雷报》、《黄金台》、《朱砂痣》、《捉放》、《取帅印》、《群英会》、《探母》等剧。

在广东会馆堂会,演出《空城计》、《武家坡》,得银五十两。

1904 年(光绪三十年,甲辰)　58 岁

1 月 17 日(癸卯十二月初一日),在宁寿宫演《阳平关》。

1 月 31 日(癸卯十二月十五日),在宁寿宫演《一捧雪》。

2 月 8 日(癸卯十二月廿三日),在宁寿宫演《盘河战》。

2 月 14 日(癸卯十二月廿九日),在宁寿宫演《打严嵩》。

3 月,在中和园演出《失街亭》。

4 月 26 日(三月十一日),为周春奎竭力保荐,周遂入署。

5 月,在湖广会馆等地演出《镇潭州》、《空城计》、《碰碑》等戏。

春夏间,到天津演出《捉放》等剧。

春夏间,在京演出《翠屏山》、《定军山》、《洪羊洞》、《寄子》、《庆顶珠》、《武家坡》、《汾河湾》、《宁武关》等剧。

7 月 13 日(农历六月初一日),南海传差,和王瑶卿演《教子》,二刻五。

7 月 28 日(六月十六日),演出《碰碑》。

8 月,演出《宁武关》、《乌龙院》、《乌盆记》、《定军山》、《黄金台》等戏。

夏秋之季,鸣晦庐主人(《闻歌述忆》作者)曾约谭鑫培唱堂会《碰碑》,并多次登门拜访谭鑫培。

10 月 13 日(九月初五日),与陈德霖、杨小楼、朱素云、王瑶卿等在颐和园承差。此日他们供九皇菩萨吃素,慈禧得知强赏每人一碗炖牛肉。

11 月 21 日(十月十五日),慈禧"七旬万寿",与汪桂芬、罗寿山、王桂花、朱四十、田际云、孙怡云、普阿四、郝春年祝寿演戏,并得门赏双份钱粮。谭鑫培因迟到,被慈禧认为"齐家有方"而得到赏赐。

冬,在庆王府演堂会,戏目有《举鼎》、《蚰蜡庙》等。在《蚰蜡庙》中,谭扮褚彪,施公为李鑫甫,小姐为彩霞,丫环为佩秋、桐云,家院为贾洪林,桂兰为水仙花,费德公为李七。

是年曾在杭州荣华戏院演出。

1905 年（光绪三十一年，乙巳） 59 岁

1 月（甲辰十二月），曾演《八大锤》、《战宛城》。

与田际云演出了表现当代生活的京剧《惠兴女士》。当时杭州贞文女校校长惠兴女士因向将军瑞兴募款兴学被辱，愤而自杀，田际云请贾润田将此事编成京剧，田又联合谭上演数日，公开揭露瑞兴的罪恶。并把这次演出所得票款两千多两银子汇往杭州，捐赠贞文女校。

9 月 8 日（八月初十日），南海传差，演出《珠帘寨》，七刻。

秋，参加拍摄了我国第一部戏曲影片，是《定军山》中"请缨"、"舞刀"、"交锋"等场面。该片也是中国人自己拍摄的第一部影片。影片的拍摄是在北京丰泰照相馆中院的露天场地进行的。摄影师是该馆照相技师刘仲伦，前后拍摄了三天，共成影片三本。丰泰照相馆的创办人是任景丰，沈阳人，青年时代曾在日本学过照像技术。该片曾在前门外大栅栏的"大观楼"等地放映。

是年和王瑶卿在同庆同台演出，池座已卖到京钱一千六百元。

1906 年（光绪三十二年，丙午） 60 岁

1 月 15 日（乙巳年十二月廿一日），演出《碰碑》。

1 月 16 日（乙巳年十二月廿二日），与王瑶卿演出《探母》。

1 月 17 日（乙巳年十二月廿三日），与刘春喜、谭小培演出《战长沙》。

7 月 6 日（五月十五日），承应戏单中有谭鑫培演《天雷报》，四刻。

10 月 15 日（八月廿八日），谭富英生，乃谭鑫培之孙，谭小培之子。谭富英的开蒙老师为陈秀华，学了三出戏，谭鑫培认为学得太慢，决定送入富连成科班。谭富英先学昆曲，后改学老生，还学了些武生戏，科班中他承受萧长华和雷喜福的教育最多。出科后随父谭小培学习，民国十四、五年拜余叔岩为师。后被誉为四大须生之一。

12 月 26 日（十一月十一日），与王瑶卿演《打渔杀家》，谭饰萧恩，王饰桂英，王长林饰教师爷。

12 月 27 日（十一月十二日），演出《洪羊洞》，有人起哄。

12 月，曾在中和园和湖广会馆等地演出《桑园寄子》、《碰碑》、《御碑亭》、《搜孤救孤》等戏。《御碑亭》，谭鑫培饰王有道，德珺如饰柳春生，王瑶卿饰孟月华。《搜孤救孤》，谭鑫培饰公孙杵臼，贾洪林饰程婴，金秀山饰屠岸贾。

215

年末,江淮水灾,京师士夫于福寿堂演戏募赈,以谭鑫培和汪桂芬二人弁首开场,三日皆座客如卿。

是午谭鑫培之妻病逝。

1907 年(光绪三十三年,丁未)　61 岁

《都门纪略》用谭鑫培之名入选,所载剧目为《鱼藏剑》伍子胥、《洪羊洞》杨延昭、《当锏卖马》秦琼。是时为谭鑫培最扬眉吐气之时。

冬月六日,承平班外申,与沈三元、张三锁演出《搜孤救孤》。

1908 年(光绪三十四年,戊申)　62 岁

7 月,赴天津为文敬寿辰堂会演出二日,事后文敬赠银八百两。

8 月,在京某帅堂会中演出。

9 月,泗州杨文敬入觐,安徽同乡公局堂会,应邀演出《探母》。

是年湖北水灾,率诸园演义务剧。三日,所获数千金,为赈,独自负其任。

9 月 15 日(农历八月二十日),袁世凯五十整寿,应邀演堂会。那桐为戏提调,对谭说:"今日宫保寿诞,与寻常堂会异。君能连唱两出为我增色吗?"谭意不欲,徐答道:"除非中堂为我请安。"桐大喜,谓此甚易,乃屈膝向谭说:"大老板赏脸!"谭无奈,是日竟演二出。

与田际云、俞菊笙等精忠庙首曾有力主废禁"私寓"之议。

1909 年(宣统元年,己酉)　63 岁

2 月,一度到天津演出,观众踊跃,必三五日前预先购票方可一见谭鑫培的演出。

3 月 3 日(二月十二日),"双国孝"过,在其弟子整容下勉为演出。谭演出《天雷报》,受到了观众热烈欢迎,对其剧艺可谓如痴如狂。

6 月 3 日(四月十六日),演出《战太平》。德霖、芝香扮二位夫人。

夏,在丹桂园、庆乐园、庆升园、中和园等处演出《法场换子》、《庆顶珠》、《战长沙》、《空城计》、《斩马谡》、《朱砂痣》、《卖马》、《碰碑》、《阳平关》、《清官册》、《捉放》、《举鼎》、《武家坡》、《战太平》、《斩子》、《定军山》、《连营寨》、《珠帘寨》等剧。

8 月,在同兴堂唱堂会,清唱《定军山》。

10月,曾演《碰碑》。

12月21日,精忠庙召集在京戏班代表开会,议定"凡伶人外作应酬者,即不准登台唱戏"。

园份一百吊至二百吊,堂会一百两至二三百两。

小女翠珍与名须生王又宸结婚。慈禧太后赠赐妆奁一铜盒。铜盒上刻楷书,文曰:"光绪三十五年六月十五日,慈禧端祐康颐昭豫庄诚寿恭钦宪熙皇太后上赏谭鑫培之女嫁妆铜盒一个。"

《宣统元年戚震瀛京华百六竹枝词》有:"鞠部名伶艳叫天,氍毹匝地谱宫弦。君思莫漫分新旧,白发梨园供奉年。"

《宣统元年兰陵夏患生京华百二竹枝词》有:"供奉内廷恩遇隆,金钱屡赐未医穷。就中最有愉心事,确是堂堂四品翁。"

1910年(宣统二年,庚戌)　64岁

3月8日(正月廿七日),丹桂园"义务夜戏",与王瑶卿演《汾河湾》。

5月20日(四月十二日),丹桂园,春庆班,白天,与陈德霖、谢宝云演《朱砂痣》、《寄子》。

5月24日(四月十六日),丹桂园,春庆班,白天,与陈德霖演《战太平》。

夏间,与陈德霖在丹桂园曾演《打渔杀家》。

曾到天津演出《打棍出箱》和《李陵碑》等戏。

10月26日,第四次赴沪演出,首日出台,唱《空城计》。

10月27日,在上海丹桂演出《乌盆记》。以后相继演出《天堂州》、《黑水国》、《群英会》、《天雷报》、《状元谱》、《王佐断臂》、《讨鱼税》、《黄金台》、《定军山》、《南阳关》、《翠屏山》、《朱砂痣》、《八义图》、《洪羊洞》、《李陵碑》、《琼林宴》、《取帅印》等戏。挨次而下。然卖座不佳,唯两次《琼林宴》,因传其踢鞋一跃能落在头上,故卖满座。

在沪期间,于百代公司灌《卖马》、《洪羊洞》等唱片,操琴者为梅雨田,鼓师为李五。

11月20日,乘津浦车北返。

自沪归来,逍遥禅宇,耽悦梵典以自怡乐,尚未露演。

1911 年(宣统三年,辛亥) 65 岁

春,曾于宗室某尚书初度唱堂会戏《空城计》,临阶数筵中清朝官吏愚蠢颟顸之态毕现。

仲夏,谭鑫培到天津演出堂会《汉阳院》。谭鑫培饰诸葛孔明,孙菊仙扮徐庶,刘鸿昇扮刘皇叔,吴彩霞扮甘夫人,王瑶卿扮糜夫人,苏廷奎扮张翼德,杨小楼扮赵子龙,汪金林扮孙乾,赵仙舫扮简雍。以上诸伶,均系梨园上选人物,萃集一堂,不啻菊园群英大会。凡躬逢其盛者,均赞扬不已。

10 月 10 日,在新丰市场演《空城计》。

10 月中旬,武昌起义后的某晚,谭鑫培、杨小楼在宝禅寺街庆升荣茶园合演《连营寨》。当谭鑫培唱到刘哭灵牌时,电灯突然灭了,满目漆黑,只得散戏。

11 月下旬,民国初奠,气象丕新,谭鑫培又有演剧之举,在广德楼演出《虮蜡庙》《琼林宴》,一时园中客益盛。

1912 年(民国元年,壬子) 66 岁

春,与田际云等再次申请政府查禁私寓,得到外城巡警总厅批准,从此私寓始废。

6 月 18 日,经教育部批准,"正乐育化会"成立,代替"精忠庙"旧制。由田际云、俞菊笙、余玉琴和谭鑫培发起。大家投票公推谭鑫培为会长,田际云为副会长。制定了计划,主要是救济梨园界的贫苦同行,以及兴办梨园小学,使艺人的子弟能读书。为了庆祝该会的成立,演戏两天。该日演出的是:谭鑫培《问樵闹府》,陈德霖《昭君出塞》。由梅雨田拉琴,方秉忠吹笛,曹鑫泉吹箫。

6 月 19 日,在广德楼,全体合演《虮蜡庙》。谭鑫培饰褚彪,杨小楼饰赞得功,俞振庭饰黄天霸,王长林饰朱光祖,钱金福饰关太,九阵风饰张桂兰,张毓庭饰大人,贾洪林饰老家院,小马五饰老妈,谢宝云饰老道,梅兰芳饰小姐,王惠芳饰丫环,许德义饰米龙,何佩庭饰窦虎,傅小山饰王栋,李连仲饰金大力,阵容强大,历所罕见。

秋,在丹桂园与梅兰芳演出《四郎探母》,因身体欠佳,嗓音失润,"竟遭挫折"。后又经自己的努力,休养一月余,又在丹桂园演出该角,挽回影响,弥补了上次失败。

黄兴等来京,正乐育化会的全体会员在贵州会馆开大会欢迎(一说在织云公

所),并在天乐园演义务戏。陈其美即席慷慨陈词,阐述辛亥革命的历史意义,各戏班代表们报以热烈掌声。谭鑫培、田际云等也代表北京梨园界致词,表示拥护辛亥革命成功。当天参加欢迎盛会的,还有杨小楼、梅兰芳、杨小朵、余玉琴、贾洪林、孙棣棠、孙佩亭、梅雨田、刘春喜、郝寿臣、周瑞安等。

冬,戏曲界发起为"正乐育化会"募款义演两日,地点是天乐园。第一天谭鑫培唱《桑园寄子》,梅兰芳演金氏,陈彦衡操琴。第二天谭鑫培演《托兆碰碑》。

冬,被赵广顺约到天津下天仙演出五天。最后一天演《四郎探母》。

11月14日,谭鑫培第五次赴沪,演出于新新舞台,海报上书"伶界大王"。同行演员有花脸金秀山、青衣孙怡云、小生德珺如、老旦文荣寿、丑角慈瑞泉等。

当日与金秀山、慈瑞泉、金少山合演《失街亭》。

11月15日,与慈瑞泉演出《当铜卖马》。

11月16日,与金秀山、金少山、慈瑞泉演《洪羊洞》。

11月17日,与德珺如、孙怡云、林颦卿演《御碑亭》。

11月19日,与慈瑞泉、曹甫臣演《琼林宴》。

11月20日,与孙怡云、麒麟童(周信芳)演《桑园寄子》。

11月21日,与慈瑞泉、金秀山演《乌盆记》。

11月22日,与金秀山、孙怡云、慈瑞泉演《战太平》。

11月23日,与金秀山、孙怡云、慈瑞泉演《法门寺》。

11月24日,与金秀山、慈瑞泉演《黄金台》。

11月26日,与赵丹来、六阵风、王祥云演《盗魂铃》。谭鑫培因演此剧引起了一场风波。

11月27日,与孟鸿群、六阵风、陈永奎演《连营寨》。

11月28日,与文荣寿演《天雷报》。

12月10日,与金秀山、金仲麟、慈瑞泉演《托兆碰碑》。

12月11日,与金仲麟、文荣寿、慈瑞泉演《盗宗卷》。

12月12日,与金秀山、慈瑞泉、金少山演《失街亭》。

12月15日,与金秀山、金仲麟演《捉放》。

12月16日,与孙怡云、田仙舫演《朱砂痣》。

12月17日,与孙怡云、文荣寿、金仲麟演《四郎探母》。

12月18日,与慈瑞泉、徐燕林演《胭脂褶》。

12 月 20 日,与慈俊卿、文荣寿、赵丹来演《八大锤》。

12 月 21 日,与金秀山、慈瑞泉演《击鼓骂曹》

12 月 22 日,与孟鸿群、六阵风、陈永奎演《连营寨》。

十二月廿三日,与金秀山、慈瑞泉、筱琴仙演《辕门斩子》。

12 月 24 日,与金秀山、金仲麟、慈瑞泉演《托兆碰碑》。

12 月 29 日,与金秀山、慈瑞泉、金少山演《洪羊洞》。

12 月 30 日,与慈瑞泉、金秀山演《乌盆记》。

12 月 31 日,与孟鸿群、六阵风、葛玉庭演《连营寨》。

谭鑫培的园份,入民国后骤增至三百元,更涨至五百元,对旧朋好友,可减至四百元,或三百五十元。堂会无定额。

1913 年(民国二年,癸丑)　67 岁

1 月 1 日,仍在沪演出,该日与金秀山、慈瑞泉、金少山演《失街亭》。

1 月 2 日,与金秀山、金仲麟、慈瑞泉演《托兆碰碑》。

1 月 11 日,与葛玉庭、梅占奎、刘松亭演《定军山》。

1 月 13 日,与高福安、六阵风、葛玉庭演《连营寨》。

1 月 14 日,与曹甫臣、葛玉庭演《长亭昭关》。

1 月 15 日,与曹甫匿、刘松亭、梅占莺演《失街亭》。

1 月 16 日,与曹甫臣、刘锦荣演《琼林宴》。

演完旋即回京。

4 月 11 日,在天津梁任公宅演《一捧雪》。

法国演员采华见谭鑫培,交流声律研究心得。另有一位美国人士特电外交部,欲请谭鑫培赴美演出,但谭鑫培已到老迈之年,不适远行,故谢绝。

5 月,广和楼一次"义务夜戏",谭鑫培和刘鸿昇、杨小楼均被邀参加演出。谭演《盗宗卷》,饰张苍。

秋,在文明园演《御碑亭》,刘鸿昇在第一台亦演《御碑亭》,届时文明园虚无隙地,而第一台不满百人。

8 月,国会初开,有欲举田际云为议员者,袁世凯对人说:"想九霄若作议员,吾将以总统一席让谭鑫培。"

9 月,交通总长周自齐之伯父七十寿辰,在织云公所宴客,并约名伶演剧。谭

鑫培、杨小楼、梅兰芳等均应邀。谭鑫培演出《洪羊洞》。

11 月 12 日,于陈二厂宅演出《碰碑》。

11 月 22 日,在天乐园与慈瑞泉、张宝昆演出《举鼎观画》。

11 月 23 日,在天乐园与李连仲、麻穆子、瑞得宝演出《失街亭》。

11 月 24 日,在天乐园与麻穆子、慈瑞泉演出《卖马》。

11 月 25 日,与贾洪林、陈德霖、吴彩霞在天乐园演出《探母》。

11 月 26 日,与李连仲、慈瑞泉在天乐园演出《洪羊洞》。

12 月 7 日,在铁路协会,与郝寿臣、麻穆子、刘春喜演《失街亭》。

12 月 14 日,与"小客串"、吴彩霞在文明园演出《桑园寄子》。

12 月 15 日,与王长林、黄润甫在文明园演出《琼林宴》。

12 月 17 日,与慈瑞泉、王长林、黄润甫在文明园演出《打棍出箱》。

12 月 18 日,与麒麟童、黄润甫、慈瑞泉在文明园演出《失街亭》。

12 月 19 日,与俞振庭、黄润甫在文明园演出《阳平关》。

冬,在总统府演出《战长沙》,曾引起一场不小的风波,风波平息,余叔岩正式拜谭为师。

1914 年(民国三年,甲寅)　68 岁

1 月 11 日,总统府宴请中外贵宾,谭鑫培应招演出《战长沙》,王凤卿、金秀山等参加演出,曾印有英汉对照节目单。

1 月 14 日,与金秀山、慈瑞泉、李连仲在交通部演《空城计》。

是日,又与钱金福、俞振庭、李寿山在公府演《连营寨》。

正月,在史庶侯宅演《珠帘寨》。

2 月 29 日,与陈德霖、谢宝云在文明园演出《朱砂痣》。

3 月 1 日,在文明园,永庆社,夜戏,与金秀山、王长林、慈瑞泉演《奇冤报》。

3 月 2 日,在文明园,永庆社,夜戏,与金秀山、李顺亭、瑞得宝演《战长沙》。

3 月 3 日,在文明园,永庆社,夜戏,与钱金福、王瑶卿、陈德霖、李顺亭演《珠帘寨》。

3 月 27 日,在吉祥园,演出《失街亭》。谭鑫培扮孔明,金秀山扮司马懿,黄润甫扮马谡,刘春喜扮王平。

4 月 8 日,与金秀山、黄润甫在吉祥园演《失街亭》。

4月9日,与陈德霖在吉祥园演《寄子》。

4月10日,与黄润甫、王长林、慈瑞泉在吉祥园演《打棍出箱》。

4月12日,与李顺亭、金秀山在吉祥园演《碰碑》。

4月15日,与梅兰芳在吉祥园演《汾河湾》。

4月16日,与梅兰芳、龚云甫、陈德霖、德珺如在吉祥园演《探母》。

5月30日,在施宅演《珠帘寨》。

6月5日,与陈德霖在庆升园演《武家坡》。

6月6日,在庆升园,双庆班,夜戏,与黄润甫、李顺亭、慈瑞泉、刘春喜演《失街亭》。

6月7日,与黄润甫、李顺亭、刘春喜在庆升园演出《骂曹》。

6月8日,与刘春喜、时玉奎在庆升园演《碰碑》。

9月5日,与杨小楼、邢雨亭、迟子俊在文明园演《坐楼》。

9月6日,与吴�禅、高庆奎在文明园演《盗宗卷》。

9月7日,与陈德霖在文明园演出《武家坡》。

9月8日,在文明园演《琼林宴》,由小百岁、高四宝演二丑角。

9月9日,与陈德霖、杨小楼、程继仙在文明园演《御碑亭》。

9月10日,与李寿峰、李寿山、时玉奎、吴�禅在文明园演《洪羊洞》。

10月13日,在王叔鲁宅演出《南天门》。

10月14日,与程继仙在文明园演《举鼎》。

10月15日,与陈德霖在文明园演《寄子》。

10月16日,与何桂山、朱天祥演《捉放》。

10月17日,与俞振庭、李寿峰、程继仙在文明园演《八大锤》。

10月18日,与陈德霖、何桂山在文明园演《战太平》。

10月19日,与何桂山、李寿峰在文明园演《骂曹》。

11月12日,在阮宅与陈德霖演《珠帘寨》。

11月16日,在施宅演《捉放》。

12月23日,与高四保、谢宝云、冯惠林在天乐园演《状元谱》。

12月24日,与陈德霖在天乐园演《武家坡》。

12月25日,与李连仲、王长林在天乐园演《天雷报》。

12月27日,与李寿山、冯惠林、王长林、李成林在天乐园演《宁武关》。

12月28日,与高庆奎、郝寿臣在天乐园演《碰碑》。

秋,丹桂园邀请谭鑫培演《碰碑》《辕门轿子》,徐兰沅为谭操琴。

是年,曾与田桐秋在湖广会馆广飏集唱《乌龙院》,票友有恩宇芝、章小山、乔荩臣、言菊朋等。

曾在金鱼胡同胡相邸演出《珠帘寨》,陈德霖扮刘夫人,王瑶卿扮陈夫人,惠林扮太保。

曾为梁启超太翁生日在湖广馆演堂会,演出《一捧雪》。

1915 年(民国四年,乙卯) 69 岁

1 月 1 日,与陈德霖、刘永春在第一舞台演出《二进宫》。

1 月 2 日,与王长林在第一舞台演出《庆顶珠》。

1 月 3 日,与刘永春、贾洪林、谢宝云、王长林在第一舞台演出《洪羊洞》。

1 月 31 日,与郝寿臣、刘连仲、慈瑞泉在丹桂园演出《失街亭》。

2 月 4 日,与郝寿臣、郭益棠在丹桂园演出《骂曹》。

2 月 5 日,在丹桂园,永庆社,夜戏,与汪金林、慈瑞泉、刘春喜、汪笑侬、王瑶卿、吴彩霞、冯惠林、冯全寿演《珠帘寨》。

2 月 6 日,与吴彩霞、李连仲、贾洪林在天乐园演出《法门寺》。

3 月 17 日,与慈瑞泉、福小田在丹桂园演《卖马》。

3 月 18 日,与吴彩霞演《寄子》。

3 月 21 日,与李连仲、郭益棠在丹桂园演出《捉放》。

3 月 28 日,与郝寿臣在丹桂园演《碰碑》。

夏,曾为天乐园帖演《辕门斩子》。

6 月 12 日,和郝寿臣、贾洪林在天乐园演出《捉放》。

6 月 13 日,和麻穆子、郝寿臣、张文斌在庆升园演出《失街亭》。

6 月 20 日,与郝寿臣、汪金林在庆升园演《骂曹》。

6 月 26 月,与贾洪林、郝寿臣、吴彩霞、张文斌在天乐园演《八义图》。

夏来,第六次赴沪演出。此次谭系往杭州普陀寺进香,途经沪,经夏氏昆仲请求,始答应帮忙十天。因无配角,故唱工戏居多,第一日演《空城计》,夏月珊、邱治云饰老军,潘月樵饰琴僮,曹富臣饰司马懿,林树森饰马谡。末日演《珠帘寨》,客座甚盛。

秋,东南水灾,谭鑫培演剧赈济。番禺沈太侔(宗畸,即《宣南零梦录》作者),

谭阳狄文子(郁)曾作诗咏之。

10月17日,在外交部次长曹润田堂会中,演《空城计》,在金鱼胡同那宅,谭鑫培饰诸葛亮,黄润甫饰马谡,张荣奎饰王平。

11月18日,在文明园,合庆社,白天,与黄润甫、李顺亭演《空城计》。

11月20日,在文明园,合庆社,白天,与王长林演《琼林宴》。

11月21日,在文明园,会庆社,白天,与元元旦、黄润甫、谢宝云演《辕门斩子》。

11月21日,与李连仲、元元旦、吴彩霞、程继仙、高庆奎在文明园演出全本《穆柯寨》。

12月25日,与陈德霖、书子元在丹桂园演出《二进宫》。

12月26日,与书子元、高庆奎在丹桂园演《碰碑》。

冬,大雪天,在吉祥园与陈德霖演《走雪山》,珠联璧合。是年,梁启超为谭鑫培刺绣渔翁图题诗:"四海一人谭鑫培,声名廿纪轰如雷。如今老矣偶玩世,尚有俊响吹梁埃(一作尘埃)。菰风芦雨晚来急,五湖深处一烟笠。无限人间买丝人,枉向场中费歌泣。"又云:"鑫培以此图属题,殆别有怀抱,乙卯人日,梁启超。"罗瘿公更为之跋云:"宣统间,有陈君言,今海内才最高最盛,足以转移一世者,吾推二人焉,曰梁启超,曰谭鑫培。闻者韪之,今鑫培乃介余乞任公题诗,遂跋如右。"

1916年(民国五年,丙辰) 70岁

1月,拒绝为袁世凯演出攻击孙中山的《新安天会》。

1月5日,在吉祥园,合庆社,白天,与李连仲、李顺亭、赵芝香演《南阳关》。

1月7日,在吉祥园,合庆社,白天,与陈德霖演《南天门》。

1月8日,在吉祥园,合庆社,白天,与程继仙、黄润甫、谢宝云演《八大锤》。

6月4日,在文明园,合庆社,白天,与郝寿臣演《空城计》。

6月5日,在文明园,合庆社,白天,与王长林演《奇冤报》。

6月6日,在文明园,演《击鼓骂曹》。

10月22日,在第一舞台,陶咏社,夜戏,与李连仲、李顺亭演《失街亭》。

10月23日,在第一舞台,陶咏社,夜戏,与贾洪林、李连仲演《碰碑》。

11月12日,在第一舞台,陶咏社,夜戏,与陆杏林、谢宝云演《状元谱》。

11月15日,在第一舞台,陶咏社,夜戏,与李连仲演《骂曹》。

12月3日,在第一舞台"义务夜戏",演《洪羊洞》。

1917 年(民国六年,丁巳)　71 岁

1 月 9 日,在吉祥园,春合社,白天,与曾长胜、谭小培演《碰碑》。

1 月 12 日,在吉祥园,春合社,白天,与梅兰芳演出《汾河湾》。

1 月 16 日,在吉祥园,春合社,白天,与李寿山、李顺事演《失街亭》。

3 月 3 日,在吉祥园,春合社,白天,与陈德藻演《南天门》。

3 月 4 日,在吉祥园,春合社,白天,与曾长胜、福小田演出《洪羊洞》。

3 月 5 日,把谭富英送入富连成科班,习老生。并对叶春善说:"我是主张吃苦耐劳的。一定遵从班规,别人如何,他(富英)也如何。"

1 至 3 月间,梅兰芳与谭鑫培合作演出两次,每次至多十天,都是白天在吉祥园演出。

4 月 1 日,在吉祥园"义务戏戏",闽赈。谭鑫培演《捉放曹》,梅兰芳演《嫦娥奔月》。

4 月初,在总统府唱堂会,演出《天雷报》。因扮戏房不是毗连后台,来回走了两趟,春寒袭人,着了凉,回家便病了。

4 月 8 日,陆干卿至京,假北京东城金鱼胡同"那家花园"(即现在的和平宾馆)演戏欢迎。谭鑫培被威逼演出《洪羊洞》,遂病势加重,卧床不起。

4 月 17 日,病势益重,医治不见成效,他自知即将要离开人世,部署后事,坚嘱诸子不可分居。

5 月 10 日(农历三月廿日),谭鑫培于上午八时疾逝家中。家人遵其遗嘱殓以常服,大衣为蓝色袍,外罩淡黄色马褂,瓜皮小帽,云履鞋。

5 月 22 日,接三。往吊者途为之塞,不下千余人。仪仗如贵胄。

5 月 31 日,谭鑫培灵柩迁于松筠庵。谭鑫培生前好佛,每年必往戒坛寺参禅一次。其后人在该寺附近购置坟地,于第二年安葬,从其平生之愿。

(原载《戏曲研究》第十五辑 1985 年 9 月版,文字略有改动)

附录二 谭门七代嫡传世系表

　　谭志道(1808—1887),谭成奎之独子,隶籍湖北江夏。专工老旦兼演老生,因其嗓音高亢,响遏行云,世称"谭叫天"。

　　谭鑫培(1847—1917),谭志道之独子。生子八:嘉善、嘉瑞、嘉祥、嘉荣、嘉宾、嘉乐、嘉瑚、嘉禄;女四,长适夏室,次适王室,三、四幼殇。授徒王月芳、余叔岩及刘春喜、贾洪林等。

　　谭小培(1883—1953),谭鑫培之五子,字嘉宾,艺名小培。承父衣钵,工文武老生。

　　谭富英(1906—1977),谭小培之子,小名升格,谱名豫升。天资聪颖,勤奋刻苦,在继承的基础上,做到了融会贯通,成为"新谭派"代表人物。曾任北京京剧团副团长。

　　谭元寿(1928—　),谭富英之子。少入富连成坐科。从艺专心致志,为人敦厚宽仁。能戏广而精,举凡大武生戏、短打武生戏、猴戏、靠把老生戏、做功老生戏、武老生戏、摔打老生戏、现代戏,全能胜任。现为北京京剧院著名演员,当代谭派代表人物。

　　谭孝曾(1949—　),谭元寿之子。毕业于北京市戏曲学校。师从王少楼、杨菊芬等余派老生名家,现为北京京剧院著名演员。第23届亚洲杰出艺人奖和中美文艺贡献奖获得者。其妻阎桂祥是北京京剧院著名青衣演员。

谭鑫培

谭小培

谭富英

谭元寿

谭正岩（1979— ），谭孝曾之子。京剧老生。现为北京京剧院主演，国家一级演员，谭门第七代嫡传人。天资聪颖，形象品貌有其祖鑫培公遗风，不仅致力于京剧，且参研古琴，爱好体育，喜读经史。在 2006 年全国青年京剧演员大奖赛中获取金奖。

《镇潭州》,谭富英饰岳飞(左),姜妙香饰杨再兴

《借东风》,谭富英饰诸葛亮

《买马耍锏》,谭富英饰秦琼

《阳平关》,谭富英饰黄忠(右),杨盛春饰赵云

228

《阳平关》，谭元寿饰黄忠（右），王金璐饰赵云（左），景荣庆饰曹操

《沙家浜》，谭元寿饰郭建光，万一英饰沙奶奶

《海瑞罢官》,谭孝曾饰海瑞,阎桂祥饰海妻

《定军山》,谭元寿(中)、谭孝曾(右)、谭正岩三代同饰黄忠

附录三 谭派老生世系谱

谭鑫培出色地传承了前辈程长庚、余三胜等徽派、汉派的精华,文武兼擅,昆乱不挡。通过他继往开来的开拓创新,使京剧臻于规范化、体系化、精美化的境界。他创始的谭派开"韵味派"之先河,是流传最广、对后世影响最大、枝叶最为繁茂的老生艺术流派。

"无腔不学谭","无生不学谭",后来崛起的"前四大须生"(余叔岩、言菊朋、高庆奎、马连良)、"后四大须生"(马连良、谭富英、杨宝森、奚啸伯),以及周信芳(麒麟童),几乎全是从学谭开始,并以"谭门正宗"为号召,结合自身的嗓音条件加以变化和发展,然后另辟蹊径,自成一派。谭鑫培的艺术影响,哺育了一代又一代同源异流、同宗异体的京剧老生,呈现出错综复杂、千丝万缕的承继关系。可以大致勾勒为:

谭鑫培——刘春喜、王又宸、李鑫甫、张毓庭、贾洪林、贵俊卿、谭小培、余叔岩、言菊朋、孟小如、贯大元、溥侗(红豆馆主)、韩慎先(夏山楼主)、王君直、王庚生、孟朴斋、乔荩臣、王雨田、恩禹之、高庆奎、周信芳、马连良。

余叔岩——杨宝忠、吴彦衡、王少楼(——张学津)、陈少霖、谭富英、李少春、孟小冬、陈大濩、张文涓、祝荫亭、奚啸伯、张伯驹、李适可、刘曾复、赵贯一、

　　　　　　陈志清。

言菊朋——奚啸伯、言少朋、张少楼、李家载、毕英琦、言兴朋、刘勉宗。

高庆奎——宋宝罗、白家麟、李盛藻、李和曾、李宗义、虞仲衡、辛宝达。

马连良——言少朋、哈元章、周啸天、王和霖、迟金声、梁益鸣、张学津、冯志孝、马长礼、朱秉谦、王金璐(拜师)。

周信芳——高百岁、陈鹤峰、萧润增、高盛麟、李少春、李和曾、赵麟童、朱文虎、小麟童、张信忠、陈少云、周少麟。

杨宝森——李鸣盛、程正泰、梁庆云、朱云鹏、汪正华、叶蓬、于魁智、杨乃彭、张克。

谭小培——王琴生、王则昭。

谭富英——谭元寿、高宝贤、李崇善、孙岳、李光、谭孝增。

奚啸伯——欧阳中石、张荣培、张建国。

谭元寿——谭孝增、崔英、卢松、王平、马连生。

附录四 谭鑫培研究资料索引

一、专 著

《伶界大王事略》 吴秋帆编辑 文艺编译社 1917 年 5 月出版

《说谭》 陈彦衡著 收入钮镖主编《说谭鑫培》,中国戏剧出版社 2010 年 11 月出版。早有各类手抄本、录入本行世

《菊部丛谈》、《燕尘菊影录》须生部 张肖伧编 1926 年 9 月出版,其中收录《谭鑫培》、《论谭鑫培》、《谭鑫培杂忆》、《谭鑫培舞台表演艺术浅论》等文

《谭鑫培全集》 刘菊禅著 上海戏报社 1940 年 10 月出版,收入《民国京昆史料丛书》第九辑,学苑出版社 2012 年出版。

《谭鑫培——十三绝传略之二》 朱书绅著 《同光朝名伶十三绝传略》,三六九画报社 1943 年 5 月出版。

《道咸以来梨园系年小录》 周明泰(志辅)著 1955 年自费出版。

《谭鑫培史料》 齐如山著 《齐如山全集》,台北联经出版事业公司 1979 年 12 月出版

《枕流答问》 周明泰(志辅)著 香港嘉华印刷公司 1955 年印行。

《京剧老生流派综说》 吴小如著 《学林漫录》二集,中华书局 1981 年 3 月出版;另有单行本,中华书局 1986 年 5 月出版

《谭鑫培艺术评论集》，戴淑娟、金沛霖、刘小峰、桂莹编，江流订，中国戏剧出版社《戏曲流派艺术研究丛书》，1990 年 10 月出版

《谭鑫培传》 周传家著 河北教育出版社《京剧泰斗传记书从》，1996 年 2 月出版

《一代宗师——谭鑫培先生诞辰 150 周年纪念文集》 吴江、周传家主编 京华出版社 1998 年 12 月出版

《粉墨王侯》 崔伟著 人民音乐出版社《中华名伶传奇丛书》，2002 年 10 月出版

《谭鑫培》 李仲明著 河北教育出版社《百年家族丛书》，2006 年 8 月出版

二、期 刊 等

《评老谭之洪羊洞》，玄郎，上海《申报》1912 年 11 月 18 日

《纪谭鑫培》，曾言，上海《申报》1912 年 11 月 28 日

《纪二十七夜老谭之〈连营寨〉》，玄郎，上海《申报》1912 年 11 月 30 日

《谭鑫培之〈连环套〉，麒麟童之〈铁莲花〉》，上海《申报》1912 年 12 月 2 日

《谭鑫培演喜怒哀乐兼有之〈汾河湾〉》，曾言，上海《申报》1912 年 12 月 7 日

《京剧演唱方法及名伶技艺》 王梦生著 《小说月报》1914 年 10 月

《五十年戏剧史》 宣之著 《七襄》1914 年 11 月 1—2 期

《北京戏界的进化》 《群强报》1915 年 7 月 8，9 日

《论谭叫天》，鹤汀，上海《申报》1916 年 4 月 11 日

《谈谭鑫培的表演艺术》 燕山小隐著 《菊部丛刊》《伶工小传》，1918 年 7 月

《论观戏须注重戏情》 齐如山著 《春柳》1918 年第一期

《谭派须生》 张非禅著 同上

《谭鑫培史料》 王梦菊著 《春柳》1919 年第二期

《晚谭遗韵表》（一）（二） 《春柳》1919 年第一卷第三、四期

《谭可学而又不必学》 露厂著 《春柳》1919 年第四期

《谭鑫培冷语谑名伶》 海上漱石生著 载刘豁公主编、上海大东书局发行《戏剧月刊》1928 年第一卷第五期

《谭鑫培演〈珠帘寨〉》 刘豁公著 《游戏世界》1921—1922 年第三期

《谭鑫培〈洪羊洞〉〈打棍出箱〉的唱法》 燕山小隐著 《游戏世界》1921—

1922 年第四期

《谈谭派须生》　刘豁公著　《游戏世界》1921—1922 年第四期

《谭鑫培演戏之创新》　燕山小隐著　《游戏世界》1921—1922 年第 8 期

《谈迷谭调》　正秋著　《戏杂志》1923 年第九期

《辟谭调》　苏少卿著　载《律和声》1924 年第 1 期

《说"拿"字虚音》　徐慕云著　载《律和声》1924 年第 1 期

《谭鑫培内廷供奉追记》　于冷华著　《戏世界》大报 1925 年

《谭腔述妙》　霄著　《戏剧周刊》1925 年第 32 号

《记谭英秀演〈南阳关〉》　吴颉厂著　《北京画报》1927 年 2 卷 3 期

《记 30 年来北京各戏园之名角》　阁爷著　《晨报》1927 年 5—8 月

《谭腔之研究》　吕弓著　《戏剧月刊》1928 年第 1 卷第 1 期

《论老谭独到之处》　刘蛰叟著　《戏剧月刊》1928 年第一卷第 1 期

《谭鑫培演出轶事》　大弓著　《戏剧月刊》1928 年第一卷第 2 期

《谭鑫培台上应变趣闻》　蛰叟著　《戏剧月刊》1928 年第一卷第 2 期

《谈谭派》　肖伧著　《戏剧月刊》1928 年第一卷第 3 期

《谭鑫培学戏》　芝荪著　《戏剧月刊》1928 年第一卷第 4 期

《谭鑫培小传》　张次溪著　《戏剧月刊》1928 年第一卷第 8 期

《二十年来戏剧的改革》　秋生作　《北平日报》1930 年 5 月 24 日

《谭鑫培逝世情形》　《北平日报》1930 年 6 月 14 日

《论谭鑫培》　年作　《中华画报》1931 年 5 月第 1 卷第 1 期

《谭鑫培专记》　刘守鹤作　《剧学月刊》1932 年

《学谭第一人为言菊朋》　梅著　《北洋画报・戏剧专刊》1932 年 2 月

《谭剧杂忆》　《国剧画报》1932 年第 1 卷 5—12 期

《五十年来北平戏剧史教材》　容媛著　《燕京学报》1932 年

《述研究谭调之心得》　《梨园影事・谈剧》,徐慕云编,1933 年

《谭鑫培之便装照片》　《梨园影事》,徐慕云编,1933 年

《谭鑫培之诸葛亮画像》　《梨园影事》,徐慕云编,1933 年

《谭鑫培中年时之便装照片》　《梨园影事》,徐慕云编,1933 年

《谭鑫培史料》　祁景颐著　《鞠谭余沈》1933 年

《时人论谭鑫培》　《戏剧月刊》1933 年第 2 卷第 8 期

《谭鑫培史料》 许九野著 《梨园轶闻》1934 年

《谭鑫培轻视刘鸿昇》 百吟著 《北洋画报·戏剧专刊》1934 年

《谭鑫培喜斗蟋蟀》 自新斋主著 《北洋画报·戏剧专刊》1934 年

《戏剧之幸运》 非羽著 《北洋画报·戏剧专刊》1934 年

《谭鑫培史料》 倦游逸叟著 《梨园旧话》1934 年

《京剧生旦两革命家——谭鑫培与王瑶卿》 笔歌墨舞斋主著 《剧学月刊》1934 年 7 月第 3 卷 7 期

《歌苑旧闻》 松凫著 《剧学月刊》1934 年 8 月第 3 卷第 8 期

《清末内廷梨园供奉表》 松凫著 《剧学月刊》1934 年 11 月第 3 卷第 11 期

《清代燕都梨园史料图书季刊》 《剧学月刊》1934 年 12 月第 1 卷第 4 期

《陈彦衡与谭鑫培》 汉阁、凌霄著 《剧学月刊》1934 年第 3 卷第 3 期

《谭鑫培与余叔岩》 凌霄汉阁主作 《立言画刊》1934 年第 252 期

《谭鑫培偷学〈镇潭州〉》 《戏剧月刊》1935 年第一期

《谭鑫培之腔调》 鸿达作 《戏世界》大报 1935 年 3 月 23 日

《谭鑫培当铜不同之点》 瘦庐作 《戏世界》大报 1935 年 3 月 23 日

《谈谈〈四郎探母〉》 裕祥作 《戏世界》大报 1935 年 4 月 4 日

《谭鑫培绝技得传人》 道人作 《戏世界》大报 1935 年 4 月 30 日

《从谭鑫培谈到梅兰芳赴俄》 刘韵秋述 《戏世界》大报 1935 年 6 月 14 日

《论谭词杀家》 邓汉定著 《戏世界》大报 1935 年 6 月 20、21 日

《谭叫天识拔刘鸿昇》 长庆著 《戏世界》大报 1936 年 1 月 15 日

《谭鑫培之演唱》 小枫 《戏剧周报》1936 年创刊号

《谭剧精微》 张肖伧著 《戏剧旬刊》1936 年第 10 期

《说谭派》 小将著 《京戏杂志》1936 年 10 月 20 日第 12 期

《清代梨园史话》 午生著 《北平晨报国剧周刊》1936 年 11—12 月

《当年谭鑫培在〈坐楼杀惜〉中之一个小身段》 跑龙套著 《十日戏剧》1937 年第 12 期

《光宣间戏班角色考》 《华北日报》1938 年 2 月 23 日

《清代内廷供奉随笔》 余叟著 《华北日报》1938 年 6 月 30 日

《老谭的髯口》 步堂著 《立言画刊》1938 年第 1 期

《老谭五大高足》 侠公著 《立言画刊》1938—1939 年第 3 期

《老谭演戏之特点》 侠公著 《立言画刊》1938—1939 年第 4 期

《谭鑫培之一生》 小织帘馆主著 《立言画刊》1938—1939 年第 7 期

《谭鑫培在沪演戏传闻之一》 小织帘馆主著 《立言画刊》1938—1939 年第 9 期

《谭鑫培与锦佩卿》 郑菊叟著 《立言画刊》1938—1939 年第 13 期

《老谭之〈取南郡〉》 侠公著 《立言画刊》1939 年第 34 期

《谭、余统一》 刘步堂著 《立言画刊》1939 年第 38 期

《老谭之〈碰碑〉与〈击鼓骂曹〉》 侠公著 《立言画刊》1939 年第 63 期

《谭"举鼎"》 言菊朋著 《三六九画报》1939 年第 5 期

《谭腔研究》 《实报》1939 年 1—3 月

《清末北京剧界》 《新北京报》1939 年 2 月

《谭调之研究》 庸叟著 《百美图》月刊 1939 年 4 月第 5 期

《捉放曹——谈谭鑫培演技》 《华文大阪每日》1939 年 7 月第 3 卷第 2 期

《谭鑫培在沪演戏传闻之二》 言菊朋述、李慕良记 《三六九画报》1940 年第 2 期

《杨小楼、谭鑫培等人往事》 啸公著 《三六九画报》1940 年第 15 期

《〈探母〉带〈回令〉始于内廷供奉》 啸云著 《三六九画报》1940 年第 15 期

《谭派须生唯一传人》 白松轩主著 载于《谭富英特刊》1940 年

《谭鑫培是废除脸谱者》 田文著 《立言画刊》1941 年第 127 期

《打油诗》 张醉丐著 《立言画刊》1941 年第 127 期

《谈文武老生——怎样才能称谭派?》 李洪春著 《立言画刊》1941 年第 137 期

《老谭演戏之种种》 《立言画刊》1941 年第 149 期

《戏界轶闻——回忆光绪中叶的京剧》 忏鑫著 《新民报》《半月刊》第 3 卷第 22 期(1941 年 11 月)

《为谭配戏——同庆班四个丑角王长林、肖长华、慈瑞泉、郭春山》 《立言画刊》1942 年第 182 期

《许德义演〈铁龙山〉曾得老谭亲授》 《立言画刊》1942 年第 183 期

《老谭红净戏只演〈战长沙〉》 侠公著 《立言画刊》1942 年第 206 期

《老谭之武老生戏》 公蠓著 《立言画刊》1943 年第 242 期

《谈谭腔运用之精妙》 元兴著 《立言画刊》1943 年第 5 期

《选用配角不可以私废公——记谭鑫培的戏德》 《三六九画报》1943 年第 6 期

《谭鑫培于新年不演〈定军山〉》 《三六九画报》1943 年第 11 期

《谭派戏路之变迁》 松声著 《三六九画报》1943 年第 11—12 期

《谭鑫培表演艺术简论》 张次溪著 《立言画刊》1944 年 288—298 期

《清末戏班之概况》 《新民报》1946 年 9 月 9 日

《谈谭派唱腔》 朱淇绿著 《半月戏剧》1947 年第 6 卷第 5 期

《记与谭鑫培合演〈四郎探母〉》 梅兰芳口述、许姬传整理 《舞台艺术四十年》,平明出版社 1952 年出版

《说谭派》 少岩著 《光明日报》1961 年 8 月 30 日

《谭鑫培的革旧创新》 徐兰沅著 《文汇报》1961 年 12 月 30 日

《质朴流丽——谭派演唱艺术的特色》 李岳南著 《戏剧报》1962 年 2 月

《谭派老生》 张照邻著 《戏曲研究》1979 年第 6 辑

《京剧的生命在于创新》 钱唐著 《江苏戏曲》1980 年第 7 期

《话说谭鑫培之死》 郭丰润著 《天津演唱》1980 年第 11 期

《记与谭鑫培合作的鼓师》 宋学琦著 《辽宁戏剧学校学报》1981 年第 1 期

《谭派形成前谭鑫培的艺术活动》 宋学琦著 《戏剧学习》1982 年第 1 期

《谭鑫培的唱》 李名正、李卓敏著 《艺术世界》1982 年第 2 期

《京剧艺术大师谭鑫培》 白古庵著 《人物》1982 年第 2 期

《谭派形成后谭鑫培的艺术活动》 宋学琦著 《戏曲艺术》1982 年第 3 期

《无腔不事谭》 宋学琦著 《文艺研究》1982 年

《谭氏"梨园世家"》 卜中著 《人物》1983 年第 1 期

《谭派艺术研究》 谭元寿口述、刘连群整理 《剧坛》1983 年第 3 期

《谭派艺术溯源》 谭元寿口述、刘连群整理 《戏曲研究》1983 年第 7 期

《试论京剧流派的含义、形成和发展》 陈培仲著 《戏剧艺术》1983 年第 3 期

《谭鑫培拒演"劝进"戏》 长风著 《上海戏剧》1983 年第 6 期

《一脉相承 三代风流》 钱唐著 《江苏戏剧》1983 年第 10 期

《谭鑫培集各派大成》 李鑫编写《菊部轶闻》1984 年 9 月

《广学诸家的谭鑫培》 蔡国定、姊泽骐编《梨园轶事》1984 年 9 月

《谭富英艺术探微》 黄石林著 《戏曲研究》1987 年第 7 期

(注:1987 年后研究谭鑫培相关资料见专著部分。)

后　记

　　1996年,我应吴乾浩先生之约,勉为其难地承担起撰写《谭鑫培传》的任务。谭鑫培先生是20世纪初光耀神州的明星、无人不知的巨擘,但如今在世者不要说生也甚晚的我,就连从小就徜徉于京师菊坛歌场的京剧名票刘曾复先生、谭鑫培的嫡孙谭元寿先生,也都未曾亲眼看过谭鑫培的演出、亲耳听过谭鑫培的演唱。由于科技水平的限制,当时也没有留下多少影像,只有很少的录音。在这种条件下,我只能靠披览、爬梳文字资料,通过精心筛选、仔细辨析、反复印证,由此及彼,由表及里地进行符合逻辑的分析、归纳、推理、判断,将零碎的片段和资料有机地连缀起来,努力复原重要事件和当时情境,勾勒其人生道路,描述、总结其艺术成就,凸显气韵生动的人物。只是由于才疏学浅,工夫尚未到家,难以尽如人意,时常为此感到惴惴不安,愧对先贤。

　　这次承蒙谢柏梁先生和上海古籍出版社垂青,《谭鑫培传》忝列《中国京昆艺术家传记丛书》,修订后由上海古籍出版社重新出版,并增补《谭鑫培艺术年表》、《谭门七代嫡传世系表》、《谭派老生世系谱》、《谭鑫培研究资料索引》等四种附录。我本打算利用这个宝贵的机会,深入披览,从严考证,重新结构,不仅在观点上要严谨科学,而且要在资料上有所刷新,力争"无一事无出处,无一字无来历"。但又因种种原因,未能彻底实施。只是全面增删、修饰了文字,订正了错讹和硬伤。虽然从字面来看,改动也不算少,但基本框架结构未动。在本书修订过程中,得到钮骠先生的热情帮助,特此致谢!

回眸京剧将近两百年的发展历史,潮起潮落,几度辉煌。如果说"全能全智"的程长庚堪称"伶圣"、"鼻祖",梅兰芳登峰造极,享誉世界,不愧为杰出代表的话;那么,谭鑫培则是一位听从历史的召唤,抓住发展的机遇,承前启后、继往开来的一代宗师。谭鑫培对于京剧,特别是老生艺术的贡献是巨大的,是他确立了京、汉语音为主的湖广韵、中州调语音系统,极大地更新丰富了老生唱腔,树立起全能型演员的典范。他取精用宏,独辟蹊径,标新立异,卓然成家,使京剧从"老三杰"诸腔杂陈的初级阶段,迈向音韵、声腔统一,唱念做打全面发展,突出人物塑造的成熟时期。陈彦衡在《旧剧丛谈》中说:"集众家之特长,成一人之绝艺,自皮黄以来,谭氏一人而已。"实在不为过誉。梁启超曾经赋诗预言:"四海一人谭鑫培,声名廿纪轰如雷。"如今也已得到验证。谭鑫培之后,继谭、学谭、慕谭、宗谭、化谭,汇成潮流,蔚为大观。

谭鑫培是一个奇迹,一个高峰、一座宝库、一本内涵丰富的书,给后人留下很多有益的启示。随着时间的推移,谭鑫培的价值、意义、地位、作用将愈来愈彰显于世。对于他的挖掘、整理、研究、总结永远不会停止。我的这本小书绝不是对谭鑫陪探索研究的终结,只不过是漫长过程中的一个浅浅的足迹而已。

2012 年飞雪迎春之日于北京蓟门烟树

图书在版编目（CIP）数据

四海一人　伶界大王：谭鑫培传／周传家著. —
上海：上海古籍出版社，2013.7
（中国京昆艺术家传记丛书）
ISBN 978-7-5325-6796-6

Ⅰ.①四…　Ⅱ.①周…　Ⅲ.①谭鑫培（1847~1917）
—评传　Ⅳ.①K825.78

中国版本图书馆CIP数据核字（2013）第068236号

中国京昆艺术家传记丛书
四海一人　伶界大王
——谭鑫培传
周传家　著

上海世纪出版股份有限公司
上海古籍出版社　出版发行
（上海瑞金二路272号　邮政编码200020）
（1）网址：www.guji.com.cn
（2）E-mail:guji@guji.com.cn
（3）易文网网址：www.ewen.cc

上海世纪出版股份有限公司发行中心发行经销
上海丽佳制版印刷有限公司印刷
开本787×1092　1/18　印张14$\frac{12}{18}$　字数 260,000
2013年7月第1版　2013年7月第1次印刷
印数　1-2,100
ISBN　978-7-5325-6796-6/J·439
定价：42.00元